"十四五"职业教育国家规划教材

大学人文基础
（第二版）

主编 蔡旗 黎燕

中国教育出版传媒集团

高等教育出版社·北京

内容提要

本书是"十四五"职业教育国家规划教材。

本书共分为文化传承篇、文学经典篇、美育熏陶篇、艺术活动篇、职业技能篇五篇，包括十四个专题：大学精神、礼仪概述及演练、中国传统节日及风俗、传统中医药文化、国学经典诵读、中国古典四大名著鉴赏、中国现当代文学、中国书法、民歌及歌唱、京剧欣赏、话剧表演、诗歌赏析及朗诵、演讲、应用文写作。各章开篇以问题引发学生思考，继而讲述理论知识。本书各章精心设计了实践活动项目，以调动学生积极性，让学生在"动中学、学中做、做中思、思中悟"，进而培养学生的人文素养，达到以文化人、以文育人的目的。

本书适合作为高等职业院校公共基础课教材，也可作为社会人士提升人文素养的课外读物。

图书在版编目(CIP)数据

大学人文基础 / 蔡旗，黎燕主编. —2版. —北京：高等教育出版社，2024.8

ISBN 978-7-04-060853-3

Ⅰ. ①大… Ⅱ. ①蔡… ②黎… Ⅲ. ①人文科学-高等职业教育-教材 Ⅳ. ①C43

中国国家版本馆 CIP 数据核字(2023)第 135729 号

策划编辑 雷 芳 赵力杰　责任编辑 赵力杰　封面设计 张文豪　责任印制 高忠富

出版发行	高等教育出版社	网　址	http://www.hep.edu.cn
社　址	北京市西城区德外大街4号		http://www.hep.com.cn
邮政编码	100120	网上订购	http://www.hepmall.com.cn
印　刷	上海叶大印务发展有限公司		http://www.hepmall.com
开　本	787 mm×1092 mm　1/16		http://www.hepmall.cn
印　张	18.25	版　次	2019年10月第1版
字　数	270千字		2024年8月第2版
购书热线	010-58581118	印　次	2024年8月第1次印刷
咨询电话	400-810-0598	定　价	39.00元

本书如有缺页、倒页、脱页等质量问题，请到所购图书销售部门联系调换
版权所有　侵权必究
物 料 号　60853-00

编写委员会

主　编：蔡　旗　黎　燕
副主编：彭开秀　邱　宁　薛　鳗　张　虹
参　编：杨　磊　符红川　何仙童　张　熙
　　　　唐子涵　王世银　汪丽萍　刘子琦
主　审：伍小平

前言

中华优秀传统文化是中华民族在五千多年的社会实践中形成的思想理念、传统美德和人文精神的集合，蕴含着丰富的人文内涵，时至今日依然具有显著的时代价值。党的二十大报告从国家发展、民族复兴高度提出"推进文化自信自强，铸就社会主义文化新辉煌"的重大任务。

人文素养即人的文化素质与修养，是社会个体在以"人"为中心的各种文化方面所表现出来的素质与修养，是学生学业发展的核心支撑，也是其终身发展的重要内容。此次修订，除了保持上一版以中华优秀传统文化为主要内容载体、突出综合性和实践性的特色之外，还着重在以下方面进行了修改与提升。

一、课程思政，立德树人

课程思政建设是高职院校全面提高人才培养质量的重要任务，是育人和育才相统一的过程。本书着眼于学生的工作、学习、生活场景，以中华优秀传统文化为主要载体，以人文素养提高为目标，以立德树人为根本任务，在项目实践中融入课程思政元素，坚定学生的理想信念，围绕政治认同、家国情怀、道德修养等重点，进行社会主义核心价值观教育、中华优秀传统文化教育，指引学生成长。

二、突出主题，完善体例

本书紧紧围绕育人目标，拟定了"文化传承""文学经典""美育熏陶""艺术活动""职业技能"五个主题，一一对应"沉浸""鉴赏""品味""开展""获取"的教学内在逻辑，把全书十四个教学项目对应全书主题进行了有机整合，使其内容更为全面系统，发挥教材在培养高职学生人文素养方面的支撑作用，以达到以文化人、以文育人的目的。

三、与时俱进，贴近需求

考虑学生人文素养的养成需要，我们删除了上一版中部分陈旧的选文，补充了更能体现新时代特点的内容，以保证教材内容与时俱进，力求做到贴近时代、贴近生活、贴近学生。

四、扩充资源,纸数融合

为顺应信息化时代的要求,本次修订新增了音视频等立体化学习资源,通过随文二维码增强教材的学习资源的融合性与协同性,建设新形态一体化教材,纸质教材与数字教材融合,服务并推动教学信息化。

本书由四川中医药高等专科学校和眉山药科职业学院的一线教师根据近十年的教学经验,对教学实践进行总结、凝练与提升后编写。在编写过程中,我们参考了一些文献资料,援引了一些研究成果,在此表示衷心的感谢!尽管全体编者付出了极大努力,但限于水平,书中疏漏之处在所难免,恳请专家、同仁及广大读者批评指正。

编　者

·文化传承篇·

项目一　大学精神　003

项目二　礼仪概述及演练　015

项目三　中国传统节日及风俗　029

项目四　传统中医药文化　041

·文学经典篇·

项目五　国学经典诵读　061

项目六　中国古典四大名著鉴赏　085

项目七　中国现当代文学　137

·美育熏陶篇·

项目八　中国书法　163

项目九　民歌及歌唱　183

项目十　京剧欣赏　195

·艺术活动篇·

项目十一　话剧表演　215

项目十二　诗歌赏析及朗诵　235

·职业技能篇·

项目十三　演讲　251

项目十四　应用文写作　261

主要参考文献　282

壹

文化传承篇

项目一　大学精神

项目二　礼仪概述及演练

项目三　中国传统节日及风俗

项目四　传统中医药文化

项目一

大学精神

"大学之道，在明明德，在亲民，在止于至善。"大学精神是"思想自由，兼容并包"的思想引领，是"自强不息，厚德载物"的文化传承。大学精神既深藏于"大学"之中，又游离于"大学"之外。大学的精神是一所大学的灵魂，决定了一所大学的发展和未来，是一所大学创办和成长的基础。

作为当代大学生，我们应如何理解大学精神？又该怎样确立自己的价值追求，为大学的发展贡献自己的力量？

学习目标

◆ 了解大学的形成，理解大学精神的内涵

◆ 建立对老师、专业及学校的第一印象，适应目前的大学生活，并树立大学期间的奋斗目标和人生追求

◆ 完成"项目实践"中的随感分享活动

大学起源及大学精神

一、大学的起源及中国大学的形成

现代大学起源于中世纪的欧洲。当时，由学生和教师团体结成学习和研究的组合，这些组合成为最早的大学，这些大学普遍的状态是：一个大学不是一块土地、一群建筑甚至不是一个章程，而是老师和学生的社团和协会。1088年，意大利出现了第一所正规的大学——博洛尼亚大学，随后，欧洲各地相继出现了大学。博洛尼亚大学是欧洲最著名的罗马法研究中心，后来发展成为整个欧洲的学术摇篮，被尊为"大学之母"。

到了13、14世纪，大学已遍布欧洲各地，为欧洲的文艺复兴运动做了准备，为高等教育的发展、现代欧美大学的建立奠定了基础。15至18世纪，欧洲的大学教育向现代高等教育过渡。19世纪上半叶，伴随着资本主义制度在欧洲大部分国家的确立，各国的高等教育也通过各种途径走上了近代化的道路，大学教育在形式和内容上发生了巨大的变化。美国的高等教育起源于殖民地时期，它将英国的文化和教育移植到美国，随着资本主义的发展，美国的大学教育也进入了快速发展阶段。

博洛尼亚大学

西方大学在发展的过程中，大致形成了以下的四种教育模式：①德国研究型大学。这种模式旨在将学生培养成各专业知识领域的开拓者。②英国的寄宿学院模式。其核心是在学生和教授间建立密切的联系。③法国的重点学院模式。这种模式重视受过特殊教育的专业人员，他们被认为是社会的精英。④美国芝加哥大学模式。这是以通识教育为基础的大学教育模式，注重提升学生的学科素养。

中国的大学，是近代社会发展的产物。中国最初的大学，设工科和法科。被公认为中国近代史真正意义上的第一所大学是天津大学（当时名为"北洋大学"）。1898年，经中国政府批准在北京成立的京师大学堂，是全国最高学府，也是全国最高教育行政机关。1912年，京师大学堂更名为国立北京大学，这标志着中国现代高等教育的开端，它催生了中国最早的现代学制。

京师大学堂

从第一次鸦片战争到解放战争期间，我国创办了包括山西大学堂、湖南大学等在内的21所大学，打破了几千年封建社会"独尊儒术"的局面，引进西方先进的科技知识和人文思想，开创了中国高等教育的新纪元，为我国现代高等教育和科技发展奠定了基础。

二、大学精神

现代大学是科技与文化的领航者，是培养人才的重要场所，是社会进步的助推力，它肩负着人才造就、科学研究、社会服务及文化传承四大职能。在大学发展的过程中，通过长期的文化建设以及持续的文化积淀而形成的稳定的理想追求和共同信念，称为"大学精神"，它是大学独特的精神文明成果，是大学文化的核心要素。

西方的大学精神，是沿着两个基本方向发展的：一是"注重理性"，它的实质是对人类社会发展的人文关怀，这是西方大学教育永恒的主题；二是"象牙塔"，它的实质是为真理而献身的独立精神，这是西方大学精神永恒的象征。具体来说，西方大学精神的发展，经历了以下的阶段：

——"自由教育"，这是古希腊亚里士多德等古典人文主义者所提倡的；

——"自由的教学与学术研究相结合"的理念，由德国威廉·冯·洪堡提出；

——"融入社会、多元开放、通识教育、追求卓越"的理念，是美国高等教育的创新理念。

联合国主张"持续发展，引领社会"的新大学理想，为国际高等教育的发展指明了方向。美国高等教育改革家弗莱克斯纳指出:"总的来说,在保障大学的高水准方面,大学精神比任何设施、任何组织都更有效。"① 西方大学形成发展至今,积累了大量的知识与经验,形成了宝贵的精神传统,值得中国现代大学学习与借鉴。

国内许多著名的大学,其大学精神也自成体系。如北京大学的大学精神是"思想自由、兼容并包",这是北京大学原校长蔡元培先生提出并大力倡导的。在北京大学的发展历程中,一代又一代"北大人"薪火相传,形成并固化了这种特有的"北大精神"。清华大学的大学精神是"自强不息,厚德载物",这是由改革思想家梁启超提出来的。"自强不息,厚德载物"的"清华精神",奠定了严谨深邃的清华大学的文化底蕴。北京师范大学的大学精神是"学为人师、行为世范",这是由我国著名教育家陶行知先生所倡导的,深刻揭示了师范院校的本质与功能。

北京大学的著名学者陈平原在他的《大学何为》中认为:"大学以精神为上。有精神,则自成气象,自由人生。"现代大学精神的内涵,应包括:求实求真的科学精神、人文关怀精神、敏锐的时代精神。

(一)求实求真的科学精神

科学精神是一种敢于坚持科学思想的勇气和不断探索真理的意识,它本质上是一种做事精神,它强调理性思考,要求按规律办事,"实事求是、追求真理"是科学精神的实质。大学应该是追求科学和真理的殿堂,只有这样,才能促进思想的自由。"以科学为其直接任务的大学的真正活动,在于它丰富的精神生活,大学借助有秩序的分工合作从事科学研究,追求绝对的真理。"② 求实求真的科学精神,不仅有利于高素质人才的培养,还能使大学中的研究者既竞争又合作,是大学发展的动力源泉,使得大学能够进行研究成果转化,服务社会。

(二)人文关怀精神

人文关怀精神本质上是一种做人的精神,其特征是善待他人、遵守道德、追求信仰。科学精神与人文精神两者既有所区

---

① 弗莱克斯纳,《现代大学论:美英德大学研究》,浙江教育出版社2001年版。
② 雅斯贝尔斯,《什么是教育》,生活·读书·新知三联书店1991年版。

别又相互关联,共同推动人类文明进步。

现代大学应该提倡非功利性的人文精神,去克服科学的非人道主义,强调在帮助学生掌握科学知识、促进个人全面发展的同时,关注学生人格的完善,最大限度地发掘个人潜能,培养学生高度的人文精神和强烈的社会责任感,潜移默化地升华、净化大学及社会的格调和境界,指引社会向着更美好的方向前进。如面对近年来社会诚信缺失的问题,北京大学提出倡议:讲诚信、做好事、做有道德的公民,若在做好事的过程中发生风险(如扶起摔倒老人反被讹诈),北京大学无偿提供法律支持。作为国内顶尖学府,北京大学以豪迈的气概、强烈的人文关怀精神,引领社会的道德风向,体现了强烈的社会责任感,值得称赞。

(三)敏锐的时代精神

时代精神是一个时代的人们在文明建设活动中体现出来的精神风貌和优良品格,是激励民族奋发图强、振兴国家的强大精神动力。大学是时代的产物,更是时代的智者,它能够预见并感知社会潮流的方向,成为引领社会潮流的先行者。

北京大学

敏锐的时代精神,突出表现为与时俱进的改革创新精神,它不但能造就社会发展所需的高素质人才,也能使大学赢得持续发展的动力。如美国的斯坦福大学,提出不因袭任何传统,沿着自己的路标向前,在"学术—技术—生产力"的转化上改革创新,在办学理念上高瞻远瞩,这使它跻身于世界一流大学之列。

大学精神是人们坚守和追求的价值观和世界观。固守大学精神,有利于大学在变革的社会中承担自己应有的使命,达成大学的教育目标,适应培养和谐发展人才的趋势和终身学习的国际潮流。

文化传承篇

资料必读

高职特色的大学精神

"高职"是"高等职业教育"的简称。从1980年建立职业大学至今，我国高职教育发展了40多年。1996年，全国人大通过并颁布了《中华人民共和国职业教育法》，从法律上确定了高职教育在我国教育体系中的地位，由此拉开了高职教育大发展的序幕；1999年在全国教育工作会议上，中央提出"大力发展高等职业教育"的工作要求，我国高职教育进入了蓬勃发展的历史新阶段；2005年，国务院发布了《关于大力发展职业教育的决定》，提出把职业教育作为社会发展的重要基础和教育工作的战略重点，发展有中国特色的职业教育体系。2022年5月1日起，新修订的《中华人民共和国职业教育法》开始施行。

大学精神是高校的灵魂，也是大学文化建设的核心，而大学文化建设的主题是"人"，因此，"以人为本"是大学文化建设及大学精神铸造的精髓。实现人的全面和谐发展，是社会发展的根本价值所在。因此，在新时代背景下，作为当代大学生，应当认识到：大学精神既不是神秘的，也不是抽象的，而是非常具体可感的，可以体现在每一个大学生的日常生活中。高职院校的大学生，在大学培育具有高职特色大学精神的过程中，首先应认识学校的定位，尤其是学校在人才培养模式、培养目标、专业设置、课程设置等方面的特色，理解在本校办学过程中沉淀下来的、被师生广泛认同的理想信念和价值体系，并加以学习和领悟。

同时，大学生可以从以下几个方面确立自己的价值追求。

第一，追求正确的价值目标，树立崇高的理想信念。"为什么要上大学？怎样上好大学？"这应成为当代大学生对自己的追问。而要成就学业，成长为高素质人才，就应树立崇高的理想，坚决抵制社会的不良影响，如消极网络文化的负面影响，消极的、扭曲的消费观念的影响等。

第二，陶冶人文情怀，培养职业精神。长期以来，高职院校高度专业化的教育模式，使得培养目标仅仅局限于专业技术人才，强化了学生的专业化依赖。学生被束缚于狭窄的学科划分之中，没有机会和能力去了解、思考超越专业知识层面的某些超越性的问题，更不用说那些事关安身立命的终极性问题。在对毕业生的跟踪调查中发现，用人单位对毕业生人品问题的反映，远远多于其专业的问题。可见，人文情怀的陶冶是多么重要。

此外，职业精神也是高职大学生应重点关注的。职业精神是人们从事某种职业时应具有的精神、能力、操守与自觉，如医学类院校应强调医德，师范类院校提倡师德。职业精神的培养，可为高职大学生在专业发展领域保驾护航。具有人文情怀和职业精神的高职大学生，是具有独特精神追求的大学生。

第三，养成良好的行为规范，优化生活方式。大学生应明确，什么样的事情应该做，什么样的事情不应该做；什么是应该提倡的，什么是应该反对的。通过严格要求和点滴养成，形成特有的行为规范。

生活方式是思想品德、价值取向的具体体现，具体来说，就是要分辨什么是真善美，什么是假恶丑；什么是真正美、实在美，什么是虚假美、扭曲美。优化生活方式，是每位大学生参与大学精神建构的重要方面。

大学精神需要不断地丰富和发展，大学生应当与时俱进，不断为高职大学精神的建设赋予新的时代特征。

拓展延伸

回归教育本意

以下内容为《科学时报》就教育与大学精神的相关话题，与北京大学原校长许智宏的对谈。

《科学时报》："中国还没有世界一流大学"这句话曾被媒体炒得沸沸扬扬，为什么会做出这样一个判断？

许智宏：这两年我陆续去几所大学作演讲，我讲的一个核心是转型期中国大学精神的重塑。前段时间媒体对我的一次演讲议论纷纷，说许智宏校长讲中国还没有世界一流的大学。其实,如果查查我做校长这9年的讲话,我一直是这么说的。

诚然,在过去10年中我国高等教育发展也取得了很多的进展。但我认为教育正在忽视的一个问题就是教育本身的功能。我不当校长之后,一直在反思这几年走过的路。教育的根本功能,其实就一句话,像康德讲的:教育的目的是使人成为人。我们的先辈在《大学》中也讲得很清楚:大学之道,在明明德,在亲民,在止于至善。这个理念几百年来没有变。这是根本的问题,如果忘记这一点,我们的大学就会偏离教育的本意。

《科学时报》:教育本身功能的确立,最重要的因素应是大学体制还是外部制度环境的约束?

许智宏:对于中国,一个特殊的情况是,大学外部环境的因素如同整个社会一样,发生了剧烈变化。我觉得中国的学术界、大学以及科技界对这么多年来外部环境的变化准备不足。

我在1992年底到北京任中科院副院长之前,在上海任中科院植生所所长,记得当时的中科院院长周光召先生在视察上海分院时提醒大家说,中国经济改革这么快,经济上的变革一定会影响到各个方面,包括科技,要求大家在思想上必须有所准备。

现在回过头来想想也的确如此,市场经济这只无形的手,在推动社会经济快速发展的同时,对整个社会的各个方面都带来了深刻影响。社会上反映出的那么多问题,从一个侧面也说明包括大学在内的整个国家各方面都准备不足,或者整体的设计还不够完善。

《科学时报》:大学扩张曾引起许多人的异议,认为它影响了中国精英人才的培养,近年来大学扩招放缓了脚步,这对中国大学重塑大学精神是不是一个新的契机?

许智宏:扩招确实涉及怎么扩大、以多快的速度来扩大的问题。当然教育主管部门已经意识到这个问题,这几年已经大大放缓,这跟高中毕业生的高峰即将过去也有关。问题在扩招的表象背后,不少学校的办学模式趋同。大学出现了翻牌的潮流,很多专科学院都变成大学,大学要变成综合性大学,要变成研究型大学,都要设博士点、硕士点。

实际上,在美国也只有少部分大学能够授予博士学位。不少中国大学的博士数量已经超过了美国同类大学,研究生总量增加很快,但我国研究型大学和科研院所又缺少一支非常强的博士后队伍。

这种现象有悖教育的发展规律。教育是需要有层次的，像美国有community college——社区大学，各州也有自己的州立大学，顶层的研究型大学只是少数，如常青藤联盟的大学。中国现在也有2 000多所大学、学院，那么我们这些大学是不是有必要搞成一个模式、千校一面？这显然不符合教育发展的规律，也不符合中国国情和实际需求。

《科学时报》：北大的人才培养目标在大学扩招后有没有变化？

许智宏：我认为北大目前的定位还是精英教育，但我也多次强调，领袖不仅仅是当政治家，不仅仅是培养杰出的科学家、学者和企业家。精英教育的目标应是为社会培养各行各业的领军人物。

中国人有句老话：三百六十行，行行出状元。我们应让年轻学子懂得，不论做什么，都必须做到最好。有毕业生去卖猪肉，我讲过，卖猪肉有什么不好？卖猪肉也有学问啊！在广东的北大校友陈生，卖猪肉就卖得不错。去年夏天，我在深圳出差还专门约他给我介绍他的经历。他毕业后当过公务员，下过海，也做过房地产什么的，并不成功。不过他毕竟在北大学的是经济，后来做了一些市场调研，进入猪肉市场，当时他告诉我，他的公司在广州、汕头、深圳等地已有200多个连锁店，应该说做得很成功。

《科学时报》：你觉得这几年大学的校园文化有没有什么变化，有没有受到这种大环境的冲击？

许智宏：这是一个现实，目前的社会很多方面都出现了两极分化，学生的价值取向多元化。据我观察，北大不少学生积极向上、刻苦学习的劲头不比我们当学生时差。

但不可否认的事实是，不少学生缺乏理想，或者太功利，或沉溺于虚拟世界之中，这其实也是一种对现实责任的逃避。

我对同学们说过，你们没时间看书、锻炼，但你们有时间半夜里起来"偷菜""种地"，希望大家在享受虚拟世界的同时，不要忘记现实世界更精彩。

《科学时报》：每年10月初是诺贝尔奖诞生的日子，那个时候不少媒体会质疑：诺贝尔奖获得者何时能在中国出现？记得在钱学森逝世一周年纪念日前后，"钱学森之问"再度引起人们热议，对于这些问题你如何看？

许智宏：大家都在讨论"钱学森之问"，每年诺贝尔奖揭晓的时候，媒体会有不少文章讨论中国何时能在本土产生诺贝尔奖得主，这种心情都可以理解。但要知道，诺贝尔奖不是钱堆出来的，正像一流的大学、一流的科研院所不是钱堆出来的一样——前一时期也有媒体称我说一流大学是钱堆出来的，一字之差，真是冤枉——它需要的学术环境恰恰为不少大学和科研院所忽视或重视不足。

我多次说过，我们现在大学的土壤不够肥沃，施用了太多的"化肥"和"农药"。教育者或领导的责任就在于要好好改良土壤，形成一种良好的学术环境，使老师能安心教学和从事研究，学生能刻苦学习，培养才能。

也就是说，学术界要重视软环境的建设，注重人文精神、科学精神的培育。很难预测第一个诺贝尔奖会在哪所大学或哪个研究所出现，但如果学术界不再如此追求短期的目标和成果，不再满足于出几篇论文，真正能静下心来探求科学之时，诺贝尔奖在中国出现只是迟早的事。

（资料来源：《科学时报》，2011年3月10日版，有删改）

"我和我的大学"随感分享活动

以小组为单位，组织开展以"我和我的大学"为主题的随感分享活动，围绕进入大学后的情况，谈谈自身对于学校、专业的直观感受，谈谈对于本校"大学精神"的初步理解，并对即将开启的大学生活进行展望。

1. 实践目的

通过分享个人对大学和大学专业的初步印象，完成身份的转变，同时增加同学之间的了解，营造良好的学习氛围，明确学习目标，树立积极、乐观、向上的学习和生活态度。

2. 实践要求

（1）设计随感分享的PPT，主题突出，中心明确。

（2）在分享过程中使用普通话进行自我介绍。

3. 评价要求与评分细则

项目	分值分配	活动要求	评分细则	得分
PPT制作	50分	内容：较为完整（30分）	1. 自我介绍，清晰明了（8分） 2. 对大学的初印象、对专业的想法（10分） 3. 对未来的展望（12分）	
		主题：明确突出（10分）	突出"我和我的大学"主题（10分）	
		文字：表述准确简明（5分）	1. 无病句和错别字（2分） 2. 文字表述朴实庄雅，准确简洁（3分）	
		PPT制作：简洁美观（5分）	1. 美观、简洁（2分） 2. 图片丰富（3）	
语言表达	50分	逻辑性（5分）	1. 话题切换有过渡、衔接自然（2分） 2. 语言组织有内在关联，符合逻辑（3分）	
		叙述：清晰、普通话标准（30分）	1. 精神饱满、姿态得体大方、能调动肢体语言辅助讲解（10分） 2. 吐字清晰、普通话标准（10分） 3. 声音洪亮、能够脱稿（10分）	
		感情：富于感染力（10分）	感情真挚、表达自然，能恰当地说出自己的观点（10分）	
		表现形式：互动性强（5分）	能与台下师生互动，例如提问（5分）	

项目二
礼仪概述及演练

在古代中国,礼仪是一整套大到国家政治体制、朝廷法典,小到婚丧嫁娶、待人接物的烦琐细密、包罗万象而又等级森严的政治和文化思想体系。时至今日,现代礼仪与古代礼仪已有很大差别,但依然对我们的生活有着根深蒂固的影响和不可忽视的作用。

你如何看待古代礼仪?现代礼仪和古代礼仪有什么本质区别?礼仪的发展和演变是怎样一个过程?

学习目标
- ◆ 了解中国传统礼仪的由来及演变,知晓我国古代传统礼仪
- ◆ 对现代礼仪有足够的认识,并能在生活中践行和运用现代礼仪
- ◆ 完成"项目实践"中的商务会晤活动

中华礼仪的历史演变、内涵及外延

一、礼仪的起源与演变

在古代,"凡人之所以为人者,礼仪也"(《礼记》)。"礼"是区别人与动物的标志,是最高的自然法则,是治国安邦的根本,是一切社会活动的准则,是中国文化的根本特征和标志。中国是"礼仪之邦",这反映出"礼"在中国古代政治、社会生活中举足轻重的地位。中华文明在古代传播于海外,靠的就是文明本身的力量。当日本的遣唐使、海外的留学生到达长安时,最令他们惊讶且钦羡的是中国先进的礼乐制度、衣冠文物,他们将其引回本国,加以效仿。可以说,中国的礼乐文明在改变一些地区的陋俗、加速他国文明的演进方面曾起到重要作用。那么"礼"从何而来,是怎样形成与发展的呢?

传统礼仪漫画

(一)中华礼仪的起源

关于礼的起源,说法不一。有人认为礼产生于人的自然本性;有人认为礼为人和环境矛盾激化的产物;还有人认为礼生于理,起源于俗。总的来看,礼的起源有多个方面。

古人生活习俗的形成,促进了"礼"的产生。在原始社会,人类在群居生活中为了适应环境(如地理、气候等因素)的需要,逐渐形成了一定的生活习惯。如在原始社会早期,人们穴居野外,往往是赤身裸体,后来为了遮阳、御寒、防虫兽侵袭等,就将树叶或动物皮毛披在身上,久而久之,人类有了一定的羞耻心、道德感,于是穿衣打扮就成了一种习俗,审美观念也随之产生。

古代的原始崇拜,促进了"礼"的产生。在人类社会早期,人们认识、改造自然的能力较低下,因对大自然中许多影响自身命运的自然现象(如白天黑夜、刮风下雨、雷电冰雹、火山地震、山洪海啸、开花结果)无法解释而对其充满了敬畏和神秘感，认为"万物皆有灵"，并对之敬拜和求告，以期消灾降福和佑护。在这样的活动中逐渐形成了一定的仪式，这些仪式被固定并沿袭下来，不断得到完善。

礼仪之邦

远古人类的各种生产活动和战争等，促进了"礼"的产生。随着社会的发展，人类逐渐意识到了自己拥有改造自然的力量，特别是教民农桑的伏羲氏、遍尝百草的神农氏、治水有功的大禹等在与自然界斗争中创造奇迹、做出贡献的英雄的出现，使先民逐渐将崇拜的眼神投向了他们，并对他们顶礼膜拜，他们便成了人类心目中的神，理所当然地受到人类的崇拜和祭祀。随后，祖先也成为人类崇拜和祭祀的对象。

总之，关于"礼"的起源，尽管说法众多、争议较大，但大家公认的是：在中华民族的发展初期就有了"礼"的萌芽，"礼"的产生与人类的生活息息相关。

（二）中华礼仪的发展

中华礼仪制度的形成，经历了漫长而又曲折的积累过程，在其传承沿袭的过程中不断发生着变革。从历史发展的角度来看，其演变过程可以分四个阶段。

1. 起源：夏朝以前（公元前 21 世纪前期及以前）

在原始社会中、晚期出现了早期礼仪的萌芽。这时的礼仪较为简单和虔诚，还不具有阶级性。如制定了明确血缘关系的婚嫁礼仪；区别部族内部尊卑等级的礼制；为祭天敬神而确定的一些祭典仪式；规定了一些在人们的相互交往中表示礼节和表示恭敬的动作。

2. 形成：夏、商、西周三代（公元前 21 世纪中后期—公元前 771 年）

人类进入奴隶社会后，统治阶级为了巩固自己的统治地位，把原始的宗教礼仪发展成符合奴隶社会政治需要的礼制，礼被打上了阶级的烙印。在这个阶段，中国第一次形成了比较完整的国家礼仪与制度。如"五礼"就是一整套涉及社会生活各方面的礼仪规范和行为标准。古代的礼制典籍亦多撰修于这一阶段，如周代的《周礼》《仪礼》《礼记》就是我国最早的礼仪学专著。在汉以后两千多年的历史中，它们一直是国家制定礼仪制度的经典著作。

3. 变革：春秋战国（公元前 771 年—公元前 221 年）

这一阶段，学术界形成了百家争鸣的局面，以孔子、孟子、荀子为代表的诸子百家对礼教给予了研究和发展，对礼仪的起源、本质和功能进行了系统阐述，第一次在理论上全面而深刻地论述了社会等级秩序的划分及其意义。

孔子对礼仪非常重视，把"礼"看成治国、安邦、平定天下的基础。他认为"不学礼，无以立""质胜文则野，文胜质则史"。孟子把"礼"解释为对尊长和宾客严肃而有礼貌，即"恭敬之心，礼也"，并把"礼"看作人的善性的发端之一。荀子把"礼"作为人生哲学思想的核心，把"礼"看作做人的根本目的和最高理想，"礼者，人道之极也"。管仲把"礼"看作人生的指导思想和维持国家的第一支柱，认为"礼"关系到国家的生死存亡。

4. 强化：秦汉到清末（公元前221年—公元1911年）

在我国长达两千多年的封建社会里，不同朝代的礼仪文化尽管具有不同的社会政治、经济、文化特征，但有一个共同点，就是一直为统治阶级所利用，是维护封建社会等级秩序的工具。这一阶段的礼仪的重要特点是尊君抑臣、尊夫抑妇、尊父抑子、尊神抑人。在漫长的历史演变过程中，它逐渐变成为妨碍人类个性自由发展、阻挠人类平等交往、阻止思想自由的精神枷锁。

纵观封建社会的礼仪，内容大致有涉及国家政治的礼仪和涉及家庭伦理的礼仪两类。这一时期的礼仪构成中华传统礼仪的主体。

辛亥革命以后，受西方资产阶级"自由、平等、民主、博爱"等思想的影响，中国的传统礼仪规范、制度受到强烈冲击。新文化运动对腐朽、落后的礼教进行了清算，符合时代要求的礼仪被继承、完善、流传，那些繁文缛节逐渐被抛弃，同时接受了一些国际上通用的礼仪形式。

新中国成立后，逐渐确立以平等相处、友好往来、相互帮助、团结友爱为主要原则的具有中国特色的新型社会关系和人际关系。改革开放以来，随着中国与世界的交往日趋频繁，西方一些先进的礼仪、礼节陆续传入我国，同我国的传统礼仪一道融入社会生活的各个方面，构成了社会主义礼仪的基本框架。许多礼仪从内容到形式都在不断变革，现代礼仪进入了全新的发展时期。大量的礼仪书籍相继出版，各行各业的礼仪规范纷纷出台，随着社会的进步、科技的发展和国际交往的增多，礼仪必将得到新的完善和发展。

二、礼的概念与内涵

（一）礼、礼貌、礼节与礼仪

1. 礼

礼的本意为敬神，后引申为表示敬意的通称。礼的含义比较丰富，它既可以指为表示敬意和隆重而举行的仪式，也可泛指社会交往中的礼貌礼节，是人们在长期的生活实践中约定俗成、共同认可的行为规范。礼还特指奴隶社会、封建社会等级森严的社会规范和道德规范。在《中国礼仪大辞典》中，"礼"被定义为特定的民族、人群或国家基于客观历史传统而形成的价值观念、道德规范以及与之相适应的典章制度和行为方式。

2. 礼貌

礼貌是人们在交往时相互表示敬重和友好的行为规范，它体现了时代的风尚与道德水准，以及人们的文化层次和文明程度，是一个人在待人接物时的外在表现。人们主要通过礼貌语言和礼貌行为来表现对他人的谦虚和恭敬。从道德、社会风尚方面来研究礼貌，可以将它分为三类：一是在各种公共场所中的最起码的行为准则；二是在各种个人交往中的最起码的礼节；三是在个人私生活中的起码应有的行为习惯。礼貌的主要内容包括：遵守秩序，言必有信，敬老尊贤，待人和气，仪表端庄，讲究卫生等。

3. 礼节

礼节是礼貌的具体表现形式，是礼貌在语言、行为、仪表等方面的具体规定，主要指日常生活中的个体礼貌行为。礼节是人们在日常生活中，特别是在交际场合中相互表示尊敬、祝颂、问候、致意、哀悼、慰问以及给予必要协助和照料的惯用形式，是社会文明的组成部分。从形式上看，它具有严格的仪式；从内容上看，它反映着某种道德原则，反映着对他人的尊重和友善。

4. 礼仪

礼仪作为一种调整人际关系的道德行为要求，是人类社会为维系社会正常生活而共同遵循的最简单、最起码的道德行为规范。对个人而言，礼仪是一个人思想水平、文化修养、交际能力的外在表现；对于社会而言，礼仪是社会文明程度、道德风尚和生活习俗的反映。从礼仪的历史沿革看，现代社会的礼仪主要是在人际交往、社会交往和国际交往中，为表示尊重和友好的一系列行为、道德、社会规范和惯用形式。

礼仪包括"礼"和"仪"两部分。"礼"，即礼貌、礼节；"仪"即仪表、仪态、仪式、仪容等，是对礼节、仪式的统称。从广义的角度看，"仪"泛指人们在社会交往中的行为规范和交际艺术。从狭义的角度看，"仪"通常是指在较大或隆重的正式场合，为表示敬意、尊重、重视等所举行的合乎社交规范和道德规范的仪式。

（二）礼仪的功能和基本准则

礼仪具有教育、沟通、协调、塑造、维护的功能，我们在日常生活中应该遵守以下几点准则。

1. 遵守公德

公德是指一个社会的公民为了维护整个社会生活的正常秩序而共同遵循的最简单、最起码的公共生活准则。其内容包括尊重妇女、尊老爱幼、爱护公物、遵守公共秩序、救死扶伤等。社会公德是礼仪的基础，是形成礼仪的前提，礼仪的内容基本涵盖了社会公德的全部。

2. 遵时守信

遵时，就是要遵守规定的时间和约定的时间，不得违时，不可失约。守信，就是要讲信用，对自己的承诺认真负责。遵时守信是人际交往中极为重要的礼仪。

3. 真诚友善

以诚待人，是礼仪的本质特征。在人际交往中，礼仪不是虚伪的客套，而是表达对人的尊重和友好，需要诚心待人、表里如一。"尊重，还是贬低"是人际交往中最敏感的问题。从善良的愿望出发，以诚相待，才能赢得别人的依赖和尊重，保证交往顺利与成功。

4. 谦虚随和

谦虚随和的人，待人处事自然大方。社会生活中常可以见到越是博学多识、修养好的人，越是平易近人，也更能得到人们的敬重；相反，若是自视高明，目中无人，夸夸其谈，妄自尊大，卖弄学问，往往会被人视为傲慢无理。

5. 理解宽容

理解，就是懂得别人的思想感情，理解别人的立场、观点和态度，能够根据具体的情况体谅别人、尊重别人，心领神会地理解别人心灵深处的喜、怒、哀、乐。在人际交往中，要避免因互相缺乏理解而产生误解。

6. 热情有度

热情会使人感到亲切、温暖，从而拉近你与他人的感情距离，使人愿意与你接近、交往。但热情过分，会使人感到虚情假意，或别有用心，从而产生戒备心理。

7. 注意细节

细节体现教养，细节展示素质，从细节可以看出一个人的修养水平。在注重礼仪的社交场合，不注意细节的人是不受欢迎的。

8. 风度高雅

风度是一个人的内在素质、修养及其外在行为的总和，是人们在社会生活中逐步形成的，是人们对于人的形态、举止、谈吐、装扮的一种衡量尺度。风度不是指某人的某一个方面能给人留下良好的印象，而是指某人的全部生活姿态都能给人留下良好的印象。

现代礼仪漫画

三、提高礼仪修养的途径

1. 加强道德修养

道德品质的提高和礼仪行为的养成有着密切的联系，二者是相辅相成的过程。礼仪行为从广义上说就是一种道德行为，处处渗透和体现着一种道德精神。一个人想要有较高的礼仪修养，离开了道德品质方面的修养是不可能的；一个人要形成高尚的道德品质，就应该从遵守日常礼仪规范做起。

2. 提高文化素质

礼仪学是一门综合性的专门学科，它和公共关系学、传播学、美学、民俗学、社会学等许多学科都有密切的关系。一个人只有具备广博的文化知识，才能深刻地理解礼仪的原则和规范。只有具备较高的文化层次，才能更加自如地在不同场合运用礼仪。

3. 接受礼貌教育

世界各国的礼仪风俗千种万类，我国各个民族的礼节习俗也是各不相同。如对其他国家或某一具体活动的礼仪知识不了解，只凭以往的经验办事，轻则闹笑话，重则影响工作效果，甚至造成误解。

4. 养成良好的行为习惯

礼仪修养实际上是人自觉地用正确的思想取代不正确的思想、用良好的行为习惯纠正不良行为习惯的过程。检验一个人的礼仪修养如何，很重要的一条标准就是看他是否已把礼仪规范变成自身个性中的稳定成分，是否能在各种交际场合自然而然地遵循礼仪的基本要求。

资料必读 >>

现代文明礼仪常识

中国具有五千多年文明历史，素有"礼仪之邦"之称，中国人也以其彬彬有礼的风貌而著称于世。礼仪文明作为中国传统文化的一个重要组成部分，对中国社会历史的发展起到了广泛、深远的影响，其内容十分丰富，涉及的范围十分广泛，几乎渗透于社会的各个方面。

一、文明礼仪常识之基本礼仪

个人礼仪是其他一切礼仪的基础，是一个人仪容、仪表、言谈、行为举止的综合体现，是个人性格、品质、情趣、素养、精神世界和生活习惯的外在表现。总的规范为：整洁清爽、端庄大方。

（一）仪表仪态礼仪

保持头发清洁，修饰得体，发型与本人自身条件、身份和工作性质相适宜。男士应每天修面剃须。女士化妆要简约、清丽、素雅。表情自然从容，目光专注、稳重、柔和。手部保持清洁，在正式的场合忌有长指甲。

站姿：挺直、舒展，手臂自然下垂。在正式场合不应将手插在裤袋里或交叉在胸前，不要有下意识的小动作。

坐姿：入座时动作应轻而缓，轻松自然。不可随意拖拉椅凳，从椅子的左侧入座、离座，沉着安静。

走姿：行走时应抬头，身体重心稍前倾，挺胸收腹，上体正直，双肩放松，两臂自然前后摆动，脚步轻而稳。

（二）交谈礼仪

态度诚恳，表情自然、大方，语言和气亲切，表达得体。谈话时不可用手指指人，做手势动作幅度要小。在公共场合男女之间要保持适当距离。同时与几个人谈话时，不要把注意力集中在一两个人身上，要照顾到在场的每一个人。忌在公众场合为非原则性问题大声喧哗、争执打闹。

（三）服饰礼仪

服饰是一种文化，着装是一门艺术。正确得体的着装，能体现个人良好的精神面貌、文化修养和审美情趣。公务场合着装要端庄大方；参加宴会、舞会等着装应突出时尚个性；休闲场合穿着应当舒适自然。全身衣着颜色一般不超过三种，佩戴饰物要考虑人、环境、心情、服饰风格等诸多因素，力求整体搭配协调。遵守以少为佳、同质同色、符合身份的原则。

二、文明礼仪常识之社交礼仪

社交礼仪是社会交往中使用频率较高的日常礼节。一个人生活在社会上，要想让别人尊重自己，首先要学会尊重别人。掌握规范的社交礼仪，能为交往创造出和谐融洽的气氛，建立、保持、改善人际关系。社交礼仪的基本原则为尊重、遵守、适度、自律。

（一）问候礼仪

问候是见面时最先向对方传递的信息。对不同环境里所见的人，要用不同方式的问候语。问候初次见面的人，标准的说法是"您好""很高兴认识您"等。如果对方是有名望的人，也可以说"久仰""幸会"。与熟人相见，用语可以亲切、具体一些。对于一些业务上往来的朋友，可以使用一些称赞语。

（二）称呼礼仪

在社交中，人们对称呼一直都很敏感。选择正确、恰当的称呼，既反映自身的教养，又体现对他人的重视。称呼一般可以分为职务称、姓名称、职业称、一般称、代词称、年龄称等。使用称呼时，一定要注意主次关系及年龄特点，如果对多人称呼，应以年长为先、上级为先、关系远为先。

（三）介绍礼仪

介绍就基本方式而言，可分为：介绍他人、被人介绍、自我介绍三种。在做介绍的过程中，介绍者与被介绍者的态度都要热情大方、举止得体，整个介绍过程应面带微笑。一般情况下，介绍时双方应当保持站立姿势，相互热情应答。

介绍他人应遵循"让长者、客人先知"的原则；被人介绍时，应面对对方，显示出想结识对方的诚意；自我介绍时，可一边伸手跟对方握手，一边做自我介绍。

（四）握手礼仪

握手是沟通思想、交流感情、增进友谊的一种方式。握手时应注意避免手湿或手脏，不戴手套和墨镜，不交叉握手，不摇晃或推拉，不坐着与人握手。

握手的顺序一般讲究"尊者决定"，即待女士、长辈、已婚者、职位高者伸出手之后，男士、晚辈、未婚者、职位低者方可伸手去呼应。男士同女士握手时，一般只轻握对方的手指部分，不宜握得太紧、太久。

（五）名片礼仪

在社交场合，名片是自我介绍的简便方式，是一个人身份的象征，是人们社交活动的重要工具。

递送名片时应将名片正面面向对方，双手奉上；接受名片时应起身，面带微笑地注视对方，说"谢谢"并阅读名片；接过别人的名片切不可随意摆弄或扔在桌子上，应放在上衣口袋或名片夹里。

（六）电话礼仪

电话是人们常用的通信工具。打电话时，要考虑对方时间是否方便，一般应在早上八时后、晚上十时前。拨通电话后，应首先向对方问好，自报家门和证实对方的身份。通话时，语言要简洁明了。通话完毕，道声"再见"，再挂电话。在办公室打电话，要照顾到其他电话的进出，不可以久占线。

（七）网络礼仪

和任何一种别的沟通方式一样，网上沟通同样存在着道德规范和文明礼仪。网络礼仪要遵循彼此尊重、容许异议、宽以待人、保持平静、与人分享的原则。网上沟通要遵守网络道德和法律、法规。

拓展延伸

东西方礼仪的差异

东方礼仪主要指以中国、日本、朝鲜、泰国、新加坡等亚洲国家为代表的具有东方民族特点的礼仪文化。西方礼仪主要指流传于欧洲、北美各国的礼仪文化。

1. **在对待血缘亲情方面**

东方人非常重视家族和血缘关系，"血浓于水"的传统观念根深蒂固，人际关系中最稳定的是血缘关系。

西方人独立意识强，相比较而言，不是很重视家庭血缘关系，而更看重利益关系。他们将权利、义务分得很清楚，做事完全取决于实际能力，绝不勉为其难。

2. **在表达形式方面**

西方礼仪强调实用，表达率直、坦诚。东方人以"让"为礼，凡事都要礼让三分，与西方人相比，常显得谦逊和含蓄。在面对他人夸奖时，东西方人的态度有所不同。面对他人的夸奖时，东方人常常会说"过奖了""惭愧"等字眼，表示自己的谦虚；而西方人在面对别人真诚的赞美时，往往会用"谢谢"来表示接受对方的美意。

3. **在礼品赠受方面**

在中国，人际交往特别讲究礼数，重视礼尚往来，往往将礼品作为人际交往的媒介和桥梁。东方人送礼的名目繁多，除了重要节日互相拜访需要送礼外，平时的婚、丧、嫁、娶、生日、升职都可以作为送礼的理由。西方礼仪强调交际务实，在讲究礼貌的基础上力求简洁便利。西方人一般不轻易送礼给别人，除非相互之间建立了较为稳固的人际关系。

同时在赠送礼品和接受礼品时，东西方也存在着差异。西方人送礼时，总是向受礼人直截了当地说明"这是我精心为你挑选的礼物，希望你喜欢"等；西方人一般不拒绝别人送礼，接受礼物时先对送礼者表示感谢，并当面拆看礼物。而东方人在送礼时也费尽心机、精心挑选，但在受礼人面前却总是谦虚而恭敬地说"微薄之礼不成敬意，请笑纳"之类的话；东方人在受礼时，通常会客气地推辞一番，接过礼品后，一般不当面拆看礼物。

4. 在对待地位和年龄的态度方面

东西方礼仪在对待人的身份地位和年龄上也有许多观念和表达上的差异。东方礼仪一般是老者、尊者优先，凡事讲究论资排辈。西方礼仪崇尚自由平等，在礼仪交往中，地位的强调没有东方礼仪那么突出，而且西方人独立意识强，不服老，特别忌讳"老"。

5. 在对待隐私权方面

西方礼仪强调尊重个人隐私，将个人隐私看得神圣不可侵犯。东方人非常注重共性拥有，强调群体关系，强调人际关系的和谐。邻里间的相互关心、嘘寒问暖，是一种富于人情味的表现。

项目实践

设计商务会晤活动方案

请以某单位的名义，设计一个商务或公务会晤活动方案，内容涉及见面、介绍、递送名片、座谈等形式，以小组为单位进行展示。

1. 实践目的

让同学们掌握商务活动中交际交往的基本礼仪，重点掌握称呼、问候、介绍、握手、致意等见面礼仪、交谈礼仪、名片礼仪，使同学们养成言谈举止符合礼仪规范的习惯，培养同学们基本公关素质和公关能力，为求职择业、立足社会奠定基础。

2. 实践要求

（1）设计活动方案稿，主题突出，活动程序简明，议程清晰明确。

（2）小组成员应团结协作，进行活动程序及具体内容的展示。

3. 评价要求与评分细则

项目	分值分配	活动要求	评分细则	得分
策划案写作	50分	内容：策划书内容完整（30分）	1. 活动主题、背景、目的阐释清晰明了（8分） 2. 活动流程设计考虑商务会晤的特点，有机结合多种会晤场景，设计合理，可行性强（20分） 3. 全面细致地考虑应急预案及人员分工等情况（2分）	
		主题：明确突出（10分）	活动各环节突出"彬彬有礼"的主题（10分）	
		文字：表述准确、简明（10分）	1. 无病句和错别字（5分） 2. 文字表述朴实、准确、简洁（5分）	
商务会晤活动展示	50分	组织：成员间有明确的分工（5分）	1. 组员间能体现良好的团结协作精神（2分） 2. 展示完整有序的活动程序（3分）	
		礼仪：大方、自然、有礼（40分）	1. 仪容：清洁、美观（10分） 2. 仪态：规范、大方、文雅（10分） 3. 服饰：整洁、得体、美观（10分） 4. 语言：礼貌、自然（10分）	
		表现形式：多样化（5分）	能充分挖掘丰富的表现形式，如利用多媒体等资源进行展示（5分）	

项目三
中国传统节日及风俗

党的二十大报告指出:"我们要坚持马克思主义在意识形态领域指导地位的根本制度……以社会主义核心价值观为引领,发展社会主义先进文化,弘扬革命文化,传承中华优秀传统文化。"中国传统节日是中华民族悠久历史文化的瑰宝,春节舞龙舞狮、清明扫墓踏青、端午龙舟竞渡等节日习俗,体现着中华民族丰富多彩的社会文化生活,积淀着博大精深的历史文化内涵。

作为当代大学生,在传承民族传统节日、挖掘传统节日丰富内涵、让传统节日焕发时代光芒等方面,可以做出哪些努力?

学习目标

◆ 了解我国传统节日的由来及演变
◆ 理解传统节日的意义及在中国传统文化中的重要地位
◆ 完成"项目实践"中的重阳节节庆活动设计

传统节日的由来与演变

中国传统节日是我国悠久历史文化的重要组成部分。传统节日与中华民族源远流长的历史一脉相承，是融自然科学与人文知识于一体的历史文化活化石，是宝贵的文化遗产。

那么，中国传统节日是怎样产生的？在漫长的历史中又是如何演变的？我们可以从以下方面来认识。

一、古人对天时的重视是传统节日产生的基础

古代人们认识到，人作为自然的重要组成部分，应随着自然的变化，调整生活节律，才能平安和谐。由此，人们在生产实践中，创建了二十四节气。后来与节气紧密结合的节日就逐渐形成了，如清明既是节气又是节日，是节气与节日结合的典型。节气是节日形成的重要前提，大部分节气在先秦时代就已出现。到汉代，中国主要的传统节日基本定型，因此人们认为大部分节日起源于汉代。

二、原始信仰是传统节日风俗形成的直接原因

节日风俗的产生，与人类早期的原始信仰观念直接相关。远古的人类，把所有不能解释、无法驾驭的自然力，都当作超凡的神力加以崇拜。古人还有灵魂崇拜。古人认为，人死之后肉体消亡，但灵魂却还存在，具有超人的能力并在人世间发挥作用。家中尊长死后，就变成家庭和家族的保护神，因而受到后人的隆重祭祀，这便发展为上古的祖先崇拜。这发展到后代，逐渐形成了人们在节日祭祖的风俗。

为消灾避祸，防患于未然，古人有很浓的迷信、禁忌观念，经过长期的发展，便形成许多节日的禁忌习俗。如春节期间禁扫地，以免财气出门；忌讳说不吉利的话。这类迷信禁忌是一种消极防范手段，反映了人们趋吉避凶的愿望。又如端午的龙舟竞渡，是远古水滨居民驱疫巫术的变化发展形式，近代楚地的赛龙舟也蕴含着驱疫的意味。湖北孝感至今有"不打龙船，人多疫病"的说法。

三、统治者的政策促进传统节日的演变

传统节日民俗，一般情况下是民间约定俗成的，但在某些特定情况下，统治者提倡并参与某些节日活动，直接促进了传统节日的发展演变。元宵节就是这样的典型。

相传，汉文帝为庆祝周勃在农历正月十五日平定诸吕之乱，每逢这一夜，必出宫与民同乐。在古代，"夜"同"宵"，正月又称元月，汉文帝就把农历正月十五定为元宵节，这一夜就叫"元宵"。汉武帝时，把"太一神"（主宰宇宙一切之神）的祭祀活动定在农历正月十五。这一夜，汉武帝命人张灯结彩，通宵达旦祭祀"太一神"，从此形成了元宵节盛张灯火的习俗。隋炀帝、唐玄宗等统治者，每到元宵节都大陈灯彩，载歌载舞。到了宋代，皇帝在元宵节观灯已成礼俗。时至今日，各地都有在元宵节张灯结彩的风俗。

四、各民族的交流使传统节日更加丰富多彩

我国历史上的几次民族大融合，使传统节日风俗得以整合。因为民族融合，汉族的一些重要传统节日，如春节、元宵节、清明节，在少数民族中开始普遍流行。少数民族的一些传统游艺，也不断融入汉族传统风俗里，如女真的射柳习俗成为清明的一种传统习俗，在汉族及众多其他少数民族中流行，成为各族人民共同的文化财富。

五、其他元素的融入增添了传统节日的内容与表现形式

中国传统节日在发展过程中，因民众情感的寄托、神话元素和佛道宗教元素的融入，沉淀了更厚重的文化底蕴，增添了丰富的内容与表现形式。

历史人物因常常被民间寄托感情，所以被民众融入传统节日中，作为节日的溯源解释，并影响着节日风俗的改变，端午节就是其中的例子。端午节被认为最先起源于驱瘟除邪。但在汉代以后，因民间对屈原的爱国精神和高尚人品敬仰之至，一些先于屈原之前的某些习俗如龙舟竞渡和吃粽子，被传说重新解释，与纪念屈原产生了联系。传统节日因民众情感的积淀，获得了新的生命力。

七夕节的形成与神话传说相关。早在上古，牛郎、织女只

是人们崇拜的两颗星星，二者之间没有什么关系。但到了汉代，产生了牛郎、织女的爱情传说，民间便产生了七夕之夜看牛郎、织女相会的活动，经过历朝历代的发展，便形成了七夕穿针乞巧等习俗。七月十五中元节，也称"鬼节"，既综合了佛教的"盂兰盆节"、目犍连救母的典故，又与道教地官生日的具体日期结合在一起，表现了中国人怀念祖先、慎终追远的心理。

资料必读 >>

四大传统节日及风俗

中国传统节日扎根于古代社会的土壤，不仅反映了祖先对自然界规律的认识与把握，也反映了我国民间张弛有度的生活节律，更承载了人们对美好生活的向往、对幸福的追求。

据统计，我国各民族比较有影响的传统节日有一百六十多个，这里介绍我国的四大传统节日——春节、清明节、端午节、中秋节及其风俗。

一、春节

春节俗称"过年"，是中华民族最热闹、最隆重的传统节日。

中国古代社会的经济基础是农耕经济，古人把谷子从播种到成熟的这个周期，叫作一"年"，并在此时举行庆祝丰收的活动，在祭祀典礼中祈求来年风调雨顺、五谷丰登。这是关于"年"的现实来源。

关于"年"，民间还流传着关于年兽的传说。相传太古时期，有一种凶猛的野兽，叫"年"，它青面獠牙、凶悍无比，人们对它唯恐避之不及。人们为了躲避它，研究了它的作息规律之后发现，每365天它就会进入村庄肆意践踏一翻。于是，人们把它进村的这一天称为"年关"。为了平安度过"年关"，各家人都会准备丰盛的晚餐（由于这顿晚餐后吉凶未卜），并祭祖上香，祈盼可以顺利度过"年关"。有一次，人们偶然发现，年兽害怕红色，尤其害怕烧竹节发出的噼里啪啦的响声，于是，慢慢便形成了后世在过年时穿红衣、贴红色对联、燃放爆竹的习俗。民间传说不能科学地说明春节习俗的由来，却较全面地展示了春节的主要风俗。

祭祖是在汉族主要的传统节日（如清明节、中元节）里都保留的风俗，在过年也如此。按照民间的观念，列祖列宗的"在天之灵"时刻庇护和注视着后代子孙，而在世之人要通过祭祀祈求福报，以缅怀祖先、激励后人。所以，我们不能简单地把"祭祖"看作"封建迷信"或是繁文缛节。

年夜饭，又叫"团年饭""团年"或"合家欢"，是中国人最看重的家庭宴会。年夜饭的饮食习俗，虽南北相异，但从食材的选择来看，都有祈求吉利，希望和谐、好运的意味。如北方的饺子在年夜饭中不可或缺。为什么呢？因为"饺子"的"饺"与"交"谐音，"子"为"子时"，取"更岁交子"之意，意味着辞旧迎新、喜庆团圆；从饺子的形状看，它形状像元宝，带"招财进宝"之意；从制作方法看，如果饺子里有糖、花生等食物，被人们吃到了，就象征着日子甜美、健康长寿。

南方人在年夜饭里多吃年糕，因为"糕"和"高"谐音，象征来年步步高升。此外，南北方过年的饮食习俗中，选择的食材与其寄托的愿望基本一致。如鸡和"吉"谐音，象征"吉祥如意"，整鸡摆盘儿有"凤凰上枝头"的彩头；鱼和"余"谐音，象征"吉庆有余"和"年年有余"。

中国春节除了饮食上的特色，还有守岁、发压岁钱、拜年、贴春联、贴年画、燃放烟花爆竹等节俗活动。

过年吃饺子

如今的春节，许多传统民俗被新风俗所取代。如除夕祭祖、守岁等习俗，在许多现代城市的家庭中已经看不到了，被看《春节联欢晚会》所代替；对年夜饭的安排，许多家庭把地点换到了饭店；走亲访友的拜年方式，被手机短信拜年、微信拜年等现代化联络方式代替。这些新风俗的兴起，反映了现代社会对传统节日民俗文化的传承与革新。

二、清明节

"清明节"又叫"踏青节""三月节""祭祖节""扫墓节"等。"清明"既是二十四节气之一，又是节日，大约始于周代，已有两千五百多年的历史。《岁时百问》中写道："万物生长此时，皆清洁而明净。故谓之清明。"禁火扫墓、祭祀先祖是清明节最主要的风俗。

清明节扫墓祭祖、感念先人的风俗，反映了人们的亲情观念，是中国"孝文化"的具体体现，是中华民族尊亲重祖、加强宗族凝聚力、维护宗族团结的重要手段，也是以宗法制度为基础的中国社会几千年来得以和谐稳定发展的基础，是中国文化中不可分割的一部分。中国文化有"慎终追远"的传统，虽然一些烦琐的祭祀活动现已大多退出了历史舞台，但清明时节的扫墓习俗，传承至今依旧不衰，被视为生命力最强的民俗事项之一。

清明的饮食习俗，在各个传统节日中，也显得别具一格。因为在古代寒食节和清明节只相差一天（一说两天），所以寒食节的饮食习俗也影响着清明节的饮食习俗。寒食节的食品种类丰富、寓意深刻。具体包括寒食粥、寒食面、寒食浆等。寒食节的食品现今大多已失传，有一些流传至

青团子

今，如北京的"寒食十三绝"。此外，各地比较有代表性的清明食品，有北方的子推馍、江南的青团、成渝的欢喜团、客家的艾糍、闽台的润饼等。这些美食，也是清明节饮食习俗中不可或缺的组成部分。

三、端午节

农历五月初五，在古代被称为"端五"或"重五"，因"五"和"午"相通，因而这一天又称"端午节""重午节"。据统计，端午节的名称有二十多个，是我国所有传统节日中叫法最多的一个，其中常见的有端阳节、龙舟节等。

端午节的起源

关于端午节的起源，说法颇多。如吴越地区的人们认为端午节是为了纪念"潮神"伍子胥；闻一多认为，端午节是吴越地区图腾祭祀的日子；一般的百姓认为，端午节是为了纪念爱国诗人屈原。事实上，从端午节的传统风俗活动内容来看，端午节最初应与先民驱邪避瘟、除毒止恶等观念相关联。

端午正值仲夏时分，毒虫滋生，易犯疫病，古人为驱邪拒毒，形成了一系列习俗：煎兰草汤沐浴；采菖蒲、艾叶于门上辟邪；制作、饮用雄黄酒以驱除毒虫；用各种中草药为内里，面上绣蜘蛛、壁虎等毒虫的样子，制成香囊香包来驱邪除病。中医认为，上述的习俗具有一定的保健意义。从文化的角度看，这些习俗体现了祖先对天地和自然的敬畏。

端午节最隆重、热闹且最具特色的节俗活动，应属"龙舟竞渡"，民间又称"赛龙舟""划龙船""龙船赛会"等。在

粽子

历史上,端午节龙舟竞渡,因民众寄托感情的原因,曾被附会为纪念屈原,增强了节日的文化内涵。但从客观的角度看,龙舟竞渡最初是古人驱逐瘟疫、祈求丰收的一种仪式,后逐渐发展为愉悦大众的表演方式及强身健体的竞技活动。龙舟竞渡,既表现了华夏子孙对于"龙的传人"自我身份的一种认可,又表现了"龙文化"的传承与发扬。

端午节最突出的食俗是吃粽子。为什么端午节要吃粽子,其主要原因是,端午节的节期在夏至之后,气候炎热,容易生病,而古人认为把用五彩线扎成的粽子当成祭祀供品,可以驱疫除恶纳福。加上粽子里用糯米、红枣等食材与粽叶相搭配,既美味又消暑,因而受到了人们的喜爱。粽子的出现比屈原早几百年,民间把粽子与屈原附会在一起,大约是在汉代以后。

四、中秋节

农历八月十五是中秋节。在古代,中秋节是仅次于春节的传统佳节。因八月是秋季的第二个月,故八月十五又被称为"仲秋节"。中秋节还有诸多名称,如"月夕""秋节""玩月节""拜月节""八月节""团圆节"。

关于中秋节的起源,有人认为这与中国的传统农业生产有关。八月是丰收的时节,农民为了庆祝五谷丰登,表达喜悦,以"中秋"作为节日,祭祀土地神,表达敬意,因此,中秋起源于民间的"秋报"习俗。此外,有学者认为,中秋节起源于古代帝王的祭祀活动。据史书记载,早在周朝,周王就有春分祭日、夏至祭地、秋分祭月、冬至祭天的习俗。后来,中秋祭月的活动,随着社会的发展,逐渐影响至民间。

虽然对中秋节的起源尚无定论,但在发展过程中,人们通过赏月拜月、以月寄情的方式,使中秋节成为民间表达渴望团圆团聚、希望美满幸福的重要传统佳节。而嫦娥奔月神话传说的嵌入,更加增添了中秋节浪漫的人文色彩。

中秋节的传统习俗,最突出的莫过于赏月。祭月的风俗由统治者上层影响至民间,而民间的祭月后又发展成赏月。

赏月在唐代盛极，并延续至明清时期，形成了一种非常稳定的民间习俗。富察敦崇《燕京岁时记》称："每届中秋，府第朱门皆以月饼果品相馈赠……是时也，皓魄当空，彩云初散，传杯洗盏，儿女喧哗，真所谓佳节也。"由此可以窥见，中秋节时民间热闹非凡。历代文人雅士们则在中秋之时，借月抒怀，饮酒赋文，留下了许多脍炙人口的佳作。如杜甫的《八月十五夜月》、苏轼的《水调歌头》。

赏月时必备的食品，是流传至今的月饼。月饼，又叫"胡饼""宫饼""月团""团圆饼"等，是古代中秋祭拜月神的供品。在民间，人们把中秋赏月与品尝月饼作为家人团圆的象征，月饼逐渐成为节日的必备礼品。

人们在中秋节吃月饼祈求团圆，把酒问月，寄托相思，传递着人与人之间的情感。中秋节是一个弥漫着浓郁亲情的佳节，从古至今，上至王侯公卿，下至平民百姓，都把家人团聚当作人生幸事，这种对团圆的期盼，来源于对家族血缘的重视，而这种认同又使中华民族形成精神上的凝聚力与向心力。因此，世界各地的炎黄子孙，都有"但愿人长久，千里共婵娟"的文化祈盼。欢度传统的中秋佳节，是人们对家族传统文化的回归，也是中华儿女对文化传统的重温，更体现了中华儿女对文化核心和生命源头的共同体认。

月饼

中国传统节日是传统文化的载体，了解中国主要传统节日及风俗，能更深入地理解传统节日的文化内涵，对于当代大学生发扬民族优秀文化传统、增强文化素养具有重要的现实意义。

拓展延伸

让传统节日焕发时代气象

"四时花竞巧，九子粽争新。"又是一年端午到，人们吃粽子、饮雄黄、插艾草、戴香囊、赛龙舟、诵诗词，人们体悟传统民俗，品味厚重的中华民族历史文化。

习近平总书记指出："中华民族在几千年历史中创造和延续的中华优秀传统文化，是中华民族的根和魂。"历史悠久的端午节，有着丰富的文化内涵。浴兰节、端阳节、诗人节、龙舟节……从端午节的众多别名不难看出，经过时间河床的沉淀，这一古老节日被赋予了多重意义。包制形状不一、口味各异的粽子，参与形式多样、精彩纷呈的节庆活动，每个人都能找到适合自己的过节方式。可以说，端午节就像一条纽带，连接历史和当下，体现了中华民族的历史传统、价值观念和文化认同。

节日是人们日常生活中的节点。传统的节俗，与当时人们的生产生活和精神世界有紧密的关联，即使岁月流转，生活方式不断改变，依旧能够给人带来心灵的润泽。今年端午节来临之际，一些地方把民俗活动由线下转到线上，让祛病防疫的节日内涵进一步彰显。直播里体验端午习俗、云端观美景、线上听讲座，即使身不能至，也不妨碍人们领略厚重的文化韵味。众志成城、同舟共济、家国情怀，端午节俗中蕴藏的这些精神传统在当下得到了进一步诠释，也让人们对祈愿和顺平安的节日内涵有了更为深刻的理解。

传统节日历久弥新的生命力，既来自源远流长的民间传说和民俗活动，更得益于生生不息的自我更新能力。以更大的历史视角观之，端午节的精神内核历经千年依然生动地存续于我们的现实生活，并不断衍生出"新民俗"，这本身就是其旺盛生命力的体现。更好地涵养和传承传统节日及其承载的优秀文化，需要借助一些看得见、摸得着的民俗活动，也要采取适应当代生活的表现形式和表达方式。比如，《端午奇妙游》等"中国节日系列"节目，在深度挖掘传统节日文化内涵、描摹历史风貌的基础上，创新视听呈现，引发观众共鸣。这启示我们，找到传统文化和现代生活的连接点，不断打造承载文化传统和节日内涵的时代载体，是让传统文化焕发新生、重放光彩的重要方式。

近年来，不论是《如果国宝会说话》《我在故宫修文物》等热播的纪录片，还是活泼可爱的文物表情包、诙谐幽默的文物说唱，抑或是各大博物馆热卖的文创产品，都在不断满足人们日趋丰富而多样的精神文化需求，也让更多传统文化在活起来的同时火起来、潮起来。创造性转化、创新性发展，是新时代中华文化滚滚向前的强大内驱力。以古人之规矩、开自己之生面，赋予传统文化新的时代内涵和现代表达形式，实现创造性转化、创新性发展，就能让文脉传承弦歌不辍、历久弥新，滋养我们的文化自信。

以传统二十四节气倒计时起笔，以天干地支十二时辰收尾；来时"迎客松"，别时赠折柳；"中国门"喜迎四海宾朋，"一片雪花"的故事贯穿始终……北京冬奥会、冬残奥会的开闭幕式定格下一个个难忘瞬间，在绽放文化交流互鉴夺目光彩的同时，进一步丰富了我们传承弘扬中华优秀传统文化的实践和经验。今天，内涵不断丰富的端午等传统佳节依然是中华文化的醒目符号，让人念念不忘。期待更多适应当代社会的创新表达和创意呈现，让传统节日焕发新气象，为人们提供更多心灵滋养与精神力量。

（资料来源：《让传统节日焕发时代气象》，邹翔，《人民日报》2022年6月2日，有改动）

项目实践

重阳节节庆活动设计方案

请以敬老院管理者的名义，给敬老院设计一个重阳节节庆活动策划方案，并以小组为单位进行展示汇报。有条件的情况下，整合优秀的策划案，进入当地敬老院，为老人们庆祝节日，送去温暖。

1. 实践目的

传播孝老爱亲正能量，营造爱老、敬老、助老的氛围，弘扬中华民族尊老敬老的传统美德。

2. 实践要求

（1）设计文字节庆方案稿，要主题突出、活动程序简明、可行性强。

（2）小组成员应团结协作，进行活动程序及某项具体内容的展示。

（3）策划案应体现多样化的庆祝方式，充分体现传统重阳节庆文化中尊老爱老的传统美德。

3. 评价要求与评分细则

项目	分值分配	活动要求	评分细则	得分
写作策划案	50分	内容：策划书内容完整（30分）	1. 活动主题、背景、目的阐释清晰明了（8分） 2. 活动流程设计考虑老年人的特点，有机结合重阳节的传统文化特征，设计合理、可行性强（20分） 3. 全面细致地考虑应急预案及人员分工等情况（2分）	
		主题：明确突出（10分）	活动各环节突出敬老爱老、孝老爱亲的主题（10分）	
		文字：文字表述准确简明（10分）	1. 无病句和错别字（5分） 2. 文字表述朴实、准确、简洁（5分）	
展示汇报策划案	50分	组织：成员间有明确的分工（5分）	1. 组员间能体现良好的团结协作精神（2分） 2. 展示完整有序的活动程序（3分）	
		口头语言表达：表述清晰（30分）	1. 表达内容重点突出、思路清晰（25分） 2. 声音洪亮（5分）	
		感情：富于感染力（10分）	能在展示中展示出爱老敬老的风貌（10分）	
		表现形式：多样化（5分）	表现形式丰富，如利用多媒体等资源进行展示（5分）	

项目四
传统中医药文化

中医药文化源远流长,是中华民族几千年实践与智慧的结晶,是中华民族繁荣昌盛不可或缺的一部分。

作为新时代青年,我们该如何认识、继承和发扬中医药文化?如何更好地发展中医药学,使它与时俱进、走向世界?

学习目标
- 了解中医药文化的基本体系
- 了解中医药文化与传统文化的密切关系
- 完成"项目实践"中的中草药辨识及宣讲活动

传统中医药文化

一、传统中医药文化的特点

中医药学不仅是研究和揭示人类身心疾病的产生、变化规律和防治方法的科学，而且是一种建立在实践基础上的科学。中医药文化孕育了具有几千年灿烂历史成就的中医药学，二者相辅相成，为中华民族的繁荣昌盛做出了不可磨灭的贡献。中医药学既具有自然科学的属性，又具有深刻的社会文化属性，这是区别于西医学的一个显著特点，也成就了中华医学独特的医道之名。

二、传统中医药文化的体系

中医药文化是中华文明的重要组成部分和代表性文化之一。

（一）中医药文化的整体观

从中医的角度来看，不仅人体是一个有机的整体，人与自然、人与社会也是一个有机的整体。因此，整体观成为中医学独有的特点之一，与西医的分析还原方法相映成趣。中医历来十分重视人与自然环境的联系，将阴阳、四时、五行对应理解人与自然、社会。如认为自然界之五味、五方、五色、五气、五季与人体之五脏、五腑、五官、五体、五志等相对应联系。正如《道德经》认为的"人法地，地法天，天法道，道法自然"。道法自然的生存理念成为古往今来中国人最朴素的人生观念，注重人与自然和谐共生的自然观积淀为中医药文化最初的文化基因。

（二）中医药文化的哲学蕴涵

中医药文化用"阴阳""五行"来解释世界的构成及其运行规律，这是古代中国哲学的重要特色。

中国古代辩证法以"阴阳"为标志，阴阳学说的辩证法包括阴阳对立制约、互根互用、消长平衡、相互转化，这对中国哲学和中医药文化都产生巨大影响。阴阳学说认为，任何事物都可以分为阴阳两个方面，其中任何一方都不能离开对方而单独存在。阴阳双方又是可以相互转化的。明代医学家张景岳说："阴阳者，一分为二也。"《黄帝内经》说："孤阴不生，独阳不长。"阴阳学说中体现的相辅相成、对立统一、消长平衡的辩证思维渗透到医学领域，对中医药文化起到了指导作用。

出现于殷商时代的五行学说具有唯物主义色彩，它认为世界是由木、火、土、金、水等五类事物构成，"五行"从单纯物质元素意义逐渐演变为一种世界观，其因哲学意味日益突出而成为一种思维模式，也成为研究各事物内部相互联系的一种认识论和方法论。

五行

（三）中医药文化的人文理念

千百年来，中医药文化以理性至上的原则追寻客观世界的精确事实，逐渐形成了系统的医学知识、医学思想、医学方法和医学技术。同时，中医药文化内在的人文精神又使这些医学实践体现出对人类生存意义和价值的深切关怀，体现出科学探索中不可或缺的真、善、美、爱的丰富内涵。传统中医诊治手段"望、闻、问、切"并非简单的技艺，它既是自肌肤延伸到心灵的对话，也是中医药文化人本思想的一种表现形式。中医在长期的临床实践中还总结出心身同治的原则。心身同治是古代医学观的创新，也体现了医者对病患的关切之情。此外，传统中医建立的卫生健康观，仍持久且稳定地影响着中国人的人生观，如孔子所说"大德必得其寿"，就是把个人的生命长短与其德行联系在一起，促使人们追求长寿的同时不忘德行。这些思想构成了中医药文化与社会深度融合的思想基础，也成就了中国文化中以人为本、心身和谐的精神品质。因此，中医被人称为"中华医道"。

（四）中医药文化的道德观

在中国古代，以儒学文化为底蕴的中医药文化被打上了深深的伦理烙印，体现了中华文化的核心价值和中华民族的道德理想。儒家的仁爱观、社会观，道家的天人观、佛教的慈悲观等融入传统医学，使之形成特色鲜明的医德医风。孙思邈的《大医精诚》就是医学史上论述医学道德伦理规范的经典篇章。中医提倡的"上医医国""医以德为先"等思想既体现对医者主动承担社会责任、追求理想境界的希望，又明确要求医者要有精湛的医术，这也是中医药文化对儒家伦理的应用和发展。

由此可见，中医药文化与中华优秀传统文化是相辅相成、融会贯通的。要实现中华民族的伟大复兴，就离不开中华优秀传统文化的伟大复兴，也离不开中医药文化的伟大复兴。

三、传统中医药文化的精神内涵及核心价值

中医药文化包括中医内在的价值观念、思维方式和外在的行为规范、器物形象等文化元素。中国传统文化与中医药文化之间存在着母子关系，中医药文化从中国传统文化中脱胎而来，又对中国传统文化具有反哺作用。

中医药文化的核心价值是"中和"，最根本的"中和"在于"阴阳和"，即构建中和而不偏不倚的健康环境，其中包括平衡与和谐。"中和"观念也是中国传统文化的核心理念，影响深远。

四、中医学基础理论体系简介

中医学理论体系的形成和确立，经历了一个漫长的历史时期。战国时期，社会的急剧变革和学术的百家争鸣，为中医学理论体系的形成创造了有利的社会文化氛围。此时，古代医学家们也对人体自身的奥秘及人与自然的关系进行了探讨，力图将医学的经验上升为理论。他们吸收了诸子学说中的精华部分，在医学实践与解剖学成就的基础上，创立了藏象、经络、气血、津液、精神等学说，并在探讨人与自然关系的过程中创立了六淫致病学说；同时又将古代哲学的气、阴阳、五行诸学说引入医学领域，作为方法论用以阐释人体的生理和病理，指导疾病的诊断和防治。这样，中医学理论体系就建立起来了。

战国至秦汉时期，是中医学理论体系的形成时期。这一时期问世的《黄帝内经》《难经》《伤寒杂病论》《神农本草经》等医学典籍，标志着中医学理论体系的确立，即"理、法、方、药"体系的基本形成。

中医学基础理论体系的主要内容有：

（1）藏象、经络、形体官窍、精神、气血、津液、体质学说，为有关人体正常形态生理的理论。

（2）病因、发病、病机学说，为有关疾病发生发展变化的

理论。

（3）治疗原则与方法，药学、组方理论及诊法、辨证理论，为认识与处理疾病的理论与方法体系。

（4）养生、保健、康复理论与方法，为有关预防与延寿的理论与方法体系。

中医学基础理论在古代哲学、精气、阴阳、五行诸学说影响下建立的整体观、恒动观与辩证观，是中医学理论体系结构中的最高层次，表现了中医学的特色。

资料必读

大医精诚

孙思邈

【导读】

本文选自《千金要方》。作者孙思邈（581—682），京兆华原（今陕西铜川）人，唐代著名医药学家，有"药王"之称。著有《千金要方》和《千金翼方》各三十卷。他认为"人命至重，有贵千金，一方济之，德逾于此"，故以此为书名。它保存了唐代及以前许多珍贵的医学文献资料，是我国现存最早的一部临床医学的百科全书。

文章紧扣题目，论述医德修养必须注重"精""诚"两字。"精"就是医技深湛。作者认为医道是"至精至微之事"，告诫医生必须"博极医源，精勤不倦"；"诚"就是医德高尚。作者从"心""体""法"三方面对医生提出要求：立志"普救含灵之苦"，诊治"纤毫勿失"，不得炫己毁人，谋取财物。这些看法，至今仍有一定的教育意义。

【正文】

张湛曰："夫经方之难精，由来尚矣。"今病有内同而外异，亦有内异而外同，故五脏六腑之盈虚，血脉荣卫之通塞，固非耳目之所察，必先诊候以审之。而寸口关尺，有浮沉弦紧之乱；腧穴流注，有高下浅深之差，肌肤筋骨，有厚薄刚柔之异。惟有用心精微者，始可与言此矣。今以至精至微之事，求之于至粗至浅之思，岂不殆哉！若盈而益之，虚而损之，通而彻之，塞而壅之，寒而冷之，热而温之，是重加其疾，而望其生，吾见其死矣。故医方卜筮，艺能之难精者也，既非神授，何以得其幽微？世有愚者，读方三年，便谓天下无病可治；及治病三年，乃知天下无可用之方。故学者必须博极医源，精勤不倦，不得道听途说，而言医道易了，深自误哉！

凡大医治病，必当安神定志，无欲无求，先发大慈恻隐之心，誓愿普救含灵之苦。若有疾厄来求救者，不得问其贵贱贫富，长幼妍媸，怨亲善友，华夷愚智，普通一等，皆如至亲之想，亦不得瞻前顾后，自虑吉凶，护惜身命。见彼苦恼，若己有之，深心凄怆，勿避险巇、昼夜、寒暑、饥渴、疲劳，一心赴救，无作功夫形迹之心。如此可谓苍生大医，反此则是含灵巨贼。自古名贤治病，多用生命以济危急，虽曰贱畜贵人，至于爱命，人畜一也。损彼益己，物情同患，况于人乎！夫杀生求生，去生更远。吾今此方所以不用生命为药者，良由此也。其虻虫、水蛭之属，市有先死者，则市而用之，不在此例。只有鸡卵一物，以其混沌未分，必有大段要急之处，不得已隐忍而用之。能不用者，斯为大哲，亦所不及也。其有患疮痍、下利，臭秽不可瞻视，人所恶见者，但发惭愧凄怜忧恤之意，不得起一念蒂芥之心，是吾之志也。

夫大医之体，欲得澄神内视，望之俨然，宽裕汪汪，不皎不昧。省病诊疾，至意深心；详察形候，纤毫无失；处判针药，勿得参差。虽曰病宜速救，要须临事不惑，惟当审谛覃思，不得于性命之上，率而自称俊快，邀射名誉，甚不仁矣！又到病家，纵绮罗满目，勿左右顾盼；丝竹凑耳，无得似有所娱。珍馐迭荐，食如无味；醽醁兼陈，看有若无。所以尔者，夫一人向隅，满堂不乐，而况病人苦处，不离斯须，而医者安然欢娱，傲然自得，此乃人神所共耻，至人所不为，斯盖医之本意也。

夫为医之法，不得多语调笑，谈谑喧哗，道说是非，议论人物，炫耀声名，訾毁诸医，自矜己德，偶然治差一病，则仰首戴面，而有自许之貌，谓天下无双，此医人之膏肓也。老君曰："人行阳德，人自报之；人行阴德，鬼神报之。人行阳恶，人自报之；人行阴恶，鬼神害之。"寻此

二途，阴阳报施，岂诬也哉？所以，医人不得恃已所长，专心经略财物，但作救苦之心，于冥运道中自感多福者耳。又不得以彼富贵，处以珍贵之药，令彼难求，自炫已能，谅非忠恕之道。志存救济，故亦曲碎论之，学者不可耻言之鄙俚也。

【参考译文】

晋代学者张湛说："经典的医方难以精通，由来已经很久了。"这是因为疾病有内在的病因相同而外在症状不同，和内在的病因不同而外在症状相同两个特征的缘故。

因此，五脏六腑是充盈还是虚损，血脉营卫之气是畅通还是阻塞，本来就不是单凭人的耳朵眼睛所能了解得到的，一定先要通过诊脉来了解它。但寸关尺三部脉象有浮、沉、弦、紧的不同；腧穴气血的流通输注，有高低浅深的差别。肌肤有厚薄之分、筋骨有强壮柔弱之分，只有用心精细的人，才可以同他谈论这些道理。如果把极精细、极微妙的医学道理，用最粗略最浮浅的思想去探求它，难道不是很危险吗？如果实证却用补法治它，虚证却用泻法治它；气血通利的却还要去疏通它，明明不顺畅却还要去阻塞它；寒证却给他用寒凉药，热证却给他用温热药。这些治疗方法是在加重病人的病情，你希望他能痊愈，我却看到他的病势更加危重了。所以医方、占卜，是难以精通的技艺。既然不是神仙传授，凭什么能懂得那深奥微妙的道理呢？世上有些愚蠢的人，读了三年医方书，就夸口说天下没有什么病难以治疗；等到治了三年病，才知道天下没有现成的方子可以用。所以学医的人一定要广泛深入地探究医学原理，专心勤奋不懈怠，不能道听途说，一知半解，就说已经明白了医学原理。如果那样，就大大地害了自己呀！

凡是品德医术俱优的医生，一定要安定神志，无欲念，无希求，首先表现出慈悲同情之心，决心拯救人类的痛苦。如果有患病者来求医生救治的，不管他的贵贱贫富，老幼美丑，是仇人还是亲近的人，是交往密切的人还是一般的朋友，是汉族还是少数民族，是愚笨的人还是聪明的人，一律同样看待，都存有对待最亲近的人一样的想法，不能瞻前顾后，考虑自身的利弊得失，爱惜自己的身家性命。看到病人的烦恼，就像看到自己的烦恼一样，内心悲痛，不避忌艰险、昼夜、寒暑、饥渴、疲劳，全心全意地去救护病人，不能产生推托和摆架子的想法，像这样才能称作百姓的好医生。与此相反的话，就是人民的大害。自古以来，有名的医生治病，多数都用活物来救治危急的病人，虽然说人们认为牲畜是低贱的，而认为人是高贵的，但说到爱惜生命，人和牲畜都是一样的。损害牲畜有利自己，是生物之情共同憎恶的，何况是人呢！杀害牲畜的生命来求得保全人的生命，那么，离开"生"的道义就更远了。我这些方子不用活物做药的原因，确实就在这里！其中虻虫、水蛭这一类药，市上有已经死了的，就买来用它，不在此例。只是像鸡蛋这样的东西，因为它还处在成形前的状态，一定遇到紧急情况，不得已而忍痛用它。能不用活物的人，这才是超越寻常的人，也是我比不上的。如果有病人患疮疡、泻痢，污臭不堪，别人都不愿看，医生却只能表现出从内心感到难过的同情、怜悯、关心的心情，不能产生一点不快的念头，这就是我的志向。

　　一个德艺兼优的医生的风度，应是思想纯净，知我内省，目不旁视，看上去很庄重的样子，气度宽宏，堂堂正正，不卑不亢。诊察疾病，专心致志，详细了解病状脉候，一丝一毫不得有误。处方用针，不能有差错。虽然说对疾病应当迅速救治，但更为重要的是面对疾病不慌乱，并应当周详、仔细、深入地思考，不能在人命关天的大事上，轻率地炫耀自己才能出众，动作快捷，猎取名誉，这样做就太不仁德了！还有到了病人家里，纵使满目都是华丽的铺设，也不要左顾右盼，东张西望；琴瑟箫管之声充斥耳边，不能为之分心而有所喜乐；美味佳肴，轮流进献，吃起来也像没有味道一样；各种美酒一并陈设出来，看了就像没看见一样。之所以这样做，是因为只要有一个人悲痛，满屋子的人都会不快乐，更何况病人的痛苦，一刻也没有离身。如果医生安心无虑地高兴娱乐，傲慢地洋洋自得，这是人神都认为可耻的行为，道德高尚的医生不能做这些事，这大概就是医生的基本品德吧。

　　做医生的准则，应该是慎于言辞，不能随意跟别人开玩笑，不大声喧哗，谈说别人的短处，炫耀自己的名声，诽谤攻击其他医生，借以夸耀自己的功德。偶然治好了一个病人，就昂头仰面，而有自我赞许的样子，认为自己天下无双，这些都是医生的不可救药的坏毛病。

老子说："一个人公开地有德于人，人们自然地会报答他；一个人暗中有德于人，鬼神会报答他。一个人公开地作恶于人，人们自然会报复他；一个人暗中作恶于人，鬼神会来害他。"探求这两个方面的行为，阳施有阳报，阴施有阴报，难道是骗人的吗？

所以医生不能依仗自己的专长一心谋取财物，只要存有救济别人痛苦的想法，（积下阴德）到阴曹地府之中，自会感到是多福的人了。还有，不能因为别人有钱有地位，就任意给他开珍贵的药物，让他难以找到，来炫耀自己的技能，这确实不符合儒家的忠恕之道。我志在救护帮助世人，所以琐碎地谈论了这些。学医的人不能因为我说得粗俗而感到耻辱。

《伤寒论》序

张仲景

【导读】

本文选自《伤寒论》。作者张机，字仲景，南阳郡（今河南南阳）人，东汉末年杰出的医学家，号称"方书之祖"。

张仲景生于动乱的东汉末年，痛感疾疫流行，人口大量死亡，于是"勤求古训，博采众方"，结合自己长期医疗实践的经验，写成了《伤寒杂病论》一书。他以六经论伤寒，以脏腑论杂病，把伤寒分为六个证候群，是谓六经。这种六经辨证为后世的八纲辨证打下了深厚的基础，形成了中医理论的主要体系。

本篇序文首先指出医药的重大作用，严肃批评了当时士大夫轻视医药、务求名利而舍本逐末的错误倾向；接着说明自己撰写《伤寒杂病论》的原因、经过和愿望；最后谆谆规劝医生要重视医德修养，技术应精益求精，切忌故步自封、草率从事。文章寓意深远,发人深思。

【正文】

余每览越人入虢之诊,望齐侯之色,未尝不慨然叹其才秀也。怪当今居世之士,曾不留神医药,精究方术,上以疗君亲之疾,下以救贫贱之厄,中以保身长全,以养其生。但竞逐荣势,企踵权豪,孜孜汲汲,惟名利是务,崇饰其末,忽弃其本,华其外而悴其内。皮之不存,毛将安附焉?卒然遭邪风之气,婴非常之疾,患及祸至,而方震栗。降志屈节,钦望巫祝,告穷归天,束手受败。赍百年之寿命,持至贵之重器,委付凡医,恣其所措。咄嗟呜呼!厥身已毙,神明消灭,变为异物,幽潜重泉,徒为啼泣。痛夫!举世昏迷,莫能觉悟,不惜其命,若是轻生,彼何荣势之云哉?而进不能爱人知人,退不能爱身知己,遇灾值祸,身居厄地,蒙蒙昧昧,蠢若游魂。哀乎!趋世之士,驰竞浮华,不固根本,忘躯徇物,危若冰谷,至于是也!

余宗族素多,向余二百。建安纪年以来,犹未十稔,其死亡者,三分有二,伤寒十居其七。感往昔之沦丧,伤横夭之莫救,乃勤求古训,博采众方,撰用《素问》《九卷》《八十一难》《阴阳大论》《胎胪药录》,并平脉辨证,为《伤寒杂病论》,合十六卷。虽未能尽愈诸病,庶可以见病知源,若能寻余所集,思过半矣。

夫天布五行,以运万类,人禀五常,以有五藏。经络腑俞,阴阳会通,玄冥幽微,变化难极,自非才高识妙,岂能探其理致哉?上古有神农、黄帝、岐伯、伯高、雷公、少俞、少师、仲文,中世有长桑、扁鹊,汉有公乘阳庆及仓公,下此以往,未之闻也。观今之医,不念思求经旨,以演其所知,各承家技,始终顺旧。省疾问病,务在口给,相对斯须,便处汤药,按寸不及尺,握手不及足,人迎趺阳,三部不参,动数发息,不满五十,短期未知决诊,九候曾无仿佛;明堂阙庭,尽不见察,所谓窥管而已。夫欲视死别生,实为难矣!

孔子云:生而知之者上,学则亚之。多闻博识,知之次也。余宿尚方术,请事斯语。

【参考译文】

我每当阅读秦越人到虢国为虢太子诊病和望齐桓侯面色的记载，未曾不感慨地赞叹他才能出众。我惊讶于当今社会上的读书人，竟然不重视医药，不精心研究医术，不能对上用它来治疗君王和父母的疾患，对下用它来拯救百姓的苦难，对自己用它来保全身体长久健康，用来保养自己的生命。他们只是争相追求荣华权势，仰慕权贵豪门，迫不及待地一味追求名利地位。重视名利末节，轻弃身体根本，虽使自己的外表华美，却使自己的身体衰败。皮不存在了，毛将附在哪里呢？突然遭受迅猛的邪气，身染严重的疾病，病祸到来，方才震惊战栗。有的降低身份，屈身相从，恭敬地盼望巫祝来消灾降福，等到巫祝办法用尽，只好归于天命，束手待毙。有的人本有百年的寿命，却把最宝贵的身体，交付给平庸的医生，任凭他们摆布。唉！他们的身体已经死亡了，精神已经消灭，变成死尸，深深埋在地下，白白地（使人）为他们哭泣。痛心呀！整个社会上追求名利的读书人昏沉不醒，没有谁能觉醒省悟，不爱惜自己的生命，像这样的轻视生命，哪还谈得上什么荣华权势呢？他们做官时不能爱护别人、了解别人；退居时不能爱护自身、了解自身；遇到灾祸，身处困境，愚昧无知，蠢得如同无脑的游魂。可悲呀！在社会上奔波的读书人，争相追逐表面的荣华，不保重身体这一根本，忘却自己的躯体而追求身外之物，危险得如履薄冰、如临深谷，竟然达到这样的地步！

我同宗族的人一向很多，原先有二百多口。自从建安元年以来，还不到十年，宗族中死亡的人，有三分之二，死于伤寒病的人占十分之七。我为先前家族的没落丧亡而感叹，为意外早死的人得不到救治而悲伤，于是就勤奋地探求古代医家的著作，广泛收集各种方药，选用《素问》《九卷》《八十一难》《阴阳大论》《胎胪药录》等书，结合自己诊脉辨证的体会，写成《伤寒杂病论》，共十六卷。虽然此书不能全部治愈各种疾病，但可据此看到病症就知道病源。如果能探究我撰写的这部著作，对于治病的要领就基本领悟了。

自然界分布金、木、水、火、土五行，就化生万物；人体禀受五行的常气，便具有五脏的功能。经络气府腧穴，阴阳交会贯通；人体的生理、病理玄妙隐微，幽深奥秘，变化难以穷尽。如果不是才学高超、见识微妙的人，怎么能探究其中的道理要旨呢？上古有神农、黄帝、岐伯、伯高、雷公、少俞、少师、仲文，中古有长桑君、扁鹊，汉代有公乘阳庆和苍公，从此以后，没有听说有这样的名医了。观看当今的医生，不考虑探究经文的含义，用来扩大自己的知识范围，而是各自秉承家传的技艺，始终沿袭旧法；诊查询问病情，只靠口才敏捷；面对病人片刻，便处方用药；只按寸部脉，不按尺部脉，只按手部脉，不按足部脉；人迎、趺阳及寸口，三部脉象不互相参验；测定病人的脉搏跳动的次数，数不满五十动就停下；诊脉时间过短而不能确定脉象，九处诊脉部位竟然没有一点模糊印象；鼻子、眉间和前额等处，完全不诊察，这就是所说的以管窥天。想要辨别可治之证，实在难啊！

孔子说：生来就明白事理为上等，通过学习懂得事理次一等，多闻广记又次一等。我一向崇尚医术，愿奉行"学而知之""多闻博识"这些教导。

> **拓展延伸**

青蒿素——中医药给世界的一份礼物

尊敬的主席先生，尊敬的获奖者，女士们，先生们：

今天我极为荣幸能在卡罗林斯卡学院讲演，我报告的题目是：青蒿素——中医药给世界的一份礼物。

在报告之前，我首先要感谢诺贝尔奖评委会、诺贝尔奖基金会授予我2015年生理学或医学奖。这不仅是授予我个人的荣誉，也是对全体中国科学家团队的嘉奖和鼓励。在短短的几天里，我深深地感受到了瑞典人民的热情，在此我一并表示感谢。

谢谢威廉姆·坎贝尔和大村智二位刚刚所做的精彩报告。我现在要说的是四十年前，在艰苦的环境下，中国科学家努力奋斗从中医药中寻找抗疟新药的故事。

关于青蒿素的发现过程，大家可能已经在很多报道中看到过。在此，我只做一个概要的介绍。这是中医研究院抗疟药研究团队当年的简要工作总结，其中蓝底标示的是本院团队完成的工作，白底标示的是全国其他协作团队完成的工作。蓝底向白底过渡标示既有本院也有协作单位参加的工作。

中药研究所团队于1969年开始抗疟中药研究。经过大量的反复筛选工作后，1971年起工作重点集中于中药青蒿。又经过很多次失败后，1971年9月，重新设计了提取方法，改用低温提取，用乙醚回流或冷浸，而后用碱溶液除掉酸性部位的方法制备样品。1971年10月4日，青蒿乙醚中性提取物，即标号191#的样品，以1.0克/公斤体重的剂量，连续3天，口服给药，鼠疟药效评价显示抑制率达到100%。同年12月到次年1月的猴疟实验，也得到了抑制率100%的结果。青蒿乙醚中性提取物抗疟药效的突破，是发现青蒿素的关键。

1972年8至10月，我们开展了青蒿乙醚中性提取物的临床研究，30例恶性疟和间日疟病人全部显效。同年11月，从该部位中成功分离得到抗疟有效单体化合物的结晶，后命名为"青蒿素"。

1972年12月开始对青蒿素的化学结构进行探索，通过元素分析、光谱测定、质谱及旋光分析等技术手段，确定化合物分子式为$C_{15}H_{22}O_5$，分子量282。明确了青蒿素为不含氮的倍半萜类化合物。

1973年4月27日，经中国医学科学院药物研究所分析化学室进一步复核了分子式等有关数据。1974年起，与中国科学院上海有机化学研究所和生物物理所相继开展了青蒿素结构协作研究的工作。最终经X光衍射确定了青蒿素的结构。确认青蒿素是含有过氧基的新型倍半萜内酯。立体结构于1977年在中国的科学通报发表，并被化学文摘收录。

1973年起，为研究青蒿素结构中的功能基团而制备衍生物。经硼氢化钠还原反应，证实青蒿素结构中羰基的存在，发明了双氢青蒿素。经构效关系研究：明确青蒿素结构中的过氧基团是抗疟活性基团，部分双氢青蒿素羟基衍生物的鼠疟效价也有所提高。

这里展示了青蒿素及其衍生物双氢青蒿素、蒿甲醚、青蒿琥酯、蒿乙醚的分子结构。直到现在，除此类型之外，其他结构类型的青蒿素衍生物还没有用于临床的报道。

1986年,青蒿素获得了卫生部新药证书。于1992年再获得双氢青蒿素新药证书。该药临床药效高于青蒿素10倍,进一步体现了青蒿素类药物"高效、速效、低毒"的特点。

1981年,世界卫生组织、世界银行、联合国计划开发署在北京联合召开疟疾化疗科学工作组第四次会议,有关青蒿素及其临床应用的一系列报告在会上引发热烈反响。我的报告是"青蒿素的化学研究"。上世纪(20世纪)80年代,数千例中国的疟疾患者得到青蒿素及其衍生物的有效治疗。

听完这段介绍,大家可能会觉得这不过是一段普通的药物发现过程。但是,当年从在中国已有两千多年沿用历史的中药青蒿中发掘出青蒿素的历程却相当艰辛。

目标明确、坚持信念是成功的前提。1969年,中医科学院中药研究所参加全国"523"抗击疟疾研究项目。经院领导研究决定,我被指令负责并组建"523"项目课题组,承担抗疟中药的研发。这一项目在当时属于保密的重点军工项目。对于一个年轻科研人员,有机会接受如此重任,我体会到了国家对我的信任,深感责任重大,任务艰巨。我决心不辱使命,努力拼搏,尽全力完成任务!

学科交叉为研究发现成功提供了准备。这是我刚到中药研究所的照片,左侧是著名生药学家楼之岑,他指导我鉴别药材。从1959年到1962年,我参加西医学习中医班,系统学习了中医药知识。化学家路易·帕斯特说过"机会垂青有准备的人"。古语说:凡是过去,皆为序曲。然而,序曲就是一种准备。当抗疟项目给我机遇的时候,西学中的序曲为我从事青蒿素研究提供了良好的准备。

信息收集、准确解析是研究发现成功的基础。接受任务后,我收集整理历代中医药典籍,走访名老中医并收集他们用于防治疟疾的方剂和中药、同时调阅大量民间方药。在汇集了包括植物、动物、矿物等2 000余内服、外用方药的基础上,编写了以640种中药为主的《疟疾单验方集》。正是这些信息的收集和解析铸就了青蒿素发现的基础,也是中药新药研究有别于一般植物药研发的地方。

关键的文献启示。当年我面临研究困境时,又重新温习中医古籍,进一步思考东晋(公元3—4世纪)葛洪《肘后备急方》有关"青蒿一握,以水二升渍,绞取汁,尽服之"的截疟记载。这使我联想到提取过程可能需要避免高温,由此改用低沸点溶剂的提取方法。

关于青蒿入药,最早见于马王堆三号汉墓的帛书《五十二病方》,其后的《神农本草经》《补遗雷公炮制便览》《本草纲目》等典籍都有青蒿治病的记载。然而,古籍虽多,却都没有明确青蒿的植物分类品种。当年青蒿资源品种混乱,药典收载了2个品种,还有4个其他的混淆品种也在使用。后续深入研究发现:仅 Artemisia annua L. 一种含有青蒿素,抗疟有效。这样客观上就增加了发现青蒿素的难度。再加上青蒿素在原植物中含量并不高,还有药用部位、产地、采收季节、纯化工艺的影响,青蒿乙醚中性提取物的成功确实来之不易。中国传统中医药是一个丰富的宝藏,值得我们多加思考,发掘提高。

在困境面前需要坚持不懈。(20世纪)70年代中国的科研条件比较差,为供应足够的青蒿有效部位用于临床,我们曾用水缸作为提取容器。由于缺乏通风设备,又接触大量有机溶剂,导致一些科研人员的身体健康受到了影响。为了尽快上临床,在动物安全性评价的基础上,我和科研团队成员自身服用有效部位提取物,以确保临床病人的安全。当青蒿素片剂临床试用效果不理想时,经过努力坚持,深入探究原因,最终查明是崩解度的问题。改用青蒿素单体胶囊,从而及时证实了青蒿素的抗疟疗效。

团队精神,无私合作加速科学发现转化成有效药物。1972年3月8日,全国523办公室在南京召开抗疟药物专业会议,我代表中药所在会上报告了青蒿No.191提取物对鼠疟、猴疟的结果,受到会议极大关注。同年11月17日,在北京召开的全国会议上,我报告了30例临床全部显效的结果。从此,拉开了青蒿抗疟研究全国大协作的序幕。

今天,我再次衷心感谢当年从事523抗疟研究的中医科学院团队全体成员,铭记他们在青蒿素研究、发现与应用中的积极投入与突出贡献。感谢全国523项目单位的通力协作,包括山东省中药研究所、云南省药物研究所、中国科学院生物物理所、中国科学院上海有机所、广州中医药大学以及军事医学科学院等,我衷心祝贺协作单位同行们所取得的多方面成果,以及对疟疾患者的热诚服务。对于全国523办公室在组织抗疟项目中的不懈努力，在此表示诚挚的敬意。没有大家无私合作的团队精神，我们不可能在短期内将青蒿素贡献给世界。

疟疾对于世界公共卫生依然是个严重挑战。WHO 总干事陈冯富珍在谈到控制疟疾时有过这样的评价，在减少疟疾病例与死亡方面，全球范围内正在取得的成绩给我们留下了深刻印象。虽然如此，据统计，全球 97 个国家与地区的 33 亿人口仍在遭遇疟疾的威胁，其中 12 亿人生活在高危区域，这些区域的患病率有可能高于 1/1 000。统计数据表明，2013 年全球疟疾患者约为 1.98 亿，疟疾导致的死亡人数约为 58 万，其中 78% 是 5 岁以下的儿童。90% 的疟疾死亡病例发生在重灾区非洲。70% 的非洲疟疾患者应用青蒿素复方药物治疗（Artemisinin-based Combination Therapies，ACTs）。但是，得不到 ACTs 治疗的疟疾患儿仍达 5 600 万～6 900 万之多。

疟原虫对于青蒿素和其他抗疟药的抗药性。在大湄公河地区，包括柬埔寨、老挝、缅甸、泰国和越南，恶性疟原虫已经出现对于青蒿素的抗药性。在柬埔寨—泰国边境的许多地区，恶性疟原虫已经对绝大多数抗疟药产生抗药性。请看今年报告的对于青蒿素抗药性的分布图，红色与黑色提示当地的恶性疟原虫出现抗药性。可见，不仅在大湄公河流域有抗药性，在非洲少数地区也出现了抗药性。这些情况都是严重的警示。

世界卫生组织 2011 年遏制青蒿素抗药性的全球计划。这项计划出台的目的是保护 ACTs 对于恶性疟疾的有效性。鉴于青蒿素的抗药性已在大湄公河流域得到证实，扩散的潜在威胁也正在考察之中。参与该计划的 100 多位专家们认为，在青蒿素抗药性传播到高感染地区之前，遏制或消除抗药性的机会其实十分有限。遏制青蒿素抗药性的任务迫在眉睫。为保护 ACTs 对于恶性疟疾的有效性，我诚挚希望全球抗疟工作者认真执行 WHO 遏制青蒿素抗药性的全球计划。

在结束之前，我想再谈一点中医药。"中国医药学是一个伟大宝库，应当努力发掘，加以提高。"青蒿素正是从这一宝库中发掘出来的。通过抗疟药青蒿素的研究经历，深感中西医药各有所长，二者有机结合，优势互补，当具有更大的开发潜力和良好的发展前景。大自然给我们提供了大量的植物资源，医药学研究者可以从中开发新药。中医药从神农尝百草开始，在几千年的发展中积累了大量临床经验，对于自然资源的药用价值已经有所整理归纳。通过继承发扬，发掘提高，一定会有所发现，有所创新，从而造福人类。

最后，我想与各位分享一首我国唐代有名的诗篇，王之涣所写的《登鹳雀楼》：白日依山尽，黄河入海流，欲穷千里目，更上一层楼。请各位有机会时更上一层楼，去领略中国文化的魅力，发现蕴涵于传统中医药中的宝藏！

衷心感谢在青蒿素发现、研究、和应用中做出贡献的所有国内外同事们、同行们和朋友们！

深深感谢家人一直以来的理解和支持！

衷心感谢各位前来参会！

谢谢大家！

✦ 注：

当地时间2015年12月7日下午（北京时间7日晚），2015年诺贝尔生理学或医学奖得主、中国科学家屠呦呦在瑞典卡罗林斯卡医学院用中文发表了《青蒿素的发现：中国传统医学给世界的礼物》的主题演讲。

屠呦呦，1930年12月30日生于浙江省宁波市，中共党员，毕业于北京医学院，中国中医科学院首席科学家，是首位华人诺贝尔生理学或医学奖获奖者。

屠呦呦发现的青蒿素，是可用于治疗疟疾的药物，挽救了全球数百万人的生命，为亚洲南部、非洲和南美洲等热带发展中国家的人民改善了健康状况，被认为是热带医学的显著突破。

项目实践

认识中草药

中医学认为"百草皆可入药"。我国的中草药资源相当丰富，《本草纲目》载药1 892种，而迄今载药最多的《中华本草》载药8 980种，真可谓浩如烟海。在我们的身边，如校园、田间地头等地就有很多常见的中草药，让我们一起去探寻它们的踪迹！

1. **实践目的**

认识当地的常见中草药，增加对中草药的兴趣，了解中医药文化的特点和内涵。

2. 实践要求

（1）拍摄找到的中草药的照片，要求照片清晰，突出该中草药的特点。

（2）用多样化、通俗化的方式介绍该中草药知识。

（3）小组成员分工明确、团结协作。

3. 评价要求与评分细则

项目	分值分配	活动要求	评分细则	得分
中草药PPT、微视频	50分	内容：包含中草药的较完整的内容（30分）	1. 活动主题、背景、目的阐释清晰明了（5分） 2. 中草药知识准确、全面（20分） 3. PPT制作美观、简洁、明了（5分）	
		主题：明确、突出（10分）	突出传统中医药文化的主题（10分）	
		文字：文字表述准确简明（10分）	1. 无病句和错别字（5分） 2. 文字表述朴实、准确、简洁（5分）	
课堂展示	50分	组织：成员间有明确的分工（5分）	1. 组员间能体现良好的团结协作精神（2分） 2. 展示完整有序的活动程序（3分）	
		口头语言表达：表述清晰（30分）	1. 表达内容重点突出、思路清晰（25分） 2. 声音洪亮、讲解熟练（5分）	
		感情：富于感染力（10分）	能在展示中表达出对传统中医药文化的热爱（10分）	
		表现形式：多样化（5分）	能充分挖掘丰富的表现形式，如利用多媒体等资源进行展示（5分）	

文学经典篇

项目五　国学经典诵读

项目六　中国古典四大名著鉴赏

项目七　中国现当代文学

项目五
国学经典诵读

  国学是中华民族创造的中华学术文化,是中华民族共同的血脉和灵魂,是每一个中国人的立身处世之本,也是我们不可或缺的精神力量。在全球化视野下,中华民族要屹立于世界民族之林,保存本民族的独特性,就必须认清"我是谁"。面对这一命题,我们必须在国学中追本溯源,在继承和发扬中华优秀传统文化的过程中去寻求答案。

学习目标
- 了解诸子及其学说精髓
- 理解国学经典在中华优秀传统文化中的重要地位及意义
- 完成"项目实践"中的小论文写作

儒家、道家、墨家、法家、兵家

什么是国学？国学是中国之学、中华之学。

广义的国学是指中国古代和现代的文化和学术总和，思想、哲学、历史、地理、政治、经济乃至书画、音乐、术数、医学、星相、建筑等都是国学所涉及的范畴。狭义的国学是指以儒学为主体的中华传统文化与学术。在这里，我们使用狭义的国学概念。下面介绍诸子百家中影响深远的儒、道、墨、法、兵五家。

一、儒家

（一）先秦儒家

1. 孔子

孔子（前551—前479），鲁国陬邑（今山东曲阜）人，名丘，字仲尼，是我国历史上伟大的思想家、教育家，是儒家学派的创始人。孔子的远祖是宋国贵族，大约在孔子前几世就没落了。孔子幼年丧父，家道贫寒，但他"志于学"，学无常师，好学不厌。相传孔子曾问礼于老聃，学乐于苌弘，学琴于师襄。孔子年轻时做过"委吏"（管仓库）和"乘田"（管畜牧）等小官。五十岁时由鲁国中都宰升任大司寇，摄行相事。后罢官，曾带领弟子周游列国14年，终不再仕。晚年一边开课讲学，一边致力于整理古代文献。相传孔子有弟子三千，贤弟子七十二人。

孔子学识渊博、品德高尚，他发愤忘食、安贫乐道；学而不厌、诲人不倦；与人为善、直道而行。后世对孔子有非常崇高的赞誉，所谓"天不生仲尼，万古如长夜"（《朱子语类》卷九十三）。孔子去世后，历代帝王为彰显对孔子的尊崇，不断对孔子进行追封追谥，诸如"文圣尼父""至圣文宣王""大成至圣文宣先师"。中国各地都有孔庙祭祀。举世闻名的"三孔"——孔庙、孔林、孔府，位于山东省曲阜市，被联合国教科文组织列为世界文化遗产。

孔子的思想及学说对后世产生了极其深远的

孔子

影响。其思想的核心是"仁"。"仁"的内核是"爱人",就是对人尊重和同情,它是统摄"义、礼、忠、恕"等德行的最高理想,也是个人修养的最高标准。

孔子的理想

孔子的政治理论是"德治"与"正名"。认为统治者应"正己然后正人",以德治民。他把"仁"扩充到政治领域,要求君主爱民,施行仁政。他提出"正名"的主张,认为上起天子、下至平民,都应安守本分、名实相符,并由此提出"君君、臣臣、父父、子子"的人伦观。

孔子的天命观是"敬鬼神而远之"。主张祭祀是对鬼神表示诚敬,至于鬼神是否存在,则可以不问。相对于天命鬼神而言,孔子更注重人事,强调人的主观努力,把探讨和解决人世间的实际问题放在优先位置。

孔子的教育观可概括为四点。一是有教无类。他主张教育的对象应不分贵贱贤愚,都要一视同仁。孔子开了平民教育之先河。二是因材施教。在教学方法方面,他提出因材施教,重视启发式教育。这是现代个性化教育和启发式教育思想的源头。三是学思并重。在治学方法上,孔子认为"学而不思则罔,思而不学则殆"。

曲阜·孔庙杏坛

四是均衡发展。对于学术的传授,孔子教以"文、行、忠、信"四目,并以"诗、书、礼、乐"等内容教导学生。故孔子之教,可谓重视德、智、体、美的均衡发展。因此,孔子是我国历史上伟大的教育家。

《论语》是孔子的弟子或再传弟子记录孔子及其弟子言行的一部书,是研究孔子思想和生平最珍贵的资料。其成书大约在战国初期。东汉时,《论语》进入经书行列,成为读书人的必读之书。南宋理学家朱熹将《礼记》中的两篇文章《大学》《中庸》与《论语》《孟子》合编为"四书",其中《论语》被列于首位。元明清六百年间,"四书"一直是科举考试的主要内容。

2. 孟子

孟子(约前372—前289),名轲,字子舆,战国中期邹（今山东邹城）人，相传是鲁国贵族孟孙氏的后裔。孟子在十五六岁时前往鲁国，拜入孔子之孙子思的门下。他是战国时期伟大的思想家、教育家、政治家，是百家争鸣高潮中儒家学派的主要代表人物，著有《孟子》一书。孔子开创的儒家思想经孟子而发扬光大，长期影响着整个中国社会的发展和中华民族精神的塑造。孟子成为仅次于孔子的一代儒家宗师，有"亚圣"之称，与孔子合称为"孔孟"。

孟子

孟子的性善学说是孟子全部思想的基础。孟子认为，人都有恻隐之心、羞恶之心、恭敬之心、是非之心，这四心就是人与生俱来的天性——仁、义、礼、智的萌芽和开端。人有仁、义、礼、智、信等诸多美德，正说明人性是善的。

孟子的"仁政"思想是继承并发展了孔子"仁"的思想而形成的。孟子从其性善论出发，提出了"仁政""王道"的政治学说。"仁政"就是对人民"省刑罚，薄税敛"。"仁政"学说，包含了对人民的重视，即民本思想——把人民看作国家政治的根本。这是孟子学说中最光辉的组成部分，是对我国古代人道主义思想的总结和提升。

3. 荀子

荀子，名况，字卿，战国后期赵国人，其生卒之年无从定考，大约活动于公元前298至前238年间。据说年十五游学齐国，曾三次担任稷下学宫的领袖。后适楚，楚相春申君任命他为兰陵令，因谗离楚游赵，聘秦，晚年归老于楚。荀子门人很多，著名的有韩非、李斯。著有《荀子》32篇。

荀子

荀子发展了孔子"礼"的思想，同时吸收了先秦法家重法的思想，提出了礼法兼治、王霸并用的主张。在人性问题上，荀子反对孟子的性善论，主张性恶论，反对把人的自然属性道德化，强调后天环境和教育对人的影响。在天道观上，提出天人相分、人定胜天的观点。

（二）汉代及以后的儒家思想

西汉时，董仲舒以儒学为基础，以阴阳五行为框架，兼采诸子百家学说，建立起新儒学。其核心是"天人感应""君权神授"的思想。董仲舒提出了"罢黜百家、独尊儒术"的主张，至此儒学由民间学说变为官方意识形态。

宋代出现了"理学"。"理学"是以儒家思想为基础，吸收佛教和道教思想形成的新儒学。理学的集大成者是朱熹。朱熹在北宋哲学家程颢、程颐思想的基础上，进一步完善和发展了客观唯心主义的理学体系，后人称之为"程朱理学"。"程朱理学"认为："理"是宇宙万物的本源，是第一性的；"气"是构成宇宙万物的材料，是第二性的。朱熹把"天理"和"人欲"对立起来，认为人欲是一切罪恶的根源，因此他提出"存天理，灭人欲"。

到明代，王阳明继承南宋陆九渊以"心"为本的思想，将"程朱理学"的心物（知行）观发展为体系完备的主观唯心主义——心学。

二、道家

在先秦的百家争鸣中，道家虽没有像儒家和墨家那样成为显学，但这个学派对宇宙、社会和人生有着独特的领悟和解释，因而在历史的发展中呈现出永恒的价值与生命力。其学说以"道"为最高哲学范畴，认为"道"是世界的最高实体，是宇宙万物的本原，是宇宙万物赖以生存的依据。认为天道无为，万物自然化生，否认上帝鬼神主宰一切，主张道法自然，提倡清静无为，守雌守柔，以柔克刚。道家的政治理想是"小国寡民""无为而治"。

"道家"与"道教"不可以混为一谈。道家是一个哲学思想流派，是道教形成的基础。道教是一种宗教，有神仙崇拜与信仰，有教徒与组织，有一系列的宗教仪式与活动，其主要派别的传承大体上是清楚的。道教神学与道家思想也有很明显的区别，如道教中的所谓"长生不老、成仙通神"等教义，是与老庄的自然之道相悖的。

道家的主要代表人物是老子、庄子。

老子是道家思想的奠基者。他的真实姓名是李耳，战国时人称他为老聃，楚国苦县（今河南鹿邑）人。老子曾在洛阳作周朝的史官，

老子

相传,孔子曾经与他四次相见,向他请教过关于礼的知识,因此他可以算是孔子的老师。由于对周王朝的失望,老子辞官归隐。

老子的思想都体现在《道德经》中。老子认为"道"是先天地而存在的宇宙本源,天地万物无论如何变化,还是要回到它的起点——"道"。"道"是无形的、非物质的、本原的,而天地是有形的,要受到"道"的影响的。或者也可以把"道"简单地理解为"规律"。对于存活于天地间的人类,道家为之提供了"处世"的智慧。

《道德经》说"有无相生,难易相成,长短相形,高下相盈",这是老子看到了发展着的事物之间的矛盾性,也看到了矛盾着的事物两个方面的相互转化。《道德经》第48章中说:"为学日益,为道日损……以至于无为,无为而无不为"意思是说:事事效仿别人,要做的事一天比一天多;事事遵循"道",要做的事一天比一天少,最后达到无为而又无所不为的境界。此外,在《道德经》中还包括了许多观点。比如说:老子从宇宙间的客观规律引发出了"道生一,一生二,二生三,三生万物。万物负阴而抱阳,中气以为和"的观点,后来出现的中医、养生、道教等无不以老子思想为宗师。

庄子,名周(约前369—约前286),宋国蒙(今河南商丘)人,与孟子同时。庄子家境贫穷,居于陋巷,以织履为生,曾做过宋国地方的漆园吏。他鄙视富贵,拒入仕途,一生悠游,不显于世。现存《庄子》33篇。

庄子激烈地反对和批评当时的政治制度,认为在现实世界中找不到解决问题的方式。庄子继承和发展了老子的思想,深得老子自然之道的精髓。他进一步认为,"道"并不独立于万物之外或万物之先,"道"普遍存在于自然万物之中,"道"即是自然。庄子像老子一样追求自然无为,但他更强调人的精神超越和绝对自由,最终要达到与天地精神合而为一的无我之境,形成了逍遥人生的独立思想体系。庄子把老子的"道"的思想提升到一个新的高度,成为老子之后道家最主要的代表人物,后世把两人并称为"老庄"。《庄子》一书,以寓言为主要表现方式,充满了丰富的想象和浪漫的色彩,语言汪洋恣肆,意境美妙奇幻,蕴含着丰富的人生哲理,不只是中国

庄子

哲学史、思想史上的名著，更是中国文学史上的佳作，被称为"文学的哲学，哲学的文学"。

三、墨家

墨家的代表人物就是墨子，墨子约生于公元前468年，与孔门曾子的出生年月差不多，主要活动年代约在孔子死后和孟子生前这段时间内。儒家和道家对墨子评价极高。孟子对墨子的"士志于道"十分赞扬；庄子说墨子"好学而博"，并且认为他是个以天下为己任、立志救民于水火之中的人。墨子的手工制作技术高超，相传他制作守城器械的本领比鲁班还高，曾经在楚惠王面前与鲁班比试攻守城池的技术，结果斗败了鲁班。

墨家的主要思想集中体现在《墨子》中。其基本的道德观点是"普天同利"。墨家的思想主要体现在十大主张，即："兼爱""非攻""尚贤""尚同""节用""节葬""非乐""非命""天志"和"明鬼"。

"兼爱"：就是人与人之间实行普遍的、无差别的互相友爱。就是"视人之身若其身，视人之家若其家，视人之国，若其国"。使彼此的利益兼而为一。这是墨家思想的核心。

"非攻"：就是反对侵略和掠夺战争。墨子认为战争是"天下之巨害"，只有制止相互征伐，社会才能得到安宁。

"尚贤""尚同"："尚贤"就是尊重、重用贤人，所谓"官无常贵，而民无终贱；有能则举之，无能则下之"。"尚同"就是"选天下之贤可者，立为天子"，而天子则同于天，这样整个社会也就达成统一了。

"节用""节葬""非乐"：墨子反对贵族的铺张浪费，主张"节用"；反对儒家倡导的厚葬，主张"节葬"；反对音乐，主张"非乐"，认为音乐的盛行妨碍男耕女织。

"非命""天志""明鬼"：墨子反对天命论，主张"非命"，认为天命论是统治者编造出来愚弄百姓的，如果相信它，就要受苦了。墨家相信鬼神的存在，并敬重鬼神。

墨家思想主要代表的是小生产者，具有一定的人民性。它反对剥削、崇尚劳动，认为"赖其力者生，不赖其力者不生"，"不与劳动"就不能"获其实"。墨子的"兼爱"其实是对儒家"仁"的改造，提倡无差别地爱社会上一切人。同时非常注重自然科学，与现代部分西方思想很接近。

四、法家

法家是先秦诸子百家中很有影响的一个学派,代表人物有:管仲、李悝、商鞅、申不害、慎到、李斯、韩非。法家代表著作有《商君书》《韩非子》。

法家的核心思想可以归纳为三个字:"法""术""势"。这也是法家提出的治国方略。

"法"即法律、法令。法家认为一旦制定了法律就要严格按照条文办事,不徇私;反对宗法等级制和世袭制,要求平等守法。著名的"商鞅立木"的故事就说明了这种"有法必依"的思想。

"术"即权术,是君王控制驾驭臣民的手段和策略。法家认为,作为君主不是什么都要管,而应该分派别人去管事,君主使用政治手段"管人"就行了。

"势"即权势,包括地位和权力,法家认为要确立"势"就要确立君主的无上权威,所谓"君要臣死,臣不得不死"。

法家的思想主要还包括以下几方面。

(1)主张"干涉"反对"放任"。法家重视"法治",反对"人治""礼治""德治",主张国家至上,相信政府万能,不承认人类个性的神圣。

(2)强调法律的作用。在法家看来,法律主要有两个作用。一是"定分止争",即明确"物权"。慎到对此有一个很浅显的比喻:"一兔走街,百人追之……积兔满市,过而不顾。非不欲兔也,分定之后,虽鄙不争。"大致意思是说:一只兔子跑,很多人去追,但对于集市上那么多兔子人们却看也不看。这不是人们不想要兔子,而是所有权已经确定,不能再争夺了,否则就是违背法律,要受到制裁了。二是"兴功惧暴",也就是鼓励人们立战功,而使那些不法之徒感到恐惧。

(3)"好利恶害"的人性论。法家认为人都有"就利避害"的本性。管仲说:商人日夜兼程,赶千里路也不觉得远,是因为利益在前边吸引他。打鱼的人不怕危险逆流而进,百里之远也不在意,也是为了追求打鱼的利益。正是因为有了相同的思想,所以商鞅说:"人生而有好恶,故民可治也。"

这其实就是"性本恶"论,特别要说一下,不是所有儒家都相信"性本善"论的,比如韩非的老师荀子是儒学大家,他也相信"人性本恶"。但不同的是荀子倡导儒家思想,是想如何

"变恶为善";而韩非子倡导法家思想,想的是如何用法律去管理"人之恶",使人不敢为恶。这其实就是儒家和法家对待同一个问题不同的解决方式。

(4)"不法古、不修今"。法家反对保守的复古思想,主张锐意改革。认为历史是向前发展的,一切法律和制度都要随历史的发展而发展,既不能复古倒退,也不能因循守旧。在此基础上商鞅提出了"不法古、不修今",韩非子更提出了"时移而治不易者乱",把守旧的儒家讽刺为守株待兔的愚蠢之人。

法家思想中的"法治"和我们现在的"依法治国"有根本区别,法家所主张的法治其实是绝对的君主集权制。

五、兵家

兵家是中国古代对战略家与军事家的通称,又特指先秦时期对战略与战争有特别研究的学派。代表人物有孙武、孙膑,代表著作有《孙子兵法》《孙膑兵法》。

孙武,齐国人,字长卿,春秋时兵法家。曾以《兵法》十三篇见吴王阖闾,经伍子胥的推荐,被任命为将,率吴军攻破楚国。

《孙子兵法》的战略思想极为丰富,充满智慧。如书中认为"兵者,国之大事",提出"知彼知己,百战不殆",注重了解情况,全面地分析敌我、众寡、强弱、虚实、攻守、进退等矛盾双方,并通过对战争客观规律的认识和掌握以克敌制胜;还提出"兵无常势,水无常形,能因敌变化而取胜,谓之神",强调了战略战术上的"奇正相生"和灵活运用。

《孙子兵法》不仅是一部军事哲学著作,而且是一部谋略哲学的著作。所谓谋略哲学,就是把战争中克敌制胜的智谋和策略提升为具有普遍意义的方法和原则,可以应用于社会生活的各个领域。因此,《孙子兵法》成为人们从经济、政治、文化、外交、人生等多种角度汲取智慧的哲学经典。

孙膑是孙武的后代,大致与商鞅、孟轲同时,为战国时兵法家。他曾与庞涓同学兵法,当庞涓作魏惠王将军时,忌其才能,把他骗到魏国,处以膑刑(即去掉膝盖骨),故称孙膑。后经齐国使者秘密载回,被齐威王任命为军师,协助齐将田忌,设计大败魏军于桂陵、马陵。

他继承和发展了孙武的军事理论,把"道"看作战争的客观规律，提出了以寡胜众、以弱胜强的战法，主张以进攻为主的战略，根据不同地形，创造有利的进攻形势，重视对城邑的进攻和对阵法的运用。

资料必读 >>

国学经典选读

一、《论语》选读

1. 子①曰："学而时习②之，不亦说③乎？有朋自远方来，不亦乐乎？人不知而不愠④，不亦君子⑤乎？"（《学而》）

【注释】①子：中国古代对有地位、有学问的男子的尊称，有时也泛称男子。②时习：时，时常。习，温习、练习。③说：音yuè，后作"悦"，愉快、高兴的意思。④愠：音yùn，恼怒，怨恨。⑤君子：道德上很有修养的人。

【译文】孔子说："学习老师传授过的知识并时常温习，不也非常愉快吗？有志同道合的人从远方来到这里与你做朋友，不也非常快乐吗？别人不了解自己却不生气，这不就是真正的君子吗？"

2. 有子①曰："其为人也孝弟②，而好犯上③者，鲜④矣；不好犯上，而好作乱者，未之有也⑤。君子务本⑥，本立而道生⑦。孝弟也者，其为人之本与？"（《学而》）

【注释】①有子：孔子的学生，姓有，名若。在《论语》中记载的孔子学生，一般都称字，只有曾参和有若称"子"。②孝弟：孝，子女对待父母的正确态度；弟，音tì，"悌"的古字，弟弟对待兄长的正确态度。孝、悌是儒家特别提倡的两个基本道德规范。善事父母曰孝，善事兄长曰悌。③犯上：犯，冒犯。上：指在上位的人。④鲜：音xiǎn，少的意思。⑤未之有也：此为"未有之也"的倒装句型。⑥务本：务，致力于；本，根本。⑦道：此处的道，指孔子提倡的仁道，即以仁为核心的整个道德思想体系及其在实际生活的体现，这是治国做人的基本原则。

【译文】有子说："孝顺父母，顺从兄长，而喜好触犯上层统治者，这样的人是很少见的。不喜好触犯上层的人，而喜好造反的人是没有的。君子专心致力于根本的事务，根本建立了，治国做人的原则也就有了。孝顺父母、顺从兄长，这就是仁的根本啊！"

3. 曾子①曰："吾日三省②吾身：为人谋而不忠③乎？与朋友交而不信④乎？传不习⑤乎？"（《学而》）

【注释】 ①曾子：姓曾名参（音 shēn），字子舆，是孔子的得意门生，以孝出名。据说《孝经》就是他撰写的。②三省：省，音 xǐng，反省。三省：多次检查。③忠：此处指对人应当尽心竭力。④信：要求人们按照礼的规定相互守信。⑤传不习：传，老师传授给自己的。习，指温习、实习。

【译文】 曾子说："我每天多次地反省自己：替别人办事是不是尽心竭力呢？跟朋友交往是不是诚实呢？老师传授的知识是不是复习过了呢？"

4. 子曰："君子食无求饱，居无求安，敏于事而慎于言，就①有道而正②焉，可谓好学也已。"（《学而》）

【注释】 ①就：靠近、看齐。②正：匡正、端正。

【译文】 孔子说："君子饮食不求饱足，居住不要求舒适，对工作勤劳敏捷，说话却小心谨慎，到有道的人那里去匡正自己，这样可以说是好学了。"

5. 子曰："吾十有①五而志于学，三十而立②，四十而不惑③，五十而知天命④，六十而耳顺⑤，七十而从心所欲，不逾矩⑥。"（《为政》）

【注释】 ①有：音义皆同"又"。志于学，就是专心求学。②三十而立：谓所学经业成立，也就是学有根底、有力，非外力所能摇动。③四十而不惑：不惑，就是不疑惑，遇事可以权变。"立"是：可即可，不可即不可，不知权变之道。所以"三十而立，四十而不惑"。④五十而知天命："天命"，就是天的命令。人到了五十，就知道上天对自己的安排了。⑤六十而耳顺：就是能闻他人之言，即知他人的心意。⑥七十而从心所欲，不逾矩：至七十岁时，顺从心之所欲而不逾越法度。顺心而为，自然合法，也就是动念不离乎道。

【译文】 孔子说：我十五岁时，便立定志向学习；三十岁时，能立身处世；四十岁时，可以免于迷惑；五十岁时，已经能够领悟天命；六十岁时，就可以顺从天命；七十岁时，终于能做到随心所欲而行，且所为都能达到合于规矩的境界了。

6. 子曰："由①，诲②汝知之乎！知之为知之，不知为不知，是知③也。"（《为政》）

【注释】 ①由：仲由（前542—前480），字子路，又字季路，孔子得意门生，为人耿直鲁莽，好勇力，事亲至孝。②诲：教，传授。③知：通"智"，聪明智慧。

【译文】 孔子说："仲由，教给你对待知与不知的态度吧：知道就是知道，不知道就是不知道，这才是聪明的。"

7. 子曰："富与贵，是人之所欲也，不以其道得之，不处也；贫与贱，是人之所恶也，不以其道得之，不去也。"（《里仁》）

【译文】 孔子说："富裕和显贵是人人都想要得到的，但不用正当的方法得到它，君子是不会去享受的；贫穷与低贱是人人都厌恶的，但不用正当的方法去摆脱它，君子是不会这样去摆脱的。"

8. 子曰："朝闻道，夕死可矣。"（《里仁》）

【译文】 孔子说："早晨得知真理，要我当晚死去，都可以。"

9. 子曰："见贤思齐焉，见不贤而内自省也。"（《里仁》）

【译文】 孔子说："看见别人的优点就向他学习，看见别人的缺点就反省自己有没有和他一样的缺点。"

10. 子曰："德不孤，必有邻。"（《里仁》）

【译文】 有道德的人不会感到孤单，一定会有志同道合的人来和他相伴。

11. 宰予昼寝，子曰："朽木不可雕也，粪土之墙不可杇①也，于予与何诛②！"子曰："始吾于人也，听其言而信其行；今吾于人也，听其言而观其行。于予与改是。"(《公冶长》)

【注释】①杇：音 wū，抹墙的工具。这里可理解为粉刷。②何诛：责备他什么呢？

【译文】 宰予白天睡觉。孔子说："腐朽的木头无法雕刻，粪土垒的墙壁无法粉刷。对于宰予这个人，责备还有什么用呢？"孔子说："起初我对于人，是听了他说的话便相信了他的行为；现在我对于人，听了他讲的话还要观察他的行为。在宰予这里我改变了观察人的方法。"

12. 子曰："贤哉，回①也！一箪②食，一瓢饮，在陋巷，人不堪其忧，回也不改其乐。贤哉，回也！"(《雍也》)

【注释】①回：颜回，孔子的得意门生。②箪：音 dān，古代盛饭的竹器。

【译文】 孔子说："颜回多么有修养啊！一竹筐饭，一瓢水，住在简陋的小巷子里，别人都受不了那贫苦生活带来的忧愁，颜回却不改变他自有的快乐。颜回多么有修养啊！"

13. 子曰："知之者不如好之者，好之者不如乐之者。"(《雍也》)

【译文】 孔子说："做任何事情，懂得它的人赶不上喜爱它的人，喜爱它的人又赶不上以它为乐的人。"

14. 子曰："德之不修，学之不讲①，闻义不能徙②，不善不能改，是吾忧也。"(《述而》)

【注释】①讲：讲习，研修。②徙：音 xǐ，迁徙，走去。

【译文】 孔子说："品德没有培养；学问没有讲习；听到义在那里，却不能以身赴之；自己有缺点，却不能立即改正，这些都是我的忧虑啊。"

15. 子曰："饭疏食①饮水，曲肱②而枕之，乐亦在其中矣。不义而富且贵，于我如浮云。"(《述而》)

【注释】 ①饭疏食：饭，动词，吃。疏食，粗糙的食物。②曲肱：肱，音gōng，臂。弯着胳膊。

【译文】 孔子说："吃粗粮，喝白水，弯着胳膊当枕头睡觉，乐趣也就在这中间了。用不正当的手段得来的富贵，对于我来讲就像是天上的浮云一样。"

16. 子曰："三人行，必有我师焉：择其善者而从之，其不善者而改之。"(《述而》)

【译文】 孔子说："几个人一块走路，其中便一定有可以为我取法的人：我选取那些好的部分而学习，看出那些不好的方面而改正它。"

17. 子曰："岁寒，然后知松柏之后彫也。"(《子罕》)

【译文】 孔子说："天冷了，才晓得松柏是最后落叶的。"

18. 颜渊问仁。子曰："克己复礼为仁。一日克己复礼，天下归仁焉。为仁由己，而由人乎哉？"颜渊曰："请问其目？"子曰："非礼勿视，非礼勿听，非礼勿言，非礼勿动。"颜渊曰："回虽不敏，请事斯语矣。"(《颜渊》)

【译文】 弟子颜回请教如何才能达到仁的境界，孔子回答说："努力约束自己，使自己的行为符合礼的要求。如果能够真正做到这一点，就可以达到理想的境界了。这是要靠自己去努力的。"颜回又问："那么具体应当如何去做呢？"孔子答道："不符合礼的事，就不要去看、不要去听、不要去说、不要去做。"颜回听后对老师说："我虽然不够聪明，但决心按照先生的话去做。"

19. 子曰："其身正，不令而行；其身不正，虽令不从。"(《子路》)

【译文】 孔子说："自身正了，即使不发布命令，老百姓也会去施行；自身不正，即使发布命令，老百姓也不会服从。"

20. 子贡问曰："有一言而可以终身行之者乎？"子曰："其恕乎！己所不欲，勿施于人。"(《卫灵公》)

【译文】 子贡问孔子："有没有一个字可以终身奉行的呢？"孔子回答说："那就是恕吧！自己不愿意的，不要强加给别人。"

二、《孟子》选读

1. 孟子曰："人皆有不忍人之心①。先王有不忍人之心，斯有不忍人之政矣。以不忍人之心，行不忍人之政，治天下可运之掌上。所以谓'人皆有不忍人之心'者，今人乍②见孺子将入于井，皆有怵惕恻隐③之心——非所以内交④于孺子之父母也，非所以要誉⑤于乡党朋友也，非恶其声而然也。由是观之，无恻隐之心，非人也；无羞恶之心，非人也；无辞让之心，非人也；无是非之心，非人也。恻隐之心，仁之端⑥也；羞恶之心，义之端也；辞让之心，礼之端也；是非之心，智之端也。人之有是四端也，犹其有四体也。有是四端而自谓不能者，自贼者也；谓其君不能者，贼其君者也。凡有四端于我者，知皆扩而充之矣，若火之始然⑦，泉之始达。苟能充之，足以保⑧四海；苟不充之，不足以事父母。"（《孟子·公孙丑上》）

【注释】 ①不忍人之心：怜悯心，同情心。②乍：突然、忽然。③怵惕：惊惧。怵，音 chù。恻隐：哀痛，同情。④内交：即结交，内同"纳"。⑤要誉：博取名誉。要：求取。⑥端：开端，源头。⑦然，即"燃"。⑧保：定，安定。

【译文】 孟子说："每个人都有怜悯体恤别人的心。先王由于有怜悯体恤别人的心，所以才有怜悯体恤百姓的政治。用怜悯体恤别人的心，施行怜悯体恤百姓的政治，治理天下就可以像在手掌心里面运转东西一样容易了。说每个人都有怜悯体恤别人的心，就好比如果有人突然看见一个小孩要掉进井里面去了，必然会产生惊惧同情的心理——这不是因为要想去和这孩子的父母拉关系，不是因为要想在乡邻朋友中博取声誉，也不是因为厌恶这孩子的哭叫声才产生这种惊惧同情心理的。由此看来，没有同情心，简直不是人；没有羞耻心，简直不是人；没有谦让心，简直不是人；没有是非心，简直不是人。同情心是仁的发端;羞耻心是义的发端;谦让心是礼的发端;是非心是智的发端。人有这四种发端,就像有四肢一样。有了这四种发端却自认为不行的,是自暴自弃的人;认为他的君主不行的,是暴弃君主的人。凡是有这四种发端的人,都应该知道要扩大充实它们,就像火刚刚开始燃烧,泉水刚刚开始流淌。如果能够扩充它们,便足以安定天下,如果不能够扩充它们,就连赡养父母都成问题。"

2. 孟子曰:"民为贵,社稷次之,君为轻。是故得乎丘民而为天子,得乎天子为诸侯,得乎诸侯为大夫。"(《孟子·尽心下》)

【译文】 孟子说:"百姓最为重要,其次是代表国家的土神谷神,国君为轻。所以,得到民心的人做天子,得到天子欢心的人做诸侯,得到诸侯欢心的人做大夫。"

3. 齐人有一妻一妾而处室者,其良人①出,则必餍②酒肉而后反。其妻问所与饮食者,则尽富贵也。其妻告其妾曰:"良人出,则必厌酒肉而后反;问其与饮食者,尽富贵也,而未尝有显者来,吾将瞯③良人之所之也。"

蚤④起,施⑤从良人之所之,遍国中⑥无与立谈者。卒之东郭墦间⑦,之祭者乞其余;不足,又顾而之他。此其为厌足之道也。其妻归,告其妾,曰:"良人者,所仰望而终身也,今若此!"与其妾讪⑧其良人,而相泣于中庭⑨,而良人未之知也,施施⑩从外来,骄其妻妾。

由君子观之,则人之所以求富贵利达者,其妻妾不羞也,而不相泣者,几希矣!(《孟子·离娄下》)

【注释】 ①良人:古代妇女对丈夫的称呼。②餍:音yàn,饱。③瞯:音kàn,窥视。④蚤:同"早"。⑤施:音yí,斜。这里指斜行,斜从跟随,以免被丈夫发现。⑥国中:都城中。⑦墦间:坟墓间,墦,音fán。⑧讪:音shàn,讥诮、讥骂。⑨中庭:庭中。⑩施施:音yí,得意洋洋的样子。

【译文】 齐国有一个人,家里有一妻一妾。丈夫每次出门,必定是吃得饱饱地、喝得醉醺醺地回家。他妻子问他一起吃喝的是些什么人，他说全都是些有钱有势的人。他妻子告诉他的妾说："丈夫出门，总是酒足饭饱地回来，问他和些什么人一起吃喝，据他说来全都是些有钱有势的人，但我们却从来没见到什么有钱有势的人物到家里面来过，我打算悄悄地看看他到底去了些什么地方。"

第二天早上起来，她便尾随在丈夫的后面，走遍全城，没有看到一个人和她丈夫说话。最后他走到了东郊的墓地，向祭扫坟墓的人要些剩余的祭品吃；不够，又东张西望地到别处去乞讨——这就是他酒足饭饱的办法。

他的妻子回到家里，告诉他的妾说："丈夫应该是我们敬佩而终身依靠的人，现在他竟然是这样的！"二人在庭院中咒骂着、哭泣着，而丈夫还不知道，得意洋洋地从外面回来，在他的两个女人面前摆威风。

在君子看来，人们用来求取升官发财的方法，能够不使他们的妻妾引以为耻而共同哭泣的，是很少的！

三、《老子》选读

1. 上善若水①。水善利万物而不争，处众人之所恶②，故几于道③。居善地，心善渊④，与善仁⑤，言善信，政善治⑥，事善能，动善时⑦。夫唯不争，故无尤⑧。（《道德经》第八章）

【注释】 ①上善若水：上，最的意思。上善即最善。这里老子以水的形象来说明"圣人"是道的体现者，因为圣人的言行有类于水，而水德是近于道的。②处众人之所恶：即居处于众人所不愿去的地方。③几于道：几，接近。即接近于道。④渊：如渊一般得沉静、深沉。⑤与善仁：与，指与别人相交相接。善仁，指有修养之人。⑥政善治：为政善于治理国家，从而取得政绩。⑦动善时：行为动作善于把握有利的时机。⑧尤：怨咎、过失、罪过。

【译文】 最善的人好像水一样。水善于滋润万物而不与万物相争，停留在众人都不喜欢的地方，所以最接近于"道"。最善的人，居处最善于选择地方；心胸善于保持沉静而深不可测；待人表现得真诚、友爱和无私；说话能够恪守信用；为政善于精简处理，能把国家治理好；处事能够发挥所长；行动善于把握时机。最善的人所作所为正因为有不争的美德，所以没有过失，也就没有怨咎。

2. 天下皆知美之为美，斯①恶②已；皆知善之为善，斯不善已。故有无相生，难易相成，长短相形，高下相倾，音声相和，前后相随。是以圣人处无为之事，行不言之教，万物作焉而不辞，生而不有，为而不恃，功成而弗居。夫唯不居，是以不去。(《道德经》第二章)

【注释】 ①斯：这，就。②恶：丑，坏。

【译文】 天下人都知道美之所以为美，那是由于有丑陋的存在。都知道善之所以为善，那是因为有恶的存在。所以有和无互相转化，难和易互相形成，长和短互相显现，高和下互相充实，音与声互相谐和，前和后互相接随——这是永恒的。因此圣人用无为的观点对待世事，用不言的方式施行教化：听任万物自然兴起而不为其创始，有所作为，但不加自己的倾向，功成业就而不自居。正由于不居功，就无所谓失去。

3. 为学日益，为道日损。损之又损，以至于无为。无为而无不为。(《道德经》第四十八章)

【译文】 追求学问，就要求天天都学有所得，习有所成。而追求大道呢，只是要求每天尽量减少自己的欲望和行为。对自己的欲望和行为减之再减，坚持不懈地一直减下去，最后就可以达到无为的境界了。达到了无为的境界之后就会发现，已经没有什么事情不可以实现了。

四、《庄子》选读

昔者庄周梦为蝴蝶，栩栩然①蝴蝶也，自喻适志②与，不知周也。俄然③觉，则蘧蘧然④周也。不知周之梦为蝴蝶与，蝴蝶之梦为周与？周与蝴蝶，则必有分矣。此之谓物化。(《庄子·齐物论》)

【注释】 ①栩栩然：生动逼真的样子。②适志：符合自己的志趣。③俄然：一会儿。④蘧蘧然：蘧，音jù，惊疑动容的样子。

【译文】 以前庄子做梦变成蝴蝶，完全是一只生动的蝴蝶，十分快活适意，全然不知道自己是庄周了。一会儿醒来，才惊讶自己原来是庄周。真不了解到底是庄周做梦变成蝴蝶呢，还是蝴蝶做梦变成了庄周呢？庄周与蝴蝶一定有分别。这就是所说的物化（变化同为一体，不分彼此，消除物我差别的境界）。

五、《韩非子》选读

1. 魏王遗①荆王美人，荆王甚悦之。夫人②郑袖知王悦爱之也，亦悦爱之，甚于王。衣服玩好，择其所欲为之。王曰："夫人知我爱新人也，其悦爱之甚于寡人，此孝子所以养亲，忠臣之所以事君也。"夫人知王之不以己为妒也，因为新人曰："王甚悦爱子，然恶子之鼻，子见王，常掩鼻，则王长幸子矣。"于是新人从之，每见王，常掩鼻。王谓夫人曰："新人见寡人常掩鼻，何也？"对曰："不知也。"王强问之，对曰："顷③尝言恶闻王臭。"王怒曰："劓之④！"夫人先诫御者曰："王适⑤有言，必可从命。"御者因揄⑥刀而劓美人。（《韩非子·内储说下》）

【注释】 ①遗：音wèi，赠送。荆王：即楚王。②夫人：古代诸侯的妻子称夫人，后来也用作尊称一般人的妻子，以及下人对主人妻子的称呼。③顷：刚才，不久以前。④劓：音yì，古代割鼻之刑。⑤适：如果，假如。⑥揄：音yú，拉，拔出。

【译文】 魏王赠给楚王一位美人，楚王很喜爱她。夫人郑袖知道楚王喜爱她，自己也表现出喜爱她，并且表现得比楚王更加热烈。服饰珍玩，郑袖选择美人所喜欢的送给她。楚王说："夫人知道我爱新人，爱怜之情比我更深，这正是孝子奉养尊亲，忠臣奉侍君主的美德。"夫人知道楚王已不会怀疑自己忌妒了，因而对新人说："国君很喜欢你，但讨厌你的鼻子。你今后见到国君，常常掩住鼻子，这样，国君就会长久地宠爱你了。"于是，新人听从她的话，每当见到楚王，常常掩住鼻子。楚王问夫人说："新人见到我，常常掩住鼻子，这是为什么？"夫人回答说："不知道。"楚王执意追问。夫人说："不久前，她曾说过讨厌闻到大王身上的气味。"楚王大怒，说："割下她的鼻子！"夫人事前早已告诫侍从说："如果大王有话，一定要立刻服从命令。"侍从因而抽刀割掉了美人的鼻子。

2. 齐中大夫①有夷射者，御饮②于王，醉甚而出，倚于郎③门。门者刖跪④请曰："足下无意赐之余沥乎？"夷射叱曰："叱去！刑余之人，何事乃敢乞饮长者！"刖跪走退。及夷射去，刖跪因捐水郎门霤下，类溺者之状。明日，王出而呵之，曰："谁溺于是？"刖跪对曰："臣不见也。虽然，昨日中大夫夷射立于此。"王因诛夷射而杀之。（《韩非子·内储说下》）

【注释】 ①中大夫：战国时官名，宫廷侍从，参议政事。②御饮：侍酒。③郎：通"廊"。④门者：守门的人。刖：音yuè，古代砍掉脚的刑罚。跪：脚。刖跪，受过刖刑的人。

【译文】 齐国有个叫夷射的中大夫，在齐王那里侍酒，喝得酩酊大醉后出来，倚靠在廊门上。守门人刖跪请求说："您无意于赏给我一点吃剩下的酒吗？"夷射斥骂道："滚！受过刑的人怎么竟敢向尊长要酒喝！"刖跪慌忙退下。等到夷射离开后，刖跪就把水泼在廊门的檐沟下，像尿湿的样子。第二天，齐王出来看见了，怒责道："谁在这儿撒尿？"刖跪回答说："我没看见。虽说如此，昨天中大夫夷射在这儿站过。"齐王因而对夷射进行惩罚并最终杀了他。

拓展延伸

孔子这样建立"诗教"

据《左传》记载，在城濮之战前夕，春秋五霸之一晋文公预感此战意义重大，因此，在出征前他与群臣慎重讨论三军元帅的人选。

这时，老臣赵衰推荐了郤縠，他的理由是，此人"说礼乐而敦诗书"，即"喜爱礼乐，笃好诗书"。这是因为，礼乐是行为规范、道德准则，喜欢礼乐的人道德就好；诗书是政治经验的宝库，熟读诗书就有学问、有智慧。则诗书礼乐赋予了郤縠作为军事将领最重要的两项素质：忠诚与谋略。

就这样，郤縠成了晋国的首任三军元帅。从此，汉语中有了"诗书元帅"这个成语，当我们提起周瑜、诸葛亮这样的杰出儒将时，往往称之为诗书元帅。

人们常说中国是"诗的国度"，诗歌传统源远流长，那么，《诗经》就是这一传统的总源头。两三千年来，它始终陶冶、教化着一代代中国人，塑造着我们的语言、思维和价值观。

人们把读书多、有学问叫作"满腹诗书""饱读诗书"，这里的"诗书"二字并不是泛指诗歌和书籍，而是特指《诗经》和《尚书》。人们称品位高雅、富有情趣为"风雅"，将故作高雅称为"附庸风雅"。"风雅"原指《诗经》中的国风和大雅、小雅，它们是《诗经》的主体内容，代表着端正的价值观和纯正的审美品位。可见，《诗经》的因子早已融入了我们的语言，潜移默化地塑造着我们的思维。

通过《诗经》进行的教化，称为"诗教"，它承载着中华民族的历史、文化和价值观念。"诗教"传统的奠立伴随着中华文明命运的起伏跌宕，是一段继承与创新并重的艰辛历程，回顾这段历史，至今仍对我们富有启发和教育意义。

在"诗教"传统的奠立过程中，起关键作用的人物便是孔子。孔子生活于春秋末期的鲁国，在他以前，贵族还是主要的从政阶层，"诗书"还是贵族阶层的主要教养。

城濮之战发生在孔子出生前七八十年，它集中体现了当时的社会环境和文化氛围，郤縠所喜爱的"诗书礼乐"就是当时贵族阶层的普遍教养，从西周到东周前期的三四百年间，王家官办教育就是用"诗书礼乐"来教育贵族子弟的。

像郤縠这样纯熟掌握诗书礼乐的人便足以担任三军元帅，是因为这些内容就是当时高等教育的主要科目，郤縠就是当时的"学霸"。"诗书礼乐"全面、立体的教育体系，代表了中华民族三千年前极高的文明水平和政治智慧。

情况到孔子时发生了重大改变，一个明显的迹象就是，那些古老的贵族世家不再重视教育，贵族子弟日益不学无术，东周的文化和教育事业出现了停滞，原本西周以来比较完善的官办教育体系迅速走向瓦解。

孔子曾对弟子们讲过一段话："大师挚适齐，亚饭干适楚，三饭缭适蔡，四饭缺适秦，鼓方叔入于河，播鼗武入于汉，少师阳、击磬襄入于海。"(《论语·微子》)这七句话讲出了八个人的去向，以太师挚为首的鲁国宫廷音乐家四散飘零，流落到了齐、秦、楚、蔡等国，实际说明了鲁国音乐人才的流失情况。

需要注意的是，太师及其属官不仅负责给天子、诸侯的政治活动和休闲生活提供背景音乐，而且他们还掌管着贵族子弟的礼仪、音乐教育，教少年贵族们歌唱、舞蹈、演练礼仪，以及培养官方音乐机构的后备人才，即下一代乐师。他们传授音乐所用的歌词，就是后来《诗经》的前身，当时仅是一首一首的"诗"，就叫"诗"，后来整理成独立完整的著作，便是后人所说的《诗经》。

因此，以太师为首的乐官们不仅是宫廷音乐家，也是当时国家教育机构的教师。比如孔子提到的跑到沿海地区的击磬襄，就是孔子的老师，孔子跟他学会了弹琴和击磬。后来，孔子年长以后到了卫国，日子过得不顺心了，就击磬消遣，来调节自己的情绪。

可是，到孔子晚年，随着世道的变乱，国家也不重视文教，这些优秀的乐师渐渐边缘化而至于失业，纷纷外逃。

从孔子出生之前精通"诗书礼乐"就足以担任元帅，到传授"诗书礼乐"的教师都自身难保，原本官方的礼乐教化队伍风流云散，漂泊天涯海角，这种现象代表着西周以来的文教制度正在瓦解，用一句后来人们熟悉的话讲，就是"礼崩乐坏"。而这，也就构成了孔子开创自己文教事业的时代背景和现实契机。

"大师挚适齐，亚饭干适楚，三饭缭适蔡，四饭缺适秦……"可以想见，当孔子掰着手指对弟子们细数这些当年自己接触过、欣赏过、向他们学习过的乐师都流落到了哪里的时候，他的内心一定充满了惋惜和感慨。

因此，孔子开创了一项影响深远的工作：他把"诗"的文本——也就是原本在国家教育、礼仪场合中使用的各种歌词收集起来，加以校订，订正其中的错误，删去其中重复和不重要的篇章，留下最精华的三百零五首，它就是我们今天还在阅读、背诵、讨论、研究的《诗经》，去零取整，又称为"诗三百"。孔子不仅校订了"诗三百"的文本，还继承乐师们的工作，校订了其配乐，使"诗三百"皆可被之管弦，和乐演唱。这也就是孔子自己所讲的："吾自卫反鲁，然后乐正，雅、颂各得其所。"（《论语·子罕》）

与此同时，孔子也就接过了乐师们手中的接力棒，继续用诗书礼乐来教育自己年轻的弟子们。所不同的是，过去乐师们任职于朝廷，属于官办教育，现在孔子在民间，搞的是民办教育。与之相应的变化是，过去官办教育只接受贵族子弟，现在孔子则敞开大门，凡是有学习意愿、读书天赋的年轻人，不管出身、阶层，都可以来学。

孔子的事业具有继往开来的色彩：它以诗书礼乐为主要内容，继承了西周以来王家文化的精华；同时，又把它推向了更广大的人群，打破了贵族世家对教育的垄断，从而开启了一个全新的时代。

就这样，通过孔子的努力，《诗经》从周代官方教育的科目之一，转变为孔子的民间教育科目。通过《诗经》进行的教育，就称为"诗教"。

在孔子的教育生涯中，对诗教非常重视和推崇，他特别重视《诗》的作用，鼓励弟子努力学《诗》。他曾讲："小子，何莫学夫诗？诗，可以兴，可以观，可以群，可以怨。迩之事父，远之事君。多识于鸟兽草木之名。"（《论语·阳货》）

孔子的意思是，学习《诗经》会对青年人产生多方面的帮助：诗"可以兴"，诵读、演唱《诗经》中的作品可以活跃气氛，使人精神振奋，激发正能量；诗也"可以观"，《诗经》中作品歌唱着不同时代、不同地方的各种人物事迹，以及政治的好坏、风俗的美丑、人的喜怒哀乐，有助于青年人了解时代、了解社会、理解人情、认识人性；诗还"可以群"，有助于人际交往，让大家在歌唱中增进沟通、融洽气氛、增进感情；诗又"可以怨"，帮助人委婉地表达不同意见，温和地抒发负面情绪，起到安抚心灵，调和矛盾的作用。

这四条，后来被归纳为成语"兴观群怨"，一直沿用至今，它不仅适用于《诗经》本身，也适用于它之后的诗歌乃至更广泛意义上的文艺创作，道出了优秀作品积极的社会功能。

学《诗》有如此多的好处，孔子说，年轻人"迩之事父，远之事君"——在家庭中与父母相处和到社会上与上级沟通都会用得上。因为，学《诗》能调节性情，使人平和；能塑造价值观，让人忠厚；并能教人文雅地讲话，有效地与人沟通。

最后，孔子还补充讲了《诗经》在知识积累方面的作用："多识于鸟兽草木之名"——《诗经》可以让人认识很多动物、植物。据今日学者统计，《诗经》中提到的动物有一百多种，植物有两百多种，另外，还有很多农具、工具、车马、建筑以及多方面的生产生活经验，可以说是一部古代生活的百科全书。在知识匮乏、书籍有限的春秋时代，《诗经》的确可以说是一门融汇多种知识的综合学问。

就这样，在孔子的鼓励、倡导下，春秋末期在贵族教育中已经备受冷落的"诗教"，又在民间兴盛起来。孔门弟子成为传播《诗经》的主力，我们今日所能看到的《诗经》版本，传统认为就是出于孔子弟子子夏学派的传承。孔子对《诗经》的保存和传播、对中国诗教传统的缔造，可以说功不可没。

同时，借着《诗经》的传播，从西周到东周这段丰富多彩的历史大事和古代中国人民的生活方式、民风民俗也都得以完整、生动地保存下来，流传后世，成为我们今天了解那个时代的珍贵史料。

（资料来源：《孔子这样建立"诗教"》，张毅，光明日报2022年11月11日，有改动）

小论文写作

1. 实践目的

通过小论文的写作，汲取中华优秀传统文化思想的精华，拓宽思维广度，增加思考深度，提高自身修养。

2. 实践要求

（1）查阅资料并结合本章所学的诸子百家思想内涵（如儒家的"仁""孝""礼"，道家的"无为"等），选择自己感兴趣的某家的某个观点，进行分析并表达自己的看法，写成小论文。

（2）格式完整准确，不少于600字。

3. 评价要求与评分细则

项目	分值分配	活动要求	评分细则	得分
论文内容	100分	内容：结构完整、论点明确、论证合理（60分）	1. 论文结构完整（20分） 2. 论点明确（20分） 3. 结论推导过程符合逻辑（20分）	
		思想：导向正确、观点独特（30分）	1. 价值导向正确（10分） 2. 有一定启发性和创新性（20分）	
		语言：规范准确（10分）	1. 无错字和病句（5） 2. 语言简洁规范（5分）	

项目六
中国古典四大名著鉴赏

四大名著是中国文学史中的经典作品,有着极高的文学水平和艺术成就,是世界文学作品中的宝贵遗产。《水浒传》中绿林好汉的江湖义气,《三国演义》中谋臣志士的纵横捭阖,《西游记》中师徒四人的取经修行,《红楼梦》中痴男怨女的性情人生,无一不给读者留下了深刻的印象。

四大名著中,你最喜欢哪部作品或者哪个篇目?它给你怎样的生活启示?

学习目标
- 了解四大名著的基本文学常识
- 了解四大名著的思想内涵和艺术特色,增强对传统经典的热爱
- 完成"项目实践"中的四大名著研习课题汇报活动

四大名著导读

一、《三国演义》导读

《三国演义》全名为《三国志通俗演义》(又称《三国志演义》),是我国历史演义小说的开山之作,也是我国第一部章回体小说。三国故事在我国古代有广泛的民间流行基础,加上宋元时期"说话"讲史方式的演义,为《三国演义》的创作奠定了基础。因而,《三国演义》是古代的人民群众作者与文人作家共同创造的成果,它的最终写定者,一般认为是罗贯中。元末明初的罗贯中,结合陈寿的《三国志》,综合了戏曲、话本及民间传说,最终写出了《三国演义》。

《三国演义》描写三国时期的历史故事,展现了从东汉末年到西晋初年间近百年的历史。小说着重描写魏、蜀、吴三国之间的政治纷争和军事斗争,具体讲述了从黄巾起义被镇压开始,到三国鼎立局面的形成,最后司马炎一统三国,建立晋朝的故事。小说不但表现了三国间既联合又斗争的复杂关系,也概括了这一时期的历史巨变,塑造了一群叱咤风云的英雄人物。

(一)《三国演义》的思想内涵

《三国演义》位居明代"四大奇书"之首,它的思想内涵博大精深。有学者认为,《三国演义》是一部中国封建社会百科全书式的作品,具有极其博大而深厚的思想意蕴和文化内涵,犹如一个巨大的多棱镜,闪射着多方面的思想光彩,给不同时代、不同阶层的人们以历史的教益和人生的启示。

关于《三国演义》的思想内涵,大体可以从以下几方面去理解。

1. 反映了人民群众向往和平统一的愿望

关于《三国演义》的主题,学术界有比较多的认识和说法,而"拥刘反曹"是比较具有代表性的。"拥刘反曹"是小说一个明显的思想倾向,一般认为它表现了作者以"蜀汉"为中心的封建正统思想。这种思想反映了古代人民群众憎恶暴政,向往仁政的强烈愿望。

小说刻画了怀着"上报国家、下安黎庶"理想的刘备,在贤相诸葛亮的辅佐之下,"以仁义躬行天下",尤其是当阳撤退,情势危急之时,刘备不肯弃百姓而行,受到人民群众普遍的爱戴。因而,刘备是作者理想中的"仁德"之君,寄托着作者仁政爱民的理想。与此相反,小说刻画了"奸雄"曹操。"奸雄"是指曹操既是才智过人、具有强烈功业心的英雄,又是一个具有极端自私、奸诈残忍的性格特征的人物。曹操信奉"宁教我负天下人,休教天下人负我"的人生哲学,如在徐州为父报仇,所到之处"尽杀百姓,鸡犬不留",其他如梦中杀人等,表现了他工于权术、残忍奸诈、毫无仁德爱民之心。作品通过对这两个人物的好恶塑造与针砭,反映了历朝历代普通百姓拥护明君、向往和平,憎恶暴君暴行、反对动乱的愿望。

2. 对历史经验的深刻总结

《三国演义》描写了汉末三国变幻莫测的政治、军事斗争以及外交斗争,体现了战争的客观规律,总结了各个政治集团成败的经验,突出强调了顺应人心、招揽人才、重视谋略这三个要素在斗争中取得胜利的重要性。

在小说中,董卓腐朽荒淫,杀人如麻;袁术狂妄轻薄,大失人心;袁绍虽有雄心,但用人不当、坐失战机。因此,这些政治集团都不可挽回地走向灭亡。而刘备、曹操、孙权三大政治集团各有所长:刘备求贤若渴、深得民心;曹操虽残忍奸诈,但他也十分注意招揽人才,在战略战术上,他也高出群雄一等;孙权手下也是人才济济,有着明确的战略目标。因此,在众多政治军事集团中,刘、曹、孙三大集团脱颖而出,最终形成三国鼎立的局面。

3. 充分体现了中国传统文化的基本精神

《三国演义》以人物形象为载体,以宏大的叙事为驱动,表现了仁、义、礼、智、信等中国传统文化价值体系的核心要素。如,刘备是"仁"的代表,是人所共知的仁义之士;关羽是"义"的代表,关云长义薄云天为人们津津乐道;诸葛亮是"智"的代表,孔明神算无人不晓;赵云是"忠"的代表,他武艺超群、忠肝义胆,是颇受读者喜爱的"虎威将军"。这些人物身上浓缩的中国传统文化的基本精神,既是以儒家思想为核心的经典文化内涵的体现,也是千百年来广大人民群众的道德理想诉求,寄寓着以罗贯中为代表的古代知识分子群体的社会理想。

(二)《三国演义》的艺术成就

1. 艺术构思宏伟严整

《三国演义》"陈叙百年,该括万事"(高儒《百川书志》),虽矛盾复杂、人事繁多,但小说借鉴了编年体史书的体例,以魏、蜀、吴三国政治军事纷争的历史进程为主线,以王业兴废为焦点,把近百年的历史故事有机地组织在一起,构思上既宏伟严整,又主次分明、有条不紊,使全书的故事摇曳多姿。

2. 战争描写多样化

《三国演义》对战争的描写,成就突出,特点各异,在世界文学史中也是罕见的。小说描写战争,没有表现战争的血腥可怕,而是注重写战争中,各个政治集团之间的智斗决策、集团内部的运筹帷幄。如官渡之战、赤壁之战、夷陵之战等战争,或以少胜多,或以弱制强,或火攻水淹,或强攻智取,小说的描写没有雷同,各具特色,充分体现了战争的多样性和复杂性。

3. 人物塑造类型化

长于人物塑造,是《三国演义》又一突出的艺术成就。小说写人物,通过突出甚至夸大人物的主要性格特征、创造特征化性格的方式,来塑造艺术的典型,如奸诈豪壮的曹操、仁爱宽厚的刘备、谋略超群的诸葛亮、气量狭小的周瑜、老实忠厚的鲁肃……这些人物的性格特征比较单纯鲜明,因此,人物的塑造有"类型化""脸谱化"的倾向,符合古代读者的欣赏趣味,使得曹操、张飞、关羽等人物,在民间一直具有迷人的艺术魅力。但也应该认识到,小说类型化的人物塑造,使人物缺少性格的变化和发展,使得小说的人物失真,正如鲁迅在《中国小说史略》中所说:"欲显刘备之长厚而似伪,状诸葛之多智而近妖。"

二、《水浒传》导读

《水浒传》最早叫《忠义水浒传》(或简称《忠义传》),作者(或编者)一般被认为是施耐庵,属于英雄传奇小说,也是中国历史上最早用白话文写成的章回体小说之一。《水浒传》问世后,流传广泛,脍炙人口,在社会上产生了巨大的影响,成为后世小说创作的典范,对中国乃至东亚其他国家的叙事文学都有十分深远的影响。

(一)《水浒传》的内容及思想

全书以北宋末年宋江起义为主要背景,表现了梁山好汉从反抗欺压、不断壮大,到接受招安,直至最终惨败的宏大故事,展现了北宋末年政治腐败、民不聊生的社会面貌,深刻具体地揭示了起义的社会根源和起义失败的内在历史原因,歌颂了起义英雄的反抗精神和社会理想。

《水浒传》一般被认为是一部反映和歌颂农民起义的小说,揭示了封建社会的基本矛盾,总结了一些规律性的东西,这是难能可贵的。小说从古至今,在民间得到了广大群众的喜爱,在很大程度上,是由于它歌颂了英雄,歌颂了智慧和真诚,尤其是"水浒"英雄往往为百姓打抱不平、伸张正义,更能引起广大群众的共鸣。

(二)《水浒传》的艺术成就

《水浒传》汲取了话本、说唱文学及"水浒戏"等多种艺术形式的成分,凝聚了人民群众的美好理想,经过作家的创造性加工,成为中国古代英雄小说的光辉典范,它辉煌的艺术成就足以彪炳文学史册。

小说的人物描写个性鲜明,各具特色,成功地塑造了一系列绝伦超群的英雄形象。如鲁莽憨直的"黑旋风"李逵,疾恶如仇、勇武刚烈的打虎英雄武松。《三国演义》塑造的人物形象,虽鲜明突出,但一成不变;而《水浒传》却善于通过在行动和斗争的动态中刻画人物,显示出人物性格的变化和发展。如林冲在被"逼上梁山"前后的性格变化。

小说的细节描写细致、刻画入微。《三国演义》长于叙述,多概括说明,少细致刻画;《水浒传》长于描写,取得了超越前代的出色成就。如写武松景阳冈打虎,虎的动作如何,武松的反应怎样,都在作者的笔下熠熠生辉,人虎相搏的惊心动魄跃然纸上。

《水浒传》的语言生动活泼,充满生活气息,标志着古典通俗小说语言艺术的成熟。小说中的语言虽是市井口语,但经过了民间艺人的加工和作家的锤炼,因而成就非凡。尤其是性格化的人物语言,是其最突出的特点。如宋江开口,必讲忠义;李逵之言,天真憨直。小说对日常口语的运用,是古代长篇小说的典范。

三、《西游记》导读

《西游记》是中国神魔小说的经典之作,是我国第一部浪漫主义章回体小说,达到了古代长篇浪漫主义小说的巅峰,与《红楼梦》《三国演义》《水浒传》并称为中国古典四大名著。一般认为,《西游记》的作者是明代的吴承恩。《西游记》自问世以来,便在民间广为流传。

(一)《西游记》的内容及主题

《西游记》共计一百回,主要描写孙悟空出世及大闹天宫后,遇见了唐僧、猪八戒和沙僧西天取经的故事。他们历经九九八十一难,终于到达西天,修成正果。《西游记》的故事源于唐僧玄奘赴天竺取经的史实,经过长期的积累演变,加上作者的艺术加工而形成,深刻地反映了当时的社会现实。

《西游记》作为神魔小说,在奇幻的故事中,运用诙谐的笔墨,表现了其深意和主旨。对于它的主题,历来有很多争论,如人民斗争说、歌颂市民说、批判佛教说、童心说。这些说法此起彼伏,体现了某些时代的思想印记,也从某些角度解释了主题。但从更广阔的时空来看,《西游记》通过对孙悟空形象的塑造,对西天取经故事的讲述,呼唤了对人性自由的向往和对自我价值的肯定,呼唤了有个性、有理想的人性美,当然,也表现了人性的自由本质与不得不接受制约的矛盾,以及人必须历经千难万险才能获得最终完善和幸福的思想。

(二)《西游记》的艺术魅力

《西游记》通过大胆丰富的艺术想象、引人入胜的故事情节,创造出一个光怪陆离、神异奇幻的世界,其想象奇特丰富,在古今小说作品中罕有其匹。

小说的第一大艺术魅力是奇幻。奇幻的描写并不只是为了满足读者的猎奇心理,而是为了塑造人物形象,特别是创造出孙悟空这样一个理想化的英雄形象。幻想虽然奇异,看似异想天开,实际并非随心所欲,而是有生活依据的,在奇幻中透出生活的气息,使得"幻"与"真"相结合,让读者容易理解接受。如:孙悟空会七十二变,但千变万化往往还要露出猴尾巴。因此,他是作者在石猴神化与人化交叉点上创造出来的"幻中有真"的艺术典型。

小说的第二大艺术魅力是奇趣。奇趣主要与小说中塑造的人物性格有关。如孙悟空形象的显著特点是乐观主义，是"人间喜仙""斗战胜佛"，以斗妖为乐事，这是孙悟空的乐趣，也让读者产生阅读的乐趣。猪八戒形象的性格特征也充满诙谐趣味。他憨厚朴实，却又自私懒惰、贪吃好色、取经没有坚定性，好要小聪明，却又常常弄巧成拙。作者以一种善意调侃的态度写这个人物，让其可笑中带着可爱。为表现猪八戒的谐趣，作者更多地通过其与孙悟空的关系来入手。如在第46回"外道弄强欺正法　心猿显圣灭诸邪"中，国王以为孙悟空死了，要拿猪八戒下油锅，八戒和悟空的互骂，读来让人忍俊不禁。

《西游记》立足于民族文化，又吸取了外来文化的营养，以丰富的艺术想象力，塑造了孙悟空、猪八戒等鲜明生动的神话艺术形象。这些形象，既以现实的人性为基础，又加上作为其原形的各种动物的特征，再加上浪漫的想象，写得生动活泼，令人喜爱，丰富了中国文学的创作类型，体现了中国文学在摆脱思想拘禁以后所产生的活力。

四、《红楼梦》导读

《红楼梦》又名《石头记》《金陵十二钗》《风月宝鉴》等，作者是清代作家曹雪芹。《红楼梦》是一部章回体长篇小说，被人们列为中国古典四大名著之首，是举世公认的中国古典小说巅峰之作，是中国传统文化的集大成者，被人们称为中国封建社会的"百科全书"。因其丰富深厚的思想底蕴，后世产生了以该书为研究品读对象的专门学问——"红学"。

（一）《红楼梦》的作者

曹雪芹（约1715—1763），名霑，号雪芹，又号芹圃、芹溪。他生于江宁（今江苏南京），出身清代内务府正白旗包衣世家。

曹雪芹的曾祖父曹玺任江宁织造，曾祖母孙氏做过康熙帝的保姆；祖父曹寅做过康熙帝的伴读和御前侍卫，后任江宁织造，极受康熙帝宠信，家族一时极为风光。曹雪芹年少时期，在江宁织造府亲历了一段锦衣玉食、富贵繁华的生活。后家道中落，他经历了家庭的重大变故，于是深感人生悲哀和世道无情，对封建社会有了更清醒的认识。他的日子虽艰难，甚至曾经一度"举家食粥"，但曹雪芹生性旷达，爱好广泛，对诗书、绘画、金石、园林等方面均有所研究，是一个多方面的艺术天才。他以坚韧不拔的毅力，"于悼红轩中披阅十载，增删五次"，呕心沥血，把自己的悲剧体验、诗化情感、探索精神及创新意识，全部融入了自己的创作中，最终呈现出了集高度的思想性、艺术性于一体的伟大作品——《红楼梦》。

（二）《红楼梦》的内容简介

《红楼梦》全书120回，一般认为后40回内容是高鹗续写的。《红楼梦》全书以贵族青年贾宝玉、林黛玉和薛宝钗的爱情婚姻悲剧为中心，既写出了"千红一哭""万艳同悲"的"女儿国"悲剧，又通过对典型的封建贵族大家庭——贾府的日常生活及错综复杂的内外矛盾的具体描绘和深刻解剖，对贾、史、王、薛四大家族由盛转衰过程的描写，揭露了封建社会末期的腐朽、黑暗和罪恶，揭示了其不可避免走向衰亡的命运。

（三）《红楼梦》的艺术价值

《红楼梦》是一部现实主义的长篇巨作，它展现的是一幅幅色彩炫目、线条明晰的封建社会的生活图景，蕴含着极大的艺术价值。

结构上，整部作品宏大精致。作者精心构撰了以大观园为小说人物活动的主要场所，以贾宝玉、林黛玉、薛宝钗三人的情感和婚姻纠葛为中心线索，以贾府诸多女性命运为基本内容，以贾府及"四大家族"由盛转衰为主要线索的宏大巨作。这样的长篇结构，同时也讲究穿插精巧的"微观结构"：如有的在直线发展的情节中，插叙其他相关的片段；有的明写与暗写相交错。可谓匠心独运、浑然一体、不着斧痕。

情节上，重大冲突与生活琐事相交杂，跌宕多姿。如小说着浓墨写的尖锐冲突——宝玉挨打，作者把引发冲突的若干因素，通过各方面的铺垫汇集在一起，使冲突带有爆发的性质，从而把情节引向高潮。读来扣人心弦、烟波无限。书中更多的情节，则是表现贵族之家中的一件件生活小事，如"识分定情悟梨香院""喜出望外平儿理妆"，作者往往以小见大，在小事中表现人物的思想、性格与命运，千姿百态、异趣横生。

人物塑造方面的成就，是《红楼梦》的艺术价值中最为突出的。《红楼梦》中，有姓名的人物多达四百八十人，能给读者留下深刻印象的也有几十人。作者完全改变了古代小说中人物类型化、绝对化的描写方式，表现出了人物性格的复杂性与丰富性。

为表现人物的性格特征，作者成功地运用了比较手法。有整体的对比，如黛玉与宝钗，晴雯与袭人；有细节的对比，如

第四十回中写刘姥姥引出的一场大笑,对每个人物不同的笑态的对比描写,显示了人物不同的性格特点。

作者为强调人物的某种性格特点,还以不同形式加以重复表现,如宝玉认为"女儿是水做的骨肉",表现其对女性的尊重;宝玉摔玉、砸玉,毫不客气地对待劝他立身扬名的人的行为等,都表现了其反抗精神。

小说中还以侧面描写来衬托人物性格,其中一种方法是通过描写人物的居室来烘托人物性格。如林黛玉的院子"湘帘垂地,悄无人声",非常符合其"弱柳扶风"的气质。作者还通过他人之口来表现人物,如周瑞家的对王熙凤的介绍,王夫人对宝玉的评价等。

此外,小说用"点染"等民族化的手法描绘人物的精彩心理活动,写出了人物心灵深处的情感倾向与微妙的情感变化,塑造出了真切动人的形象。

《红楼梦》中的人物尽管形形色色,或个人、或群像,数量众多,但经过作者的生花妙笔,表现得惟妙惟肖、栩栩如生,在文学史上具有不朽的价值。

资料必读

四大名著选读

一、《三国演义》选读

第五回　发矫诏诸镇应曹公　破关兵三英战吕布(节选)

且说北平太守公孙瓒,统领精兵一万五千,路经德州平原县。正行之间,遥见桑树丛中一面黄旗,数骑来迎。瓒视之,乃刘玄德也。瓒问曰:"贤弟何故在此?"玄德曰:"旧日蒙兄保备为平原县令,今闻大军过此,特来奉候,就请兄长入城歇马。"瓒指关、张而问曰:"此何人也?"玄德曰:"此关羽、张飞,备结义兄弟也。"瓒曰:"乃同破黄巾者乎?"玄德曰:"皆此二人之力。"瓒曰:"今居何职?"玄德答曰:"关羽为马弓手,张飞为步弓手。"瓒叹曰:"如此可谓埋没英雄。今董卓作乱,天下诸侯共往诛之,贤弟可弃此卑官,一同讨贼,力扶汉室。若何?"玄德曰:"愿往。"张飞曰："当时若容我杀了此贼，免有今日之事。"云长曰："事已至此，即当收拾前去。"玄德、关、张引数骑跟公孙瓒来，曹操接着。众诸侯亦陆续皆至，各自安营下寨，连接二百余里。操乃宰牛杀马，大会诸侯，商议进兵之策。太守王匡曰："今奉大义，必立盟主；众听约束，然后进兵。"操曰："袁本初四世三公，门多故吏，汉朝名相之裔，可为盟主。"绍再三推辞，众皆曰："非本初不可。"绍方应允。次日，筑台三层，遍列五方旗帜，上建白旄黄钺，兵符将印，请绍登坛。绍整衣佩剑，慨然而上，焚香再拜，其盟曰：

汉室不幸，皇纲失统。贼臣董卓，乘衅纵害，祸加至尊，虐流百姓。绍等惧社稷沦丧，纠合义兵，并赴国难。凡我同盟，齐心勠力，以致臣节，必无二志。有渝此盟，俾坠其命，无克遗育。皇天后土，祖宗明灵，实皆鉴之！

读毕，歃血。众因其辞气慷慨，皆涕泗横流。歃血已罢，下坛。众扶绍升帐而坐，两行依爵位年齿，分列坐定。操行酒数巡，言曰："今日既立盟主，各听调遣，同扶国家，勿以强弱计较。"袁绍曰："绍虽不才，既承公等推为盟主，有功必赏，有罪必罚。国有常刑，军有纪律。各宜遵守，勿得违犯。"众皆曰："惟命是听。"绍曰："吾弟袁术，总督粮草，应付诸营，无使有缺。更须一人为先锋，直抵汜水关挑战；余各据险要，以为接应。"长沙太守孙坚出曰："坚愿为前部。"绍曰："文台勇烈，可当此任。"坚遂引本部人马，杀奔汜水关来。守关将士差流星马，往洛阳丞相府告急。

董卓自专大权之后，每日饮宴。李儒接得告急文书，径来禀卓。卓大惊，急聚众将商议。温侯吕布挺身出曰："父亲勿虑。关外诸侯，布视之如草芥，愿提虎狼之师，尽斩其首，悬于都门。"卓大喜曰："吾有奉先，高枕无忧矣。"言未绝，吕布背后一人，高声出曰："割鸡焉用牛刀！不劳温侯亲往，吾斩众诸侯首级，如探囊取物耳！"卓视之，其人身长九尺，虎体狼腰，豹头猿臂，关西人也，姓华名雄。卓闻言大喜，加为骁骑校尉，拨马步军五万，同李肃、胡轸、赵岑，星夜赴关迎敌。众诸侯内有济北相鲍信，寻思孙坚既为前部，怕他夺了头功，暗拨其弟鲍忠，先将马步军三千，径抄小路，直到关下搦战。华雄引铁骑五百，飞下关来，大喝："贼将休走！"鲍忠急待退，被华雄手起刀落，斩于马下，生擒将校极多。华雄遣人赍鲍忠首级，来相府报捷。卓加雄为都督。

却说孙坚引四将直至关前。那四将第一个，右北平土垠人，姓程名普字德谋，使一条铁脊蛇矛；第二个姓黄名盖字公覆，零陵人也，使铁鞭；第三个姓韩名当字义公，辽西令支人也，使一口大刀；第四个姓祖名茂字大荣，吴郡富春人也，使双刀。孙坚披烂银铠，裹赤帻，横古锭刀，骑花鬃马，指关上而骂曰："助恶匹夫，何不早降？"华雄副将胡轸引兵五千，出关迎战。程普飞马挺矛，直取胡轸，斗不数合，程普刺中胡轸咽喉，死于马下。坚挥军直杀至关前。关上矢石如雨。孙坚引兵回至梁东屯住，使人于袁绍处报捷，就于袁术处催粮。或说术曰："孙坚乃江东猛虎；若打破洛阳，杀了董卓，正是除狼而得虎也。今不与粮，彼军必散。"术听之不发粮草。孙坚军缺食，军中自乱，细作报上关来。李肃为华雄谋曰："今夜我引一军，从小路下关，袭孙坚寨后，将军击其前寨，坚可擒矣。"雄从之，传令军士饱餐，乘夜下关。是夜月白风清。到坚寨时，已是半夜，鼓噪直进。坚慌忙披挂上马，正遇华雄。两马相交，斗不数合，后面李肃军到，竟天价放起火来。坚军乱窜。众将各自混战，止有祖茂跟定孙坚，突围而走。背后华雄追来。坚取箭连放两箭，皆被华雄躲过；再放第三箭时，因用力太猛，拽折了鹊画弓，只得弃弓纵马而奔。祖茂曰："主公头上赤帻射目，为贼所识认。可脱帻与某戴之。"坚就脱帻换茂盔，分两路而走。雄军只望赤帻者追赶，坚乃从小路得脱。祖茂被华雄追急，将赤帻挂于人家烧不尽的庭柱上，却入树林潜躲。华雄军于月下，遥见赤帻，四面围定，不敢近前。用箭射之，方知是计，遂向前取了赤帻。祖茂于林后杀出，挥双刀欲劈华雄；雄大喝一声，将祖茂一刀砍于马下。杀至天明，雄方引兵上关。

程普、黄盖、韩当都来寻见孙坚，再收拾军马屯扎。坚为折了祖茂，伤感不已，星夜遣人报知袁绍。绍大惊曰：

"不想孙文台败于华雄之手!"便聚众诸侯商议。众人都到,只有公孙瓒后至。绍请入帐列坐。绍曰:"前日鲍将军之弟不遵调遣,擅自进兵,杀身丧命,折了许多军士;今者孙文台又败于华雄:挫动锐气,为之奈何?"诸侯并皆不语。绍举目遍视,见公孙瓒背后立着三人,容貌异常,都在那里冷笑。绍问曰:"公孙太守背后何人?"瓒呼玄德出曰:"此吾自幼同舍兄弟,平原令刘备是也。"曹操曰:"莫非破黄巾刘玄德乎?"瓒曰:"然。"即令刘玄德拜见。瓒将玄德功劳并其出身,细说一遍,绍曰:"既是汉室宗派,取坐来命坐。"备逊谢。绍曰:"吾非敬汝名爵,吾敬汝是帝室之胄耳。"玄德乃坐于末位,关、张叉手侍立于后。

忽探子来报:"华雄引铁骑下关,用长竿挑着孙太守赤帻,来寨前大骂搦战。"绍曰:"谁敢去战?"袁术背后转出骁将俞涉,曰:"小将愿往。"绍喜,便着俞涉出马。即时报来:"俞涉与华雄战不三合,被华雄斩了。"众大惊。太守韩馥曰:"吾有上将潘凤,可斩华雄。"绍急令出战。潘凤手提大斧上马,去不多时,飞马来报:"潘凤又被华雄斩了。"众皆失色。绍曰:"可惜,吾上将颜良、文丑未至。得一人在此,何惧华雄!"言未毕,阶下一人大呼出曰:"小将愿往,斩华雄头献于帐下。"众视之,见其人身长九尺,髯长二尺,丹凤眼,卧蚕眉,面如重枣,声如巨钟,立于帐前。绍问何人,公孙瓒曰:"此刘玄德之弟关羽也。"绍问见居何职,瓒曰:"跟随刘玄德充马弓手。"帐上袁术大喝曰:"汝欺吾众诸侯无大将耶?量一弓手,安敢乱言,与我打出。"曹操急止之曰:"公路息怒。此人既出大言,必有勇略。试教出马,如其不胜,责之未迟。"袁绍曰:"使一弓手出战,必被华雄所笑。"操曰:"此人仪表不俗,华雄安知他是弓手?"关公曰:"如不胜,请斩某头。"操教酾热酒一杯,与关公饮了上马。关公曰:"酒且斟下,某去便来。"出帐提刀,飞身上马。众诸侯听得关外鼓声大震,喊声大举,如天摧地塌,岳撼山崩,众皆失惊。正欲探听,鸾铃响处,马到中军,云长提华雄之头,掷于地上。其酒尚温。后人有诗赞之曰:

威镇乾坤第一功,辕门画鼓响冬冬。云长停盏施英勇,酒尚温时斩华雄。

曹操大喜。

（选自《三国演义》，人民文学出版社1979年版）

二、《水浒传》选读

第七回　花和尚倒拔垂杨柳　豹子头误入白虎堂

话说那酸枣门外三二十个泼皮破落户中间，有两个为头的，一个叫做过街老鼠张三，一个叫做青草蛇李四。这两个为头接将来，智深也却好去粪窖边，看见这伙人都不走动，只立在窖边，齐道："俺特来与和尚作庆。"智深道："你们既是邻舍街坊，都来廨宇里坐地。"张三、李四便拜在地上，不肯起来。只指望和尚来扶他，便要动手。智深见了，心里早疑忌道："这伙人不三不四，又不肯近前来，莫不要攧洒家？那厮却是倒来捋虎须！俺且走向前去，教那厮看洒家手脚。"

智深大踏步近众人面前来。那张三、李四便道："小人兄弟们特来参拜师父。"口里说，便向前去，一个来抢左脚，一个来抢右脚。智深不等他占身，右脚早起，腾的把李四先踢下粪窖里去。张三恰待走，智深左脚早起，两个泼皮都踢在粪窖里挣扎。后头那二三十个破落户惊的目瞪痴呆，都待要走。智深喝道："一个走的，一个下去！两个走的，两个下去！"众泼皮都不敢动弹。只见那张三、李四在粪窖里探起头来。原来那座粪窖没底似深，两个一身臭屎，头发上蛆虫盖满，立在粪窖里叫道："师父饶恕我们。"智深喝道："你那众泼皮，快扶那鸟上来，我便饶你众人。"众人打一救，挽到葫芦架边，臭秽不可近前。智深呵呵大笑道："兀那蠢物！你且去菜园池子里洗了来，和你众人说话。"

两个泼皮洗了一回，众人脱件衣服，与他两个穿了。智深叫道："都来廨宇里坐地说话。"智深先居中坐了，指着众人道："你那伙鸟人，休要瞒洒家，你等都是什么鸟人，来这里戏弄洒家？"那张三、李四并众火伴一齐跪下，说道："小人祖居在这里，都只靠赌博讨钱为生。这片菜园是俺们衣饭碗，大相国寺里几番使钱，要奈何我们不得。师父却是那里来的长老？怎的了得！相国寺里不曾见有师父，今日我等愿情伏侍。"智深道："洒家是关西延安府老种经略相公帐前提辖官，只为杀的人多，因此情愿出家，五台山来到这里。洒家俗姓鲁，法名智深。休说你这三二十个人直甚么，便是千军万马队中，俺敢直杀的入去出来！"众泼皮喏喏连声，拜谢了去。智深自来廨宇里房内，收拾整顿歇卧。

次日，众泼皮商量凑些钱物，买了十瓶酒，牵了一个猪来请智深。都在廨宇安排了，请鲁智深居中坐了，两边一带，坐定那二三十泼皮饮酒。智深道："什么道理叫你众人们坏钞？"众人道："我们有福，今日得师父在这里与我等众人做主。"智深大喜。吃到半酣里，也有唱的，也有说的，也有拍手的，也有笑的。正在那里喧哄，只听得门外老鸦哇哇的叫。众人有扣齿的，齐道："赤口上天，白舌入地。"智深道："你们做甚么鸟乱？"众人道："老鸦叫，怕有口舌。"智深道："那里取这话？"那种地道人笑道："墙角边绿杨树上新添了一个老鸦巢，每日只聒到晚。"众人道："把梯子去上面拆了那巢便了。"有几个道："我们便去。"

智深也乘着酒兴，都到外面看时，果然绿杨树上一个老鸦巢。众人道："把梯子上去拆了，也得耳根清净。"李四便道："我与你盘上去，不要梯子。"智深相了一相，走到树前，把直裰脱了，用右手向下，把身倒缴着，却把左手拔住上截，把腰只一趁，将那株绿杨树带根拔起。众泼皮见了，一齐拜倒在地，只叫："师父非是凡人，正是真罗汉身体，无千万斤气力，如何拔得起？"智深道："打甚鸟紧！明日都看洒家演武使器械。"众泼皮当晚各自散了。

从明日为始，这二三十个破落户见智深匾匾的伏，每日将酒肉来请智深，看他演武使拳。过了数日，智深寻思道："每日吃他们酒食多矣，洒家今日也安排些还席。"叫道人去城中买了几般果子，沽了两三担酒，杀翻一口猪，一腔羊。那时正是三月尽，天气正热。智深道："天色热！"叫道人绿槐树下铺了芦席，请那许多泼皮团团坐定。大碗斟酒，大块切肉，叫众人吃得饱了，再取果子吃，酒又吃得正浓。众泼皮道："这几日见师父演力，不曾见师父使器

械，怎得师父教我们看一看也好。"智深道："说的是。"便去房内取出浑铁禅杖，头尾长五尺，重六十二斤。众人看了，尽皆吃惊，都道："两臂膊没水牛大小气力，怎使得动！"智深接过来，飕飕的使动，浑身上下没半点儿参差。众人看了，一齐喝彩。

智深正使得活泛，只见墙外一个官人看见，喝采道："端的使得好！"智深听得，收住了手看时，只见墙缺边立着一个官人。怎生打扮？但见：

头戴一顶青纱抓角儿头巾，脑后两个白玉圈连珠鬓环。身穿一领单绿罗团花战袍，腰系一条双搭尾龟背银带。穿一对磕瓜头朝样皂靴，手中执一把折迭纸西川扇子。

那官人生的豹头环眼，燕颔虎须，八尺长短身材，三十四五年纪。口里道："这个师父，端的非凡，使的好器械！"众泼皮道："这位教师喝采，必然是好。"智深问道："那军官是谁？"众人道："这官人是八十万禁军枪棒教头林武师，名唤林冲。"智深道："何不就请来厮见。"那林教头便跳入墙来，两个就槐树下相见了，一同坐地。林教头便问道："师兄何处人氏，法讳唤做甚么？"智深道："洒家是关西鲁达的便是。只为杀的人多，情愿为僧。年幼时也曾到东京，认得令尊林提辖。"林冲大喜，就当结义智深为兄。智深道："教头今日缘何到此？"林冲答道："恰才与拙荆一同来间壁岳庙里还香愿。林冲听得使棒，看得入眼，着女使锦儿自和荆妇去庙里烧香，林冲就只此间相等，不想得遇师兄。"智深道："洒家初到这里，正没相识，得这几个大哥每日相伴，如今又得教头不弃，结为弟兄，十分好了。"便叫道人再添酒来相待。恰才饮得三杯，只见女使锦儿慌慌急急，红了脸，在墙缺边叫道："官人休要坐地！娘子在庙中和人合口！"林冲连忙问道："在那里？"锦儿道："正在五岳楼下来，撞见个奸诈不级的，把娘子拦住了不肯放。"林冲慌忙道："却再来望师兄。休怪，休怪。"

林冲别了智深，急跳过墙缺，和锦儿径奔岳庙里来。抢到五岳楼看时，见了数个人，拿着弹弓、吹筒、粘竿，都立在栏干边，胡梯上一个年小的后生，独自背立着，把林冲的娘子拦着道："你且上楼去，和你说话。"林冲娘子红了脸道:"清平世界,是何道理把良人调戏?"林冲赶到跟前,把那后生肩胛只一扳过来,喝道:"调戏良人妻子,当得何罪!"恰待下拳打时,认的是本管高太尉螟蛉之子高衙内。原来高俅新发迹,不曾有亲儿,无人帮助,因此过房这阿叔高三郎儿子在房内为子,本是叔伯弟兄,却与他做干儿子。因此,高太尉爱惜他,那厮在东京倚势豪强,专一爱淫垢人家妻女。京师人惧怕他权势,谁敢与他争口,叫他做花花太岁。有诗为证:

> 脸前花现丑难亲,心里花开爱妇人。
> 撞着年庚不顺利,方知太岁是凶神。

当时林冲扳将过来,却认得是本管高衙内,先自手软了。高衙内说道:"林冲,干你甚事!你来多管!"原来高衙内不晓得他是林冲的娘子,若还晓的时,也没这场事。见林冲不动手,他发这话。众多闲汉见闹,一齐拢来劝道:"教头休怪,衙内不认得,多有冲撞。"林冲怒气未消,一双眼睁着瞅那高衙内。众闲汉劝了林冲,和哄高衙内出庙上马去了。

林冲将引妻小并使女锦儿,也转出廊下来,只见智深提着铁禅杖,引着那二三十个破落户,大踏步抢入庙来。林冲见了,叫道:"师兄那里去?"智深道:"我来帮你厮打。"林冲道:"原来是本官高太尉的衙内,不认得荆妇,时间无礼。林冲本待要痛打那厮一顿。太尉面上须不好看。自古道:'不怕官,只怕管。'林冲不合吃着他的请受,权且让他这一次。"智深道:"你却怕他本官太尉,洒家怕他甚鸟!俺若撞见那撮鸟时,且教他吃洒家三百禅杖了去。"林冲见智深醉了,便道:"师兄说得是,林冲一时被众人劝了,权且饶他。"智深道:"但有事时,便来唤洒家与你去。"众泼皮见智深醉了,扶着道:"师父,俺们且去,明日再得相会。"智深提着禅杖道:"阿嫂休怪,莫要笑话。阿哥,明日再会。"智深相别,自和泼皮去了。林冲领了娘子并锦儿,取路回家,心中只是郁郁不乐。

且说这高衙内引了一班儿闲汉,自见了林冲娘子,又被他冲散了,心中好生着迷,怏怏不乐,回到府中纳闷。过了三两日,众多闲汉都来伺候,见衙内自焦,没撩没乱,

众人散了。数内有一个帮闲的,唤作干鸟头富安,理会得高衙内意思,独自一个到府中伺候,见衙内在书房中闲坐,那富安走近前去道:"衙内近日面色清减,心中少乐,必然有件不悦之事。"高衙内道:"你如何省得。"富安道:"小子一猜便着。"衙内道:"你猜我心中甚事不乐?"富安道:"衙内是思想那双木的,这猜如何?"衙内笑道:"你猜得是,只没个道理得他。"富安道:"有何难哉!衙内怕林冲是个好汉,不敢欺他。这个无妨,他现在帐下听使唤,大请大受,怎敢恶了太尉?轻则便刺配了他,重则害了他性命。小闲寻思有一计,使衙内能够得他。"高衙内听的,便道:"自见了许多好女娘,不知怎的只爱他,心中着迷,郁郁不乐。你有甚见识,能勾他时,我自重重的赏你。"富安道:"门下知心腹的陆虞候陆谦,他和林冲最好,明日衙内躲在陆虞候楼上深阁,摆下些酒食,却叫陆谦去请林冲出来吃酒。教他直去樊楼上深阁里吃酒。小闲便去他家,对林冲娘子说道:'你丈夫教头和陆谦吃酒,一时重气,闷倒在楼上,叫娘子快去看哩。'赚得他来到楼上。妇人家水性,见了衙内这般风流人物,再着些甜话儿调和他,不由他不肯。小闲这一计如何?"高衙内喝采道:"好条计!就今晚着人去唤陆虞候来吩咐了。"原来陆虞候家只在高太尉家隔壁巷内。次日,商量了计策,陆虞候一时听允,也没奈何。只要小衙内欢喜,却顾不得朋友交情。

且说林冲连日闷闷不已,懒上街去。巳牌时,听得门首有人叫道:"教头在家么?"林冲出来看时,却是陆虞候,慌忙道:"陆兄何来?"陆谦道:"特来探望兄,何故连日街前不见?"林冲道:"心里闷,不曾出去。"陆谦道:"我同兄长去吃三杯解闷。"林冲道:"少坐拜茶。"两个吃了茶起身。陆虞候道:"阿嫂,我同兄长到家去吃三杯。"林冲娘子赶到布帘下叫道:"大哥,少饮早归。"林冲与陆谦出得门来,街上闲走了一回。陆虞候道:"兄长,我们休家去,只就樊楼内吃两杯。"当时两个上到樊楼内,占个阁儿。唤酒保吩咐,叫取两瓶上色好酒,希奇果子案酒。两个叙说闲话,林冲叹了一口气,陆虞候道:"兄长何故叹气?"林冲道:"贤弟不知,男子汉空有一身本事,不遇明主,屈沉在小人之下，受这般腌臜的气！"陆虞候道："如今禁军中虽有几个教头，谁人及得兄长的本事？太尉又看承得好，却受谁的气？"林冲把前日高衙内的事告诉陆虞候一遍。陆虞候道："衙内必不认得嫂子。兄长休气，只顾饮酒。"林冲吃了八九杯酒，因要小遗，起身道："我去净手了来。"林冲下得楼来，出酒店门，投东小巷内去净了手，回身转出巷口，只见女使锦儿叫道："官人寻得我苦，却在这里！"林冲慌忙问道："做甚么？"锦儿道："官人和陆虞候出来，没半个时辰，只见一个汉子慌慌急急奔来家里，对娘子说道：'我是陆虞候家邻舍，你家教头和陆谦吃酒，只见教头一口气不来，便撞倒了。叫娘子且快来看望。'娘子听罢，连忙央间壁王婆看了家，和我跟那汉子去，直到太尉府前小巷内一家人家。上至楼上，只见桌子上摆着些酒食，不见官人。恰待下楼，只见前日岳庙里罗唣娘子的那后生出来道：'娘子少坐，你丈夫来也。'锦儿慌慌下得楼时，只听得娘子在楼上叫：'杀人！'因此，我一地里寻官人不见，正撞着卖药的张先生道：'我在樊楼前过，见教头和一个人入去吃酒。'因此特奔到这里，官人快去。"

林冲见说，吃了一惊，也不顾女使锦儿，三步做一步跑到陆虞候家。抢到胡梯上，却关着楼门。只听得娘子叫道："清平世界，如何把我良人妻子关在这里？"又听得高衙内道："娘子，可怜见救俺。便是铁石人，也告的回转。"林冲立在胡梯上叫道："大嫂开门。"那妇人听的是丈夫声音，只顾来开门。高衙内吃了惊，斡开了楼窗，跳墙走了。林冲上的楼上，寻不见高衙内，问娘子道："不曾被这厮点污了？"娘子道："不曾。"林冲把陆虞候家打得粉碎，将娘子下楼。出得门外看时，邻舍两边都闭了门。女使锦儿接着，三个人一处归家去了。

林冲拿了一把解腕尖刀，径奔到樊楼前去寻陆虞候，也不见了。却回来他门前等了一晚，不见回家，林冲自归。娘子劝道："我又不曾被他骗了，你休得胡做。"林冲道："叵耐这陆谦畜生！我和你如兄若弟，你也来骗我！只怕不撞见高衙内，也照管着他头面。"娘子苦劝，那里肯放他出门。陆虞候只躲在太尉府内，亦不敢回家。林冲一连等了三日，并不见面，府前人见林冲面色不好，谁敢问他。

第四日饭时候，鲁智深径寻到林冲家相探，问道："教头如何连日不见面？"林冲答道："小弟少冗，不曾探得师兄。既蒙到我寒舍，本当草酌三杯，争奈一时不能周备，且和师兄一同上街闲玩一遭，市沽两盏如何？"智深道："最好。"两个同上街来，吃了一日酒，又约明日相会。自此每日与智深上街吃酒，把这件事都放慢了。正是：丈夫心事有亲朋，谈笑酬歌郁郁蒸，只有女人闲愁处，深闺无语病难兴。

且说高衙内自从那日在陆虞候家楼上吃了那惊，跳墙脱走，不敢对太尉说知，因此在府中卧病。陆虞候和富安两个来府里望衙内，见他容颜不好，精神憔悴。陆谦道："衙内何故如此精神少乐？"衙内道："实不瞒你们说：我为林冲老婆，两次不能够得他，又吃他那一惊，这病越添得重了。眼见的半年三个月性命难保。"二人道："衙内且宽心，只在小人两个身上。好歹要共那妇人完聚，只除他自缢死了便罢。"正说间，府里老都管也来看衙内病症。只见：不痒不痛，浑身上或寒或热；没撩没乱，满腹中又饱又饥。白昼忘餐，黄昏废寝。对爷娘怎诉心中恨，见相识难遮脸上羞。那陆虞候和富安见老都管来问病，两个商量道："只除恁的。"等候老都管看病已了出来，两个邀老都管僻净处说道："若要衙内病好，只除教太尉得知，害了林冲性命，方能够得他老婆和衙内在一处，这病便得好。若不如此，已定送了衙内性命。"老都管道："这个容易。老汉今晚便禀太尉得知。"两个道："我们已有了计，只等你回话。"

老都管至晚来见太尉说道："衙内不害别的症，却害林冲的老婆。"高俅道："几时见了他的浑家？"都管禀道："便是前月二十八日在岳庙里见来，今经一月有余。"又把陆虞候设的计，备细说了。高俅道："如此，因为他浑家，怎地害他？我寻思起来，若为惜林冲一个人时，须送了我孩儿性命，却怎生是好？"都管道："陆虞候和富安有计较。"高俅道："既是如此，教唤二人来商议。"老都管随即唤陆谦、富安入到堂里，唱了喏。高俅问道："我这衙内的事,你两个有甚计较?救得我孩儿好了时,我自抬举你二人。"陆虞候向前禀道:"恩相在上,只除如此如此使得。"高俅见说了,喝采道:"好计!你两个明日便与我行。"不在话下。

再说林冲每日和智深吃酒,把这件事不记心了。那一日,两个同行到阅武坊巷口,见一条大汉,头戴一顶抓角儿头巾,穿一领旧战袍,手里拿着一口宝刀,插着个草标儿,立在街上。口里自言自语说道:"不遇识者,屈沉了我这口宝刀。"林冲也不理会,只顾和智深说着话走。那汉子又跟在背后道:"好口宝刀,可惜不遇识者。"林冲只顾和智深走着,说得入港。那汉又在背后说道:"偌大一个东京,没一个识的军器的!"林冲听的说,回过头来,那汉飕的把那口刀掣将出来,明晃晃的夺人眼目。林冲合当有事,猛可地道:"将来看!"那汉递将过来,林冲接在手内,同智深看了。但见:

清光夺目,冷气侵人。远看如玉沼春冰,近看似琼台瑞雪。花纹密布,如丰城狱内飞来;紫气横空,似楚昭梦中收得。太阿巨阙应难比,莫邪干将亦等闲。

当时林冲看了,吃了一惊,失口道:"好刀!你要卖几钱?"那汉道:"索价三千贯,实价二千贯。"林冲道:"值是值二千贯,只没个识主。你若一千贯肯时,我买你的。"那汉道:"我急要些钱使,你若端的要时,饶你五百贯,实要一千五百贯。"林冲道:"只是一千贯,我便买了。"那汉叹口气道:"金子做生铁卖了!罢,罢!一文也不要少了我的。"林冲道:"跟我来家中取钱还你。"回身却与智深道:"师兄,且在茶房里少待,小弟便来。"智深道:"洒家且回去,明日再相见。"

林冲别了智深,自引了卖刀的那汉,到家去取钱与他,就问那汉道:"你这口刀那里得来?"那汉道:"小人祖上留下,因为家道消乏,没奈何,将出来卖了。"林冲道:"你祖上是谁?"那汉道:"若说时,辱没杀人!"林冲再也不问。那汉得了银两,自去了。

林冲把这口刀翻来覆去看了一回,喝采道:"端的好把刀!高太尉府中有一口宝刀,胡乱不肯教人看。我几番借看，也不肯将出来。今日我也买了这口好刀，慢慢和他比试。"林冲当晚不落手看了一晚，夜间挂在壁上。未等天明，又去看那刀。

次日，巳牌时分，只听得门首有两个承局叫道："林教头，太尉钧旨，道你买一口好刀，就叫你将去比看。太尉府里专等。"林冲听得说道："又是甚么多口的报知了。"两个承局催得林冲穿了衣服，拿了那口刀，随这两个承局来。林冲道："我在府中不认的你。"两个人说道："小人新近参随。"却早来到府前，进得到厅前，林冲立住了脚。两个又道："太尉在里面后堂内坐地。"转入屏风至后堂，又不见太尉。林冲又住了脚。两个又道："太尉直在里面等你，叫引教头进来。"又过了两三重门，到一个去处，一周遭都是绿栏杆。两个又引林冲到堂前，说道："教头，你只在此少待，等我入去禀太尉。"

林冲拿着刀，立在檐前，两个人自入去了。一盏茶时，不见出来。林冲心疑，探头入帘看时，只见檐前额上有四个青字，写道"白虎节堂"。林冲猛省道："这节堂是商议军机大事处，如何敢无故辄入？"急待回身，只听的靴履响，脚步鸣，一个人从外面入来。林冲看时，不是别人，却是本管高太尉。林冲见了，执刀向前声喏。太尉喝道："林冲，你又无呼唤，安敢辄入白虎节堂！你知法度否？你手里拿着刀，莫非来刺杀下官？有人对我说，你两三日前拿刀在府前伺候，必有歹心。"林冲躬身禀道："恩相，恰才蒙两个承局呼唤林冲，将刀来比看。"太尉喝道："承局在那里？"林冲道："恩相，他两个已投堂里去了。"太尉喝道："胡说！甚么承局敢进我府堂里去！左右与我拿下这厮！"说犹未了，傍边耳房里走出二十余人，把林冲横推倒拽，恰似皂雕追紫燕，浑如猛虎啖羊羔。高太尉大怒道："你既是禁军教头，法度也还不知道。因何手执利刃，故入节堂，欲杀本官？"叫左右把林冲推下，不知性命如何。

不因此等，有分教：大闹中原，纵横海内。直教：农夫背上添心号，渔父舟中插认旗。毕竟看林冲性命如何，且听下回分解。

（选自《水浒传》，人民文学出版社 1975 年版）

文学经典篇

三、《西游记》选读

第三十二回　平顶山功曹传信　莲花洞木母逢灾

话说唐僧复得了孙行者，师徒们一心同体，共诣西方。自宝象国救了公主，承君臣送出城西，说不尽沿路饥餐渴饮，夜住晓行。却又值三春景候，那时节：

> 轻风吹柳绿如丝，佳景最堪题。时催鸟语，暖烘花发，遍地芳菲。海棠庭院来双燕，正是赏春时。红尘紫陌，绮罗弦管，斗草传卮。

师徒们正行赏间，又见一山挡路。唐僧道："徒弟们仔细，前遇山高，恐有虎狼阻挡。"行者道："师父，出家人莫说在家话。你记得那乌巢和尚的《心经》云'心无挂碍，无挂碍，方无恐怖，远离颠倒梦想'之言？但只是'扫除心上垢，洗净耳边尘。不受苦中苦，难为人上人。'你莫生忧虑，但有老孙，就是塌下天来，可保无事。怕什么虎狼！"长老勒回马道："我

> 当年奉旨出长安，只忆西来拜佛颜。
> 舍利国中金象彩，浮屠塔里玉毫斑。
> 寻穷天下无名水，历遍人间不到山。
> 逐逐烟波重迭迭，几时能彀此身闲？"

行者闻说，笑呵呵道："师要身闲，有何难事？若功成之后，万缘都罢，诸法皆空。那时节，自然而然，却不是身闲也？"长老闻言，只得乐以忘忧。放辔催银骕，兜缰趱玉龙。师徒们上得山来，十分险峻，真个嵯峨好山：

> 巍巍峻岭，削削尖峰。湾环深涧下，孤峻陡崖边。湾环深涧下，只听得唿喇喇戏水蟒翻身；孤峻陡崖边，但见那崒崒獐獐出林虎剪尾。往上看，峦头突兀透青霄；回眼观，壑下深沉邻碧落。上高来，似梯似凳；下低行，如堑如坑。真个是古怪巅峰岭，果然是连尖削壁崖。巅峰岭上，采药人寻思怕走；削壁崖前，打柴夫寸步难行。胡羊野马乱撺梭，狡兔山牛如布阵。山高蔽日遮星斗，时逢妖兽与苍狼。草径迷漫难进马，怎得雷音见佛王？

长老勒马观山，正在难行之处。只见那绿莎坡上，伫立着

一个樵夫。你道他怎生打扮：

> 头戴一顶老蓝毡笠，身穿一领毛皂衲衣。老蓝毡笠，遮烟盖日果稀奇；毛皂衲衣，乐以忘忧真罕见。手持钢斧快磨明，刀伐干柴收束紧。担头春色，幽然四序融融；身外闲情，常是三星淡淡。到老只于随分过，有何荣辱暂关山？

那樵子：

> 正在坡前伐朽柴，忽逢长老自东来。
>
> 停柯住斧出林外，趋步将身上石崖。

对长老厉声高叫道："那西进的长老！暂停片时。我有一言奉告，此山有一伙毒魔狠怪，专吃你东来西去的人哩。"

长老闻言，魂飞魄散，战兢兢坐不稳雕鞍，急回头，忙呼徒弟道："你听那樵夫报道：'此山有毒魔狠怪'，谁敢去细问他一问？"行者道："师父放心，等老孙去问他一个端的。"

好行者，拽开步，径上山来，对樵子叫声"大哥"，道个问讯。樵夫答礼道："长老啊，你们有何缘故来此？"行者道："不瞒大哥说，我们是东土差来西天取经的，那马上是我的师父，他有些胆小。适蒙见教，说有什么毒魔狠怪，故此我来奉问一声：那魔是几年之魔，怪是几年之怪？还是个把势，还是个雏儿？烦大哥老实说说，我好着山神土地递解他起身。"樵子闻言，仰天大笑道："你原来是个风和尚。"行者道："我不风啊，这是老实话。"樵子道："你说是老实，便怎敢说把他递解起身？"行者道："你这等长他那威风，胡言乱语的拦路报信，莫不是与他有亲？不亲必邻，不邻必友。"樵子笑道："你这个风泼和尚，忒没道理。我倒是好意，特来报与你们，教你们走路时，早晚间防备，你倒转赖在我身上。且莫说我不晓得妖魔出处，就晓得啊，你敢把他怎的递解？解往何处？"行者道："若是天魔，解与玉帝；若是土魔，解与土府。西方的归佛，东方的归圣。北方的解与真武，南方的解与火德。是蛟精解与海主，是鬼祟解与阎王。各有地头方向。我老孙到处里人熟，发一张批文，把他连夜解着飞跑。"

那樵子止不住呵呵冷笑道："你这个风泼和尚，想是在方上云游，学了些书符咒水的法术，只可驱邪缚鬼，还不曾撞见这等狠毒的怪哩。"行者道："怎见他狠毒？"樵子道："此山径过有六百里远近，名唤平顶山。山中有一洞，名唤莲花洞。洞里有两个魔头，他画影图形，要捉和尚；抄名访姓，要吃唐僧。你若别处来的还好，但犯了一个'唐'字儿，莫想去得，去得！"行者道："我们正是唐朝来的。"樵子道："他正要吃你们哩。"行者道："造化！造化！但不知他怎的样吃哩？"樵子道："你要他怎的吃？"行者道："若是先吃头，还好耍子；若是先吃脚，就难为了。"樵子道："先吃头怎么说？先吃脚怎么说？"行者道："你还不曾经着哩。若是先吃头，一口将他咬下，我已死了，凭他怎么煎炒熬煮，我也不知疼痛；若是先吃脚，他啃了孤拐，嚼了腿亭，吃到腰截骨，我还急忙不死，却不是零零碎碎受苦？此所以难为也。"樵子道："和尚，他那里有这许多工夫？只是把你拿住，捆在笼里，囫囵蒸吃了。"行者笑道："这个更好，更好！疼倒不忍疼，只是受些闷气罢了。"樵子道："和尚不要调嘴。那妖怪随身有五件宝贝，神通极大极广。就是擎天的玉柱，架海的金梁，若保得唐朝和尚去，也须要发发昏是。"行者道："发几个昏么？"樵子道："要发三四个昏是。"行者道："不打紧，不打紧。我们一年，常发七八百个昏儿，这三四个昏儿易得发，发发儿就过去了。"

好大圣，全然无惧，一心只是要保唐僧，摔脱樵夫，拽步而转，径至山坡马头前道："师父，没甚大事。有便有个把妖精儿，只是这里人胆小，放他在心上。有我哩，怕他怎的？走路！走路！"长老见说，只得放怀随行。

正行处，早不见了那樵夫。长老道："那报信的樵子如何就不见了？"八戒道："我们造化低，撞见日里鬼了。"行者道："想是他钻进林子里寻柴去了。等我看看来。"好大圣，睁开火眼金睛，漫山越岭的望处，却无踪迹。忽抬头往云端里一看，看见是日值功曹，他就纵云赶上，骂了几声"毛鬼"，道："你怎么有话不来直说，却那般变化了，演样老孙？"慌得那功曹施礼道："大圣，报信来迟，勿罪，

勿罪。那怪果然神通广大，变化多端。只看你腾那乖巧，运动神机，仔细保你师父；假若怠慢了些儿，西天路莫想去得。"

行者闻言，把功曹叱退，切切在心。按云头，径来山上。只见长老与八戒、沙僧，簇拥前进，他却暗想："我若把功曹的言语实实告诵师父，师父他不济事，必就哭了；假若不与他实说，梦着头，带着他走，常言道：'乍入芦圩，不知深浅'。倘或被妖魔捞去，却不又要老孙费心？且等我照顾八戒一照顾，先着他出头与那怪打一仗看。若是打得过他，就算他一功；若是没手段，被怪拿去，等老孙再去救他不迟，却好显我本事出名。"正自家计较，以心问心道："只恐八戒躲懒便不肯出头，师父又有些护短，等老孙羁勒他羁勒。"

好大圣，你看他弄个虚头，把眼揉了一揉，揉出些泪来，迎着师父，往前径走。八戒看见，连忙叫："沙和尚，歇下担子，拿出行李来，我两个分了罢！"沙僧道："二哥，分怎的？"八戒道："分了罢！你往流沙河还做妖怪，老猪往高老庄上盼盼浑家。把白马卖了，买口棺木，与师父送老，大家散火，还往西天去哩？"长老在马上听见，道："这个夯货！正走路，怎么又胡说了？"八戒道："你儿子便胡说！你不看见孙行者那里哭将来了？他是个钻天入地、斧砍火烧、下油锅都不怕的好汉，如今戴了个愁帽，泪汪汪的哭来，必是那山险峻，妖怪凶狠。似我们这样软弱的人儿，怎么去得？"长老道："你且休胡谈，待我问他一声，看是怎么说话。"问道："悟空，有甚话当面计较，你怎么自家烦恼？这般样个哭包脸，是虎唬我也！"行者道："师父啊，刚才那个报信的，是日值功曹。他说妖精凶狠，此处难行，果然的山高路峻，不能前进，改日再去罢。"长老闻言，恐惶悚惧，扯住他虎皮裙子道："徒弟呀，我们三停路已走了停半，因何说退悔之言？"行者道："我没个不尽心的，但只恐魔多力弱，行势孤单。纵然是块铁，下炉能打得几根钉？"长老道："徒弟啊，你也说得是，果然一个人也难。兵书云，'寡不可敌众'。我这里还有八戒、沙僧，都是徒弟，凭你调度使用，或为护将帮手，协力同心，扫清山径，领我过山，却不都还了正果？"

那行者这一场扭捏，只逗出长老这几句话来，他揾了泪道："师父啊，若要过得此山，须是猪八戒依得我两件事儿，才有三分去得；假若不依我言，替不得我手，半分儿也莫想过去。"八戒道："师兄，不去就散火罢，不要攀我。"长老道："徒弟，且问你师兄，看他教你做什么。"呆子真个对行者说道："哥哥，你教我做甚事？"行者道："第一件是看师父，第二件是去巡山。"八戒道："看师父是坐，巡山去是走。终不然教我坐一会又走，走一会又坐，两处怎么顾盼得来？"行者道："不是教你两件齐干，只是领了一件便罢。"八戒又笑道："这等也好计较。但不知看师父是怎样，巡山是怎样，你先与我讲讲，等我依个相应些儿的去干罢。"行者道："看师父啊，师父去出恭，你伺候；师父要走路，你扶持；师父要吃斋，你化斋。若他饿了些儿，你该打；黄了些儿脸皮，你该打；瘦了些儿形骸，你该打。"八戒慌了道："这个难！难！难！伺候扶持，通不打紧，就是不离身驮着，也还容易；假若教我去乡下化斋，他这西方路上，不识我是取经的和尚，只道是那山里走出来的一个半壮不壮的健猪，伙上许多人，又钯扫帚，把老猪围倒，拿家去宰了，腌着过年，这个却不就遭瘟了？"行者道："巡山去罢。"八戒道："巡山便怎么样儿？"行者道："就入此山，打听有多少妖怪，是什么山，是什么洞，我们好过去。"八戒道："这个小可，老猪去巡山罢。"那呆子就撒起衣裙，挺着钉钯，雄纠纠，径入深山；气昂昂，奔上大路。

行者在旁，忍不住嘻嘻冷笑。长老骂道："你这个泼猴！兄弟们全无爱怜之意，常怀嫉妒之心。你做出这样獐智，巧言令色，撺弄他去什么巡山，却又在这里笑他！"行者道："不是笑他，我这笑中有味。你看猪八戒这一去，决不巡山，也不敢见妖怪，不知往那里去躲闪半会，捏一个谎来，哄我们也。"长老道："你怎么就晓得他？"行者道："我估出他是这等，不信，等我跟他去看看，听他一听。一则帮副他手段降妖，二来看他可有个诚心拜佛。"长老道："好，好，好，你却莫去捉弄他。"行者应诺了，径直赶

上山坡,摇身一变,变作个蟭蟟虫儿。其实变得轻巧,但见他:

> 翅薄舞风不用力,腰尖细小如针。穿蒲抹草过花阴,疾似流星还甚。眼睛明映映,声气渺喑喑。昆虫之类惟他小,亭亭款款机深。几番闲日歇幽林,一身浑不见,千眼莫能寻。

嘤的一翅飞将去,赶上八戒,钉在他耳朵后面鬃根底下。那呆子只管走路,怎知道身上有人,行有七八里路,把钉钯撇下,吊转头来,望着唐僧,指手画脚的骂道:"你罢软的老和尚,捉掐的弼马温,面弱的沙和尚!他都在那里自在,捉弄我老猪来跑路!大家取经,都要望成正果,偏是教我来巡什么山!哈哈!哈!晓得有妖怪,躲着些儿走。还不彀一半,却教我去寻他,这等晦气哩!我往那里睡觉去,睡一觉回去,含含糊糊的答应他,只说是巡了山,就了其账也。"那呆子一时间侥幸,搴着钯又走。只见山凹里一弯红草坡,他一头钻得进去,使钉钯扑个地铺,彀辘的睡下,把腰伸了一伸,道声:"快活!就是那弼马温,也不得像我这般自在!"原来行者在他耳根后,句句儿听着哩,忍不住,飞将起来,又捉弄他一捉弄。又摇身一变,变作个啄木虫儿,但见:

> 铁嘴尖尖红溜,翠翎艳艳光明。一双钢爪利如钉,腹馁何妨林静。最爱枯槎朽烂,偏嫌老树伶仃。圜睛决尾性丢灵,辟剥之声堪听。

这虫鹫不大不小的,上秤称,只有二三两重,红铜嘴,黑铁脚,刷刺的一翅飞下来。那八戒丢倒头,正睡着了,被他照嘴唇上揸的一下。那呆子慌得爬将起来,口里乱嚷道:"有妖怪!有妖怪!把我戳了一枪去了!嘴上好不疼呀!"伸手摸摸,决出血来了,他道:"蹭蹬啊!我又没甚喜事,怎么嘴上挂了红耶?"他看着这血手,口里絮絮叨叨的两边乱看,却不见动静,道:"无甚妖怪,怎么戳我一枪么?"忽抬头往上看时,原来是个啄木虫,在半空中飞哩。呆子咬牙骂道:"这个亡人!弼马温欺负我罢了,你也来欺负我!我晓得了,他一定不认我是个人,只把我嘴当一段黑朽枯烂的树,内中生了虫,寻虫儿吃的,将我啄了这一

下也,等我把嘴揣在怀里睡罢。"那呆子毂辘的依然睡倒。行者又飞来,着耳根后又啄了一下。呆子慌得爬起来道:"这个亡人,却打搅得我狠!想必这里是他的窠巢,生蛋布雏,怕我占了,故此这般打搅。罢!罢!罢!不睡他了!"掣着钯,径出红草坡,找路又走。可不喜坏了孙行者,笑倒个美猴王,行者道:"这夯货大睁着两个眼,连自家人也认不得!"

好大圣,摇身又一变,还变做个蟭蟟虫,钉在他耳朵后面,不离他身上。那呆子入深山,又行有四五里,只见山凹中有桌面大的四四方方三块青石头。呆子放下钯,对石头唱个大喏。行者暗笑道:"这呆子!石头又不是人,又不会说话,又不会还礼的,唱他喏怎的,可不是个瞎帐?"原来那呆子把石头当着唐僧、沙僧、行者三人,朝着他演习哩。他道:"我这回去,见了师父,若问有妖怪,就说有妖怪。他问什么山,我若说是泥捏的,土做的,锡打的,铜铸的,面蒸的,纸糊的,笔画的,他们见说我呆哩。若讲这话,一发说呆了。我只说是石头山。他问什么洞,也只说是石头洞。他问什么门,却说是钉钉的铁叶门。他问里边有多远,只说入内有三层。十分再搜寻,问门上钉子多少,只说老猪心忙记不真。此间编造停当,哄那弼马温去!"

那呆子捏合了,拖着钯,径回本路。怎知行者在耳朵后,一一听得明白。行者见他回来,即腾两翅预先回去,现原身见了师父。师父道:"悟空,你来了,悟能怎不见回?"行者笑道:"他在那里编谎哩,就待来也。"长老道:"他两个耳朵盖着眼,愚拙之人也,他会编什么谎?又是你捏合什么鬼话赖他哩。"行者道:"师父,你只是这等护短,这是有对问的话。"把他那钻在草里睡觉,被啄木虫叮醒,朝石头唱喏,编造什么石头山、石头洞、铁叶门、有妖精的话,预先说了。说毕,不多时,那呆子走将来,又怕忘了那谎,低着头口里温习。被行者喝了一声道:"呆子!念什么哩?"八戒掀起耳朵来看看道:"我到了地头了!"那呆子上前跪倒,长老搀起道:"徒弟,辛苦啊。"八戒道:"正是。走路的人,爬山的人,第一辛苦了。"长老道:"可有妖怪么?"八戒道:"有妖怪,有妖怪!一堆妖

怪哩！"长老道："怎么打发你来？"八戒说："他叫我做猪祖宗，猪外公，安排些粉汤素食，教我吃了一顿。说道，摆旗鼓送我们过山哩。"行者道："想是在草里睡着了，说得是梦话？"呆子闻言，就吓得矮了三寸道："爷爷呀！我睡他怎么晓得？"行者上前，一把揪住道："你过来，等我问你。"呆子又慌了，战战兢兢的道："问便罢了，揪扯怎的？"行者道："是什么山？"八戒道："是石头山。""什么洞？"道："是石头洞。""什么门？"道："是钉钉铁叶门。""里边有多远？"道："入内是三层。"行者道："你不消说了，后半截我记得真。恐师父不信，我替你说了罢。"八戒道："嘴脸！你又不曾去，你晓得那些儿，要替我说？"行者笑道："门上钉子有多少，只说老猪心忙记不真。可是么？"那呆子即慌忙跪倒。行者道："朝着石头唱喏，当做我三人，对他一问一答，可是么？又说，等我编得谎儿停当，哄那弼马温去！可是么？"那呆子连忙只是磕头道："师兄，我去巡山，你莫成跟我去听的？"行者骂道："我把你个馕糠的夯货！这般要紧的所在，教你去巡山，你却去睡觉！不是啄木虫叮你醒来，你还在那里睡哩。及叮醒，又编这样大谎，可不误了大事？你快伸过孤拐来，打五棍记心！"

八戒慌了道："那个哭丧棒重，擦一擦儿皮塌，挽一挽儿筋伤，若打五下，就是死了！"行者道："你怕打，却怎么扯谎？"八戒道："哥哥呀，只是这一遭儿，以后再不敢了。"行者道："一遭便打三棍罢。"八戒道："爷爷呀，半棍儿也禁不得！"呆子没计奈何，扯住师父道："你替我说个方便儿。"长老道："悟空说你编谎，我还不信。今果如此，其实该打。但如今过山少人使唤，悟空，你且饶他，待过了山再打罢。"行者道："古人云：'顺父母言情，呼为大孝。'师父说不打，我就且饶你。你再去与他巡山，若再说谎误事，我定一下也不饶你！"

那呆子只得爬起来奔上大路又去。你看他疑心生暗鬼，步步只疑是行者变化了跟住他，故见一物，即疑是行者。走有七八里，见一只老虎，从山坡上跑过，他也不怕，举着钉钯道："师兄来听说谎的，这遭不编了。"又走处,那山风来得甚猛,呼的一声,把棵枯木刮倒,滚至面前,他又跌脚捶胸的道:"哥啊!这是怎的起!一行说不敢编谎罢了,又变什么树来打人!"又走向前,只见一个白颈老鸦,当头喳喳的连叫几声,他又道:"哥哥,不羞!不羞!我说不编就不编了,只管又变着老鸦怎的?你来听么?"原来这一番行者却不曾跟他去,他那里却自惊自怪,乱疑乱猜,故无往而不疑是行者随他身也。呆子惊疑且不题。

却说那山叫做平顶山,那洞叫做莲花洞。洞里两妖,一唤金角大王,一唤银角大王。金角正坐,对银角说:"兄弟,我们多少时不巡山了?"银角道:"有半个月了。"金角道:"兄弟,你今日与我去巡巡。"银角道:"今日巡山怎的?"金角道:"你不知,近闻得东土唐朝差个御弟唐僧往西方拜佛,一行四众,叫做孙行者、猪八戒、沙和尚,连马五口。你看他在那处,与我把他拿来。"银角道:"我们要吃人,那里不捞几个?这和尚到得那里,让他去罢。"金角道:"你不晓得。我当年出天界,尝闻得人言:唐僧乃金蝉长老临凡,十世修行的好人,一点元阳未泄,有人吃他肉,延寿长生哩。"银角道:"若是吃了他肉就可以延寿长生,我们打什么坐,立什么功,炼什么龙与虎,配什么雌与雄?只该吃他去了。等我去拿他来。"金角道:"兄弟,你有些性急,且莫忙着。你若走出门,不管好歹,但是和尚就拿将来,假如不是唐僧,却也不当人子?我记得他的模样,曾将他师徒画了一个影,图了一个形,你可拿去。但遇着和尚,以此照验照验。"又将某人是某名字,一一说了。银角得了图像,知道姓名,即出洞,点起三十名小怪,便来山上巡逻。

却说八戒运拙,正行处,可可的撞见群魔,当面挡住道:"那来的什么人?"呆子才抬起头来,掀着耳朵,看见是些妖魔。他就慌了,心中暗道:"我若说是取经的和尚,他就捞了去,只是说走路的。"小妖回报道:"大王,是走路的。"那三十名小怪,中间有认得的,有不认得的,旁边有听着指点说话的,道:"大王,这个和尚,象这图中猪八戒模样。"叫挂起影神图来。八戒看见,大惊道:"怪道这些时没精神哩！原来是他把我的影神传将来也！"小妖用枪挑着，银角用手指道："这骑白马的是唐僧，这毛脸的是孙行者。"八戒听见道："城隍，没我便也罢了，猪头三牲，清醮二十四分。"口里唠叨，只管许愿。那怪又道："这黑长的是沙和尚，这长嘴大耳的是猪八戒。"呆子听见说他，慌得把个嘴揣在怀里藏了。那怪叫："和尚，伸出嘴来！"八戒道："胎里病，伸不出来。"那怪令小妖使钩子钩出来。八戒慌得把个嘴伸出道："小家形罢了，这不是？你要看便就看，钩怎的？"

那怪认得是八戒，掣出宝刀，上前就砍。这呆子举钉钯按住道："我的儿，休无礼！看钯！"那怪笑道："这和尚是半路出家的。"八戒道："好儿子！有些灵性！你怎么就晓得老爷是半路出家的？"那怪道："你会使这钯，一定是在人家园圃中筑地，把他这钯偷将来也。"八戒道："我的儿，你那里认得老爷这钯。我不比那筑地之钯。这是：

　　巨齿铸来如龙爪，渗金妆就似虎形。若逢对敌寒风洒，但遇相持火焰生。能替唐僧消障碍，西天路上捉妖精。轮动烟霞遮日月，使起昏云暗斗星。筑倒泰山老虎怕，掀翻大海老龙惊。饶你这妖有手段，一钯九个血窟窿！"

那怪闻言，那里肯让，使七星剑，丢开解数，与八戒一往一来，在山中赌斗，有二十回合，不分胜负。八戒发起狠来，舍死的相迎。那怪见他捽耳朵，喷粘涎，舞钉钯，口里呹呹喝喝的，也尽有些悚惧，即回头招呼小怪，一齐动手。若是一个打一个，其实还好。他见那些小妖齐上，慌了手脚，遮架不住，败了阵，回头就跑。原来是道路不平，未曾细看，忽被萝藤绊了个跟跄。挣起来正走，又被个小妖，睡倒在地，扳着他脚跟，扑的又跌了个狗吃屎，被一群赶上按住，抓鬃毛，揪耳朵，扯着脚，拉着尾，扛扛抬抬，擒进洞去。咦！正是：

　　一身魔发难消灭，万种灾生不易除。

毕竟不知猪八戒性命如何，且听下回分解。

（选自《西游记》，人民文学出版社2005年版）

四、《红楼梦》选读

第三十三回　手足眈眈① 小动唇舌　不肖种种大承笞挞②
（节选）

原来宝玉会过雨村回来听见了，便知金钏儿含羞赌气自尽，心中早又五内摧伤，进来被王夫人数落教训，也无可回说。见宝钗进来，方得便出来，茫然不知何往，背着手，低头一面感叹，一面慢慢的走着，信步来至厅上。

刚转过屏门，不想对面来了一人正往里走，可巧儿撞了个满怀。只听那人喝了一声："站住！"宝玉唬了一跳，抬头一看，不是别人，却是他父亲，不觉的倒抽了一口气，只得垂手一旁站了。贾政道："好端端的，你垂头丧气嗐些什么？方才雨村来了要见你，叫你那半天你才出来；既出来了，全无一点慷慨挥洒谈吐，仍是葳葳蕤蕤。我看你脸上一团思欲愁闷气色，这会子又咳声叹气。你那些还不足，还不自在？无故这样，却是为何？"宝玉素日虽是口角伶俐，只是此时一心总为金钏儿感伤，恨不得此时也身亡命殒，跟了金钏儿去。如今见了他父亲说说这些话，究竟不曾听见，只是怔怔呵呵的站着。

贾政见他惶悚，应对不似往日，原本无气的，这一来倒生了三分气。方欲说话，忽有回事人来回："忠顺亲王府里有人来，要见老爷。"贾政听了，心下疑惑，暗暗思忖道："素日并不和忠顺府来往，为什么今日打发人来？"一面想，一面令"快请"，急走出来看时，却是忠顺府长史官③，忙接进厅上坐了献茶。

未及叙谈，那长史官先就说道："下官此来，并非擅造潭府④，皆因奉王命而来，有一件事相求。看王爷面上，敢烦老大人作主，不但王爷知情，且连下官辈亦感谢不尽。"

---

① 手足眈眈（dān）——兄弟之间虎视眈眈。眈眈：恶意地注视。
② 笞挞（chī tà）——用棍杖篾板打罚。
③ 长史官——总管王府内事务的官吏。从南朝起始设，其后各代王府都沿设此职。
④ 擅造潭府——擅自到贵府。潭府：对他人住宅的尊称。潭，深邃的样子。

贾政听了这话，抓不住头脑，忙陪笑起身问道："大人既奉王命而来，不知有何见谕，望大人宣明，学生好遵谕承办。"那长史官便冷笑道："也不必承办，只用大人一句话就完了。我们府里有一个做小旦的琪官，一向好好在府里，如今竟三五日不见回去，各处去找，又摸不着他的道路，因此各处访察。这一城内，十停人倒有八停人都说，他近日和衔玉的那位令郎相与甚厚。下官辈等听了，尊府不比别家，可以擅入索取，因此启明王爷。王爷亦云：'若是别的戏子呢，一百个也罢了；只是这琪官随机应答，谨慎老诚，甚合我老人家的心，竟断断少不得此人。'故此求老大人转谕令郎，请将琪官放回，一则可慰王爷谆谆奉恳，二则下官辈也可免操劳求觅之苦。"说毕，忙打一躬。

贾政听了这话，又惊又气，即命唤宝玉来。宝玉也不知是何原故，忙赶来时，贾政便问："该死的奴才！你在家不读书也罢了，怎么又做出这些无法无天的事来！那琪官现是忠顺王爷驾前承奉的人，你是何等草芥，无故引逗他出来，如今祸及于我。"宝玉听了唬了一跳，忙回道："实在不知此事。究竟连'琪官'两个字不知为何物，岂更又加'引逗'二字！"说着便哭了。

贾政未及开言，只见那长史官冷笑道："公子也不必掩饰。或隐藏在家，或知其下落，早说了出来，我们也少受些辛苦，岂不念公子之德？"宝玉连说不知，"恐是讹传，也未见得。"那长史官冷笑道："现有据证，何必还赖？必定当着老大人说了出来，公子岂不吃亏？既云不知此人，那红汗巾子怎么到了公子腰里？"宝玉听了这话，不觉轰去魂魄，目瞪口呆，心下自思："这话他如何得知！他既连这样机密事都知道了，大约别的瞒他不过，不如打发他去了，免的再说出别的事来。"因说道："大人既知他的底细，如何连他置买房舍这样大事倒不晓得了？听得说他如今在东郊离城二十里有个什么紫檀堡，他在那里置了几亩田地几间房舍。想是在那里也未可知。"那长史官听了，笑道："这样说，一定是在那里。我且去找一回，若有了便罢，若没有，还要来请教。"说着，便忙忙的走了。

贾政此时气的目瞪口歪，一面送那长史官，一面回头

命宝玉:"不许动!回来有话问你!"一直送那官员去了。才回身,忽见贾环带着几个小厮一阵乱跑。贾政喝令小厮:"快打,快打!"贾环见了他父亲,唬的骨软筋酥,忙低头站住。贾政便问:"你跑什么?带着你的那些人都不管你,不知往那里逛去,由你野马一般!"喝令叫跟上学的人来。贾环见他父亲盛怒,便乘机说道:"方才原不曾跑,只因从那井边一过,那井里淹死了一个丫头,我看见人头这样大,身子这样粗,泡的实在可怕,所以才赶着跑了过来。"贾政听了惊疑,问道:"好端端的,谁去跳井?我家从无这样事情,自祖宗以来,皆是宽柔以待下人。——大约我近年于家务疏懒,自然执事人操克夺之权①,致使生出这暴殄轻生②的祸患。若外人知道,祖宗颜面何在!"喝令快叫贾琏、赖大、兴儿来。

小厮们答应了一声,方欲叫去,贾环忙上前拉住贾政的袍襟,贴膝跪下道:"父亲不用生气。此事除太太房里的人,别人一点也不知道。我听见我母亲说……"说到这里,便回头四顾一看。贾政知意,将眼一看众小厮,小厮们明白,都往两边后面退去。贾环便悄悄说道:"我母亲告诉我说,宝玉哥哥前日在太太屋里,拉着太太的丫头金钏儿强奸不遂,打了一顿。那金钏儿便赌气投井死了。"

话未说完,把个贾政气的面如金纸,大喝:"快拿宝玉来!"一面说,一面便往里边书房里去,喝令:"今日再有人劝我,我把这冠带家私③一应交与他与宝玉去!我免不得做个罪人,把这几根烦恼鬓毛剃去,寻个干净去处④自了,也免得上辱先人下生逆子之罪。"众门客仆从见贾政这个形景,便知又是为宝玉了,一个个都是咬指咬舌,连忙

---

① 克夺之权——生杀予夺之权。
② 暴殄(tiǎn)轻生——暴殄:恣意糟踏。殄:灭绝。轻生:不爱惜生命。
③ 冠带家私——冠带:帽子和束带,是官服的代称,这里代指官爵。家私:财产,代指家业。
④ 烦恼鬓毛、干净去处——鬓毛:即头发,佛家称为"烦恼丝"。干净:佛家以为人世污浊不净,唯有佛门才能通向清净世界,即所谓净土。剃去烦恼鬓毛与寻个干净去处,都是出家当和尚的意思。

退出。那贾政喘吁吁直挺挺坐在椅子上，满面泪痕，一叠声："拿宝玉！拿大棍！拿索子捆上！把各门都关上！有人传信到里头去，立刻打死！"众小厮们只得齐声答应，有几个来找宝玉。

那宝玉听见贾政吩咐他"不许动"，早知多凶少吉，那里承望贾环又添了许多的话。正在厅上干转，怎得个人来往里头去捎信，偏生没个人，连焙茗也不知在那里。正盼望时，只见一个老姆姆出来。宝玉如得了珍宝，便赶上来拉他，说道："快进去告诉：老爷要打我呢！快去，快去！要紧，要紧！"宝玉一则急了，说话不明白；二则老婆子偏生又聋，竟不曾听见是什么话，把"要紧"二字只听作"跳井"二字，便笑道："跳井让他跳去，二爷怕什么？"宝玉见是个聋子，便着急道："你出去叫我的小厮来罢。"那婆子道："有什么不了的事？老早的完了。太太又赏了衣服，又赏了银子，怎么不了事的！"

宝玉急的跺脚，正没抓寻处，只见贾政的小厮走来，逼着他出去了。贾政一见，眼都红紫了，也不暇问他在外流荡优伶，表赠私物，在家荒疏学业，淫辱母婢等语，只喝令"堵起嘴来，着实打死！"小厮们不敢违拗，只得将宝玉按在凳上，举起大板打了十来下。贾政犹嫌打轻了，一脚踢开掌板的，自己夺过来，咬着牙狠命盖了三四十下。众门客见打的不祥了，忙上前夺劝。贾政那里肯听，说道："你们问问他干的勾当可饶不可饶！素日皆是你们这些人把他酿坏了，到这步田地还来解劝。明日酿到他弑君杀父，你们才不劝不成！"

众人听这话不好听，知道气急了，忙又退出，只得觅人进去给信。王夫人不敢先回贾母，只得忙穿衣出来，也不顾有人没人，忙忙赶往书房中来，慌的众门客小厮等避之不及。王夫人一进房来，贾政更如火上浇油一般，那板子越发下去的又狠又快。按宝玉的两个小厮忙松了手走开，宝玉早已动弹不得了。

贾政还欲打时，早被王夫人抱住板子。贾政道："罢了，罢了！今日必定要气死我才罢！"王夫人哭道："宝玉虽然该打，老爷也要自重。况且炎天暑日的，老太太身上也不大好，打死宝玉事小，倘或老太太一时不自在了，岂不事大！"贾政冷笑道："倒休提这话。我养了这不肖的孽障，已不孝；教训他一番，又有众人护持；不如趁今日一发勒死了，以绝将来之患！"说着，便要绳索来勒死。

王夫人连忙抱住哭道："老爷虽然应当管教儿子，也要看夫妻分上。我如今已将五十岁的人，只有这个孽障，必定苦苦的以他为法，我也不敢深劝。今日越发要他死，岂不是有意绝我。既要勒死他，快拿绳子来先勒死我，再勒死他。我们娘儿们不敢含怨，到底在阴司里得个依靠。"说毕，爬在宝玉身上大哭起来。

贾政听了此话，不觉长叹一声，向椅上坐了，泪如雨下。王夫人抱着宝玉，只见他面白气弱，底下穿着一条绿纱小衣皆是血渍，禁不住解下汗巾看，由臀至胫，或青或紫，或整或破，竟无一点好处，不觉失声大哭起来，"苦命的儿吓！"因哭出"苦命儿"来，忽又想起贾珠来，便叫着贾珠哭道："若有你活着，便死一百个我也不管了。"此时里面的人闻得王夫人出来，那李宫裁王熙凤与迎春姊妹早已出来了。王夫人哭着贾珠的名字，别人还可，惟有宫裁禁不住也放声哭了。贾政听了，那泪珠更似滚瓜一般滚了下来。

正没开交处，忽听丫鬟来说："老太太来了。"一句话未了，只听窗外颤巍巍的声气说道："先打死我，再打死他，岂不干净了！"贾政见他母亲来了，又急又痛，连忙迎接出来，只见贾母扶着丫头，喘吁吁的走来。

贾政上前躬身陪笑道："大暑热天，母亲有何生气亲自走来？有话只该叫了儿子进去吩咐。"贾母听说，便止住步喘息一回，厉声说道："你原来是和我说话！我倒有话吩咐，只是可怜我一生没养个好儿子，却教我和谁说去！"贾政听这话不像，忙跪下含泪说道："为儿的教训儿子，也为的是光宗耀祖。母亲这话，我做儿的如何禁得起？"贾母听说，便啐了一口，说道："我说一句话，你就禁不起，你那样下死手的板子，难道宝玉就禁得起了？你说教训儿子是光宗耀祖，当初你父亲怎么教训你来！"说着，不觉就滚下泪来。

贾政又陪笑道："母亲也不必伤感，皆是作儿的一时性起，从此以后再不打他了。"贾母便冷笑道："你也不必和我使性子赌气的。你的儿子，我也不该管你打不打。我猜着你也厌烦我们娘儿们。不如我们赶早儿离了你，大家干净！"说着便令人去看轿马，"我和你太太宝玉立刻回南京去！"家下人只得干答应着。

贾母又叫王夫人道："你也不必哭了。如今宝玉年纪小，你疼他，他将来长大成人，为官作宰的，也未必想着你是他母亲了。你如今倒不要疼他，只怕将来还少生一口气呢。"贾政听说，忙叩头哭道："母亲如此说，贾政无立足之地。"贾母冷笑道："你分明使我无立足之地，你反说起你来！只是我们回去了，你心里干净，看有谁来许你打。"一面说，一面只令快打点行李车轿回去。贾政苦苦叩求认罪。

贾母一面说话，一面又记挂宝玉，忙进来看时，只见今日这顿打不比往日，又是心疼，又是生气，也抱着哭个不了。王夫人与凤姐等解劝了一会，方渐渐的止住。早有丫鬟媳妇等上来，要挽宝玉，凤姐便骂道："糊涂东西，也不睁开眼瞧瞧！打的这么个样儿，还要挽着走！还不快进去把那藤屉子春凳①抬出来呢。"众人听说连忙进去，果然抬出春凳来，将宝玉抬放凳上，随着贾母王夫人等进去，送至贾母房中。

彼时贾政见贾母气未全消，不敢自便，也跟了进去。看看宝玉，果然打重了。再看看王夫人，"儿"一声，"肉"一声，"你替珠儿早死了，留着珠儿，免你父亲生气，我也不白操这半世的心了。这会子你倘或有个好歹，丢下我，叫我靠那一个！"数落一场，又哭"不争气的儿"。贾政听了，也就灰心，自悔不该下毒手打到如此地步。先劝贾母，贾母含泪说道："你不出去，还在这里做什么！难道于心不足，还要眼看着他死了才去不成！"贾政听说，方退了出来。

---

① 藤屉子春凳——春凳：一种面较宽的可坐可卧的长凳。藤屉子：凳面用藤皮编成。

121

此时薛姨妈同宝钗、香菱、袭人、史湘云也都在这里。袭人满心委屈，只不好十分使出来，见众人围着，灌水的灌水，打扇的打扇，自己插不下手去，便越性走出来到二门前，令小厮们找了焙茗来细问："方才好端端的，为什么打起来？你也不早来透个信儿！"焙茗急的说："偏生我没在跟前，打到半中间我才听见了。忙打听原故，却是为琪官金钏姐姐的事。"袭人道："老爷怎么得知道的？"焙茗道："那琪官的事，多半是薛大爷素日吃醋，没法儿出气，不知在外头唆挑了谁来，在老爷跟前下的火①。那金钏儿的事是三爷说的，我也是听见老爷的人说的。"袭人听了这两件事都对景②，心中也就信了八九分。然后回来，只见众人都替宝玉疗治。调停完备，贾母令"好生抬到他房内去"。众人答应，七手八脚，忙把宝玉送入怡红院内自己床上卧好。又乱了半日，众人渐渐散去，袭人方进前来经心服侍，问他端的。且听下回分解。

第三十四回　情中情因情感妹妹　错里错以错劝哥哥（节选）

　　话说袭人见贾母王夫人等去后，便走来宝玉身边坐下，含泪问他："怎么就打到这步田地？"宝玉叹气说道："不过为那些事，问他做什么！只是下半截疼的很，你瞧瞧打坏了那里。"袭人听说，便轻轻的伸手进去，将中衣褪下。宝玉略动一动，便咬着牙叫"嗳哟"，袭人连忙停住手，如此三四次才褪了下来。

　　袭人看时，只见腿上半段青紫，都有四指宽的僵痕高了起来。袭人咬着牙说道："我的娘，怎么下这般的狠手！你但凡听我一句话，也不得到这步地位。幸而没动筋骨，倘或打出个残疾来，可叫人怎么样呢！"

　　正说着，只听丫鬟们说："宝姑娘来了。"袭人听见，知道穿不及中衣，便拿了一床袷纱被③替宝玉盖了。只见宝钗手里托着一丸药走进来，向袭人说道："晚上把这药用酒研开，替他敷上，把那淤血的热毒散开，可以就好了。"

---

① 下的火——挑拨人使发火。
② 对景——对得上号；情况符合。
③ 袷（jiá）纱被——表里两层的纱被。袷，同"夹"。

说毕，递与袭人，又问道："这会子可好些？"宝玉一面道谢说："好了。"又让坐。

宝钗见他睁开眼说话，不像先时，心中也宽慰了好些，便点头叹道："早听人一句话，也不至今日。别说老太太、太太心疼，就是我们看着，心里也疼。"刚说了半句又忙咽住，自悔说的话急了，不觉的就红了脸，低下头来。宝玉听得这话如此亲切稠密，竟大有深意，忽见他又咽住不往下说，红了脸，低下头只管弄衣带，那一种娇羞怯怯，非可形容得出者，不觉心中大畅，将疼痛早丢在九霄云外，心中自思："我不过挨了几下打，他们一个个就有这些怜惜悲感之态露出，令人可玩可观，可怜可敬。假若我一时竟遭殃横死，他们还不知是何等悲感呢！既是他们这样，我便一时死了，得他们如此，一生事业纵然尽付东流，亦无足叹惜，冥冥之中若不怡然自得，亦可谓糊涂鬼祟矣。"想着，只听宝钗问袭人道："怎么好好的动了气，就打起来了？"袭人便把焙茗的话说了出来。

宝玉原来还不知道贾环的话，见袭人说出方才知道。因又拉上薛蟠，惟恐宝钗沉心①，忙又止住袭人道："薛大哥哥从来不这样的，你们不可混猜度。"宝钗听说，便知道是怕他多心，用话相拦袭人，因心中暗暗想道："打的这个形象，疼还顾不过来，还是这样细心，怕得罪了人，可见在我们身上也算是用心了。你既这样用心，何不在外头大事上做工夫，老爷也欢喜了，也不能吃这样亏。但你固然怕我沉心，所以拦袭人的话，难道我就不知我的哥哥素日恣心纵欲，毫无防范的那种心性。当日为一个秦钟，还闹的天翻地覆，自然如今比先又更利害了。"想毕，因笑道："你们也不必怨这个，怨那个。据我想，到底宝兄弟素日不正，肯和那些人来往，老爷才生气。就是我哥哥说话不防头，一时说出宝兄弟来，也不是有心调唆：一则也是本来的实话，二则他原不理论这些防嫌小事。袭姑娘从小儿只见宝兄弟这么样细心的人，你何尝见过天不怕地不怕、心

---

① 沉心——多指言者无意而听者有心，陡生不快。也叫"吃心"或"嗔心"。

里有什么口里就说什么的人。"

袭人因说出薛蟠来，见宝玉拦他的话，早已明白自己说造次了，恐宝钗没意思，听宝钗如此说，更觉羞愧无言。宝玉又听宝钗这番话，一半是堂皇正大，一半是去己疑心，更觉比先畅快了。方欲说话时，只见宝钗起身说道："明儿再来看你，你好生养着罢。方才我拿了药来交给袭人，晚上敷上管就好了。"说着便走出门去。袭人赶着送出院外，说："姑娘倒费心了。改日宝二爷好了，亲自来谢。"宝钗回头笑道："有什么谢处。你只劝他好生静养，别胡思乱想的就好了。要想什么吃的、玩的，你悄悄的往我那里取去，不必惊动老太太、太太众人。倘或吹到老爷耳朵里，虽然彼时不怎么样，将来对景，终是要吃亏的。"说着，一回身去了。

袭人抽身回来，心内着实感激宝钗。进来见宝玉沉思默默似睡非睡的模样，因而退出房外，自去栉沐①。宝玉默默的躺在床上，无奈臀上作痛，如针挑刀挖一般，更又热如火炙，略展转时，禁不住"嗳哟"之声。那时天色将晚，因见袭人去了，却有两三个丫鬟伺候，此时并无呼唤之事，因说道："你们且去梳洗，等我叫时再来。"众人听了，也都退出。

这里宝玉昏昏默默，只见蒋玉菡走了进来，诉说忠顺府拿他之事；又见金钏儿进来哭说为他投井之情。宝玉半梦半醒，都不在意。忽又觉有人推他，恍恍忽忽听得有人悲泣之声。宝玉从梦中惊醒，睁眼一看，不是别人，却是林黛玉。

宝玉犹恐是梦，忙又将身子欠起来，向脸上细细一认，只见两个眼睛肿的桃儿一般，满面泪光，不是黛玉，却是那个？宝玉还欲看时，怎奈下半截疼痛难忍，支持不住，便"嗳哟"一声，仍就倒下，叹了一声，说道："你又做什么跑来！虽说太阳落下去，那地上的馀热未散，走两趟又要受了暑。我虽然挨了打，并不觉疼痛。我这个样儿，只装出来哄他们，好在外头布散与老爷听，其实是假的。你

---

① 栉（zhì）沐——梳洗。

不可认真。"此时林黛玉虽不是嚎啕大哭，然越是这等无声之泣，气噎喉堵，更觉得利害。听了宝玉这番话，心中虽然有万句言词，只是不能说得，半日，方抽抽噎噎的说道："你从此可都改了罢！"宝玉听说，便长叹一声，道："你放心，别说这样话。就便为这些人死了，也是情愿的！"

一句话未了，只见院外人说："二奶奶来了。"林黛玉便知是凤姐来了，连忙立起身说道："我从后院子去罢，回头再来。"宝玉一把拉住道："这可奇了，好好的怎么怕起他来。"林黛玉急的跺脚，悄悄的说道："你瞧瞧我的眼睛，又该他取笑开心呢。"宝玉听说赶忙的放手。黛玉三步两步转过床后，出后院而去。

（选自《红楼梦》，人民文学出版社 2008 年版）

拓展延伸

四大名著相关研究

《三国演义》中的人生智慧

什么是人生智慧？就是人在成长的过程中，面对种种困惑、疑难、烦恼，能够对其正确认识、妥善处理的心智和能力。人生智慧，能够帮助我们处理好人与自然、与社会、与内心的关系，从而开阔胸襟，提升境界，完善自我，充分享受人生之乐，和谐之美。当今的许多年轻人，很喜欢用一个词——"郁闷"。这样说，有时是一种调侃或玩笑，但确实有很多时候是真的郁闷。青年时代，本来是人生的黄金时代，是最美好的青春年华，为什么却有不少人动不动就郁闷呢？这里有多种原因：大量的是外在的、社会的原因；也有很多是内在的、自身的原因。其中一个非常重要的方面，就是人生智慧不足。从这个角度来看，《三国演义》堪称人生的启示录。

《三国演义》写的是天下大势、国家兴亡、英雄功业，很少涉及人们的日常生活、人与自然的关系，但在表现人与他人、与社会、与内心的关系等方面，仍有许多精彩的笔墨，能够帮助我们领悟人生的智慧。其中比较突出的有以下几个方面。

文学经典篇

一、积极进取的人生目标

人生的智慧，不是耍小聪明，不是圆滑混世，也不是消极避世，而是积极进取。积极进取，则心态开朗，智慧之门大开；消沉混世，则郁闷缠身，心智难免受损。《三国演义》中的主要英雄，都是以积极进取的精神面对人生的。

（一）"上报国家、下安黎庶"的崇高理想

刘备虽然出身东汉远支皇族，家族却早已败落，只能以织席贩履为生，实为下层平民。《三国演义》第1回写他第一次出场时，就说他"素有大志"。这个大志是什么？集中表现于他与关羽、张飞桃园结义时，所立下的誓言："同心协力，救困扶危；上报国家，下安黎庶。"其核心价值则是后面八个字"上报国家，下安黎庶"，也就是"报国安民"。他经过长期的艰苦奋斗，终于开创了蜀汉江山。如果他当初不问天下大事，只操心一天能卖几双草鞋，为草鞋价钱的下跌而郁闷，怎么会成为一代英雄？如果没有这样的理想，他又怎能在艰难竭蹶之中屡仆屡起，终成大业？

（二）胸怀天下、博学深思的求学态度

诸葛亮生于乱世，4岁时黄巾起义爆发，其家乡琅邪阳都（今山东沂南）正是青徐黄巾军力量强大，与官军反复较量之地；14岁时，随叔父诸葛玄离开家乡，前往豫章（治所在今江西南昌）；15岁时又随叔父到荆州投奔刘表，在刘表开办的学校读了两年书。可以说，少年时代的诸葛亮没有受过系统的学校教育。17岁时，诸葛亮隐居隆中，一边躬耕，一边自学，长达十年。在这漫长的十年中，他多次拜访庞德公、司马徽这样的名师，倾心结交崔州平、徐庶这样的好友，一边积学明志，增长才干，一边观察天下大势，思考治世方略。如果他耐不住寂寞，心浮气躁，见异思迁，跟风趋时，能够在隆中坚持十年之久吗？又怎能成为天下英才？

（三）自尊自信、自主创业的人格力量

在这方面，孙策可算一个突出的典范。初平三年（192）正月，孙坚战死，不满18岁的孙策不得不暂时依附袁术。但他不甘久居人下，更不愿在袁术这种骄奢狂妄而志大才疏者的手下受窝囊气。兴平二年（195），年仅21岁的他摆脱袁术的羁绊，独自率兵渡江南下，短短三四年间就夺得丹阳、会稽、吴郡、豫章、庐陵等郡，占据江东大片地盘，为孙吴立国奠定了基础。孙策创业的过程，如同一支狂飙突进式的交响乐，令人倾倒于他那一往无前的英雄气概。

（四）敢当重任、不避艰险的英雄气概

在《三国演义》中，随处可见具有这种英雄气概的人物。孙权的第一任统帅周瑜，在曹操不战而得荆州，大兵压境，人心惶惶之际，精辟分析曹军弱点，主动请战，在赤壁之战中以少胜多，为三分鼎立奠定了基础。曹魏名将张辽镇守合肥，面对孙权率领的十万大军，毫不畏惧，奋勇出击，逍遥津一战，大获全胜（第67回）。刘蜀老将黄忠，老当益壮，一举击斩曹操大将夏侯渊（第71回）。其他如曹魏的徐晃、张郃，刘蜀的关羽、张飞、赵云，孙吴的甘宁、黄盖、陆逊，都有着敢当重任的英雄气概。这样的人生态度，使他们的智慧大放光彩，写下了"武勇智术，瑰伟动人"（鲁迅《中国小说史略》）的时代篇章。

当代大学生，都是怀着壮志豪情走进大学的，都有报效祖国、服务社会的良好愿望。然而，经过几年的学习后，由于种种原因，一些人的人生目标模糊了，积极进取的精神减弱了，这必然会导致眼界狭窄，胸襟狭隘，过分看重眼前利益，过分讲究实惠，热中趋时，盲目跟风。这就极易为一些琐碎小事而郁闷。对此，我们难道不应该警觉吗？

二、博大宽厚的爱人之心

如何看待和处理自己与他人的关系，是有没有人生智慧的一个重要方面。孔子曰："仁者安仁。"（《论语·里仁》）孟子曰："仁者无敌。"（《孟子·梁惠王上》）又曰："仁者爱人，有礼者敬人。爱人者，人恒爱之；敬人者，人恒敬之。"（《孟子·离娄下》）

《三国演义》中的刘备，之所以能在乱世中崛起，原因有很多，从为人角度言之，"性宽和"是一大原因，也是他的一大优势。作为"明君"，刘备一生的作为，基本符合古人对"明君"的最重要的两点期待：一是"爱民"，即仁德济世；二是"爱才"，即尊贤礼士。前者集中体现于"携民渡江"。他由樊城向南撤退时，随行民众十余万，日行十余里，随时可能被曹操大军追上。有人劝他暂弃百姓，速行保江陵，他却断然拒绝道：

"举大事者必以人为本。今人归我，奈何弃之！"在此安危存亡之际，哪怕有生命危险也不愿抛弃百姓，在历代开国君主中实不多见。后者突出表现在"三顾茅庐"。早已被视为天下大英雄的他，满怀诚意，三顾茅庐，恭请年仅27岁、无名无位、尚未建立任何功业的诸葛亮出山辅佐，堪称千古佳话。人与人相处，如果真诚地秉持爱人之心，敬人之礼，人际关系就会宽松、和谐得多，人们就能更多地感受到他人的善意，群体的温馨，从而增强生活的信心。这难道不是一种可贵的人生智慧吗？

三、真诚坦荡的交友之道

有没有知心朋友，交什么样的朋友，是人生智慧的另一个重要方面。

孔子曰："友直，友谅，友多闻，益矣。"(《论语·季氏》)《三国演义》写到的好友很多，特别值得称道的，主要有这样几种。

（一）至友

至友的第一个特点是一是彼此切磋，互相砥砺，共同成才。如诸葛亮与好友，特别是徐庶、崔州平的交往。《三国演义》第37回也写到司马徽向刘备介绍云："孔明与博陵崔州平、颍川石广元、汝南孟公威与徐元直四人为密友。"在这四个好友中，诸葛亮与徐庶、崔州平情谊尤深。

徐庶"少好任侠击剑"，刘备三顾茅庐，主要就是因为司马徽、徐庶对诸葛亮的赞誉和推荐，《三国演义》第36回中的《元直走马荐诸葛》，写得颇为动人。

崔州平大概是深刻吸取了其父的教训，决心摆脱官场，恬淡隐居；即使是诸葛亮出山辅佐刘备，徐庶、石广元、孟公威归附曹操之后，他仍然高卧于山林。此后，史籍中没有留下他的一点痕迹，竟然不知所终。

诸葛亮对徐庶、崔州平正直耿介的人品非常佩服，多年以后还深情地说："昔初交州平，屡闻得失；后交元直，勤见启诲。"(《诸葛亮集·又与群下教》)

至友的第二个特点是二是一见如故，如周瑜与鲁肃。《三国演义》第29回写道：周瑜任居巢长之时，听说鲁肃慷慨大度，胸怀韬略，曾率数百人前往拜访，并请鲁肃资助粮草。鲁肃家有两囷米，当即指一囷赠与周瑜，二人由此一见如故。孙策遇刺而亡，孙权接掌江东后，周瑜立即向孙权大力举荐鲁肃，使之成为孙权的重要谋士。周瑜临终，又郑重推荐鲁肃继任，使之成为江东第二任统帅。如此情谊，足令后人称美。

至友的第三个特点是三是患难相扶，生死与共。如刘、关、张。像这样的挚友，一生中如果能有两三个，足矣！

（二）诤友

能直言规劝的朋友是诤友。真正的朋友，应该坚持原则，是非分明。看到对方有不当的言行，应该及时指出，直言规劝，这才是肺腑之交，才是真朋友；如果视而不见，装糊涂，甚至互相包庇，同恶相济，那就是狐朋狗友、假朋友。如《三国演义》第115回写廖化谏姜维。蜀汉大将军姜维欲第八次伐魏，征求大将廖化的意见。廖化资格比姜维老，此时任右车骑将军，官位略低于姜维。他忠于蜀汉，对形势有比较清醒的认识，对姜维规劝道："连年征伐，军民不宁；兼魏有邓艾，足智多谋，非等闲之辈：将军强欲行难为之事，此化所以未敢专也。"可惜姜维没有听从廖化的意见，强行伐魏，结果又一次损兵折将。

（三）畏友

畏友指令自己敬畏的朋友。《三国演义》第66回写到"割席分坐"的故事：华歆早年与邴原、管宁相友善，时人称三人为一龙：华歆为龙头，邴原为龙腹，管宁为龙尾。一日，管宁与华歆共种园蔬，锄地见金，宁挥锄不顾，歆拾而视之，然后掷下。又一日，管宁与华歆同坐观书，闻户外传呼之声，有贵人乘轩而过，宁端坐不动，歆弃书往观。宁自此鄙歆之为人，遂割席分坐，不复与之为友。这两件事似乎都是小事，管宁却以小见大，毫不客气地批评华歆，甚至不惜与之断交，真是风骨凛然，可敬可佩。《三国演义》没有写的是，华歆并未因此怀恨管宁，而是终身佩服管宁，视之为畏友。曹丕代汉称帝后，以华歆为司徒，为三公之一；黄初四年（223），命公卿举荐品德高尚的君子，华歆立即举荐管宁。魏明帝即位，华歆转拜太尉，居三公之首，又上书称病，要求让位给管宁。这种真心服膺畏友的胸襟，也值得肯定。

年轻人大多胸怀壮志，向往成功，这是完全应该，值得鼓励的。但在成长的过程中，能否知人知己，特别是正确地衡量自己，从而坚持脚踏实地，奋发努力，不攀比躁进，不怨天尤人，乃人生智慧的一个重要标尺。

《三国演义》中的人生智慧，确实值得后人借鉴。能否从中汲取养分，成为一个正直、坦荡、明智、高雅的人，则要看我们能否真诚领悟，认真践行了。

（资料来源：沈伯俊，《〈三国演义〉与人生智慧》，《西华师范大学学报》（哲学社会科学版）2015年第1期，有删改）

用白话塑造传奇英雄的群像

《水浒传》作为一部英雄传奇体小说的典范，成功地塑造了一系列超伦绝群而又神态各异的英雄形象。金圣叹在《读第五才子书法》中说："独有《水浒传》，只是看不厌，无非为他把一百八个人性格都写出来。"此话未免有点夸张，但至少有几十个主要人物，确是写得活灵活现。尤为难能可贵的是，它能将性格相近的一类人物写得各各不同。这正如明代批评家叶昼所指出的那样："《水浒传》文字，妙绝千古，全在同而不同处有辨。如鲁智深、李逵、武松、阮小七、石秀、呼延灼、刘唐等众人，都是急性的，渠形容刻画来，各有派头，各有光景，各有家数，各有身份，一毫不差，半些不混，读去自有分辨，不必见其姓名，一睹事实，就知某人某人也。"（容与堂本《水浒传》第三回回评）

《水浒传》之所以能将众多的英雄写得性格鲜明，很重要的一点是注意多层次地刻画人物的性格。比如写李逵莽撞，有时候也写他真率，写他蛮横；写鲁智深粗豪，有时候又写他的机智，写他的精细。这样就在"同而不同"之中显示了人物的个性特点。为了达到这一艺术效果，在具体手法上就常常故意创造类型相同的人物，描写冲突相似的情节，以犯中求避，相互映衬，"如武松打虎后，又写李逵杀虎，又写二解争虎；潘金莲偷汉后，又写潘巧云偷汉；江州城劫法场后，又写大名府劫法场；何涛捕盗后，又写黄安捕盗；林冲起解后，又写卢俊义起解；朱仝雷横放晁盖后，又写朱仝雷横放宋江等，正是故意要把题目犯了，却有本事出落得无一点一画相借"（金圣叹《读第五才子书法》），在比照中凸显其个性特点。

同时，小说在写有些人物时，能展示其性格在环境的制约下有所发展和变化，其中最明显的是林冲。身为八十万禁军教头的他，在高衙内开始调戏他的娘子时，尽管有"大丈夫屈在小人之下，受这般腌臜气"的不平，但还是怕得罪上司，最终选择息事宁人；当发配沧州时，仍抱有幻想，希望能挣扎回去"重见天日"；恶势力步步进逼，他处处忍让；直到最后忍无可忍时，才使他的积愤喷发，手刃仇人，奔上梁山，完成了由软弱向刚烈的性格转变。其他如杨志、武松及宋江等都可以看到其性格的流动和变化。当然，从整体来看，《水浒传》人物性格的流动性多数还是表现为半截子的，并不能贯串始终，特别是大聚后，人物大多失去原有的个性色彩。但这种性格描写的流动性和层次性，还是体现了中国古代长篇小说在塑造人物时从注重特征化向走向个性化迈出了坚实的一步。

（资料来源：袁行霈，《中国文学史》，高等教育出版社 2005 年版，有删改）

动物王国

中国文学史上历来比较缺乏神话的记载。及至明代，出现了《西游记》和《封神演义》这样两部长篇小说，都带有类似神话的色彩，这是一个令人瞩目的现象。但是历史上错过的阶段毕竟无法追补，神话时代既已成为过去，写作神话便不免沦为拟古的赝品，所以《封神演义》从整体上说是一部不算成功的作品。其中的故事情节往往涉及神魔间的斗法宝，可是法宝的渲染不免流于神秘，一物降一物的情节演进模式则又显得贫乏单调。因此千篇一律，落于窠臼，缺少神话中那种生动的想象和活泼的生命，这便是一切伪神话的共同命运。而《西游记》之所以成功，正是因其在神话的古老躯壳上诞生了童话的艺术生命，这就是一个创造性的全新的开始。它凭借着神话，又没有成为神话的复制和模仿，正如它凭借着历史传说，却也不曾被历史传说所局限。《西游记》的成功便在于从一切有形的和现成的安排中超越出来的力量，这也正是它童话般的活泼自由的精神。

但是童话毕竟又不等于神话，因为神话所产生的那个时代基础早已改变了。原始部落的生活、战争及其历史，以及初民对宇宙人类由来的发问，显然都永远地成为过去。因此在童话中，有关创世纪等方面的内容也就不复可见了。童话更关注儿童生活在其中的幼小天地，而且多以动物为主角，表现出儿童的兴趣、喜好和心理特点。《西游记》中孙悟空和猪八戒便以其动物的造型、动作及习性特征而给人留下生动的印象。在最早的《取经诗话》中，孙行者虽然是猴精变化而来的，却还是一位"白衣秀士",而到《西游记》中就完全是猴子的形象。这就是《西游记》作为童话而与神话分道扬镳了。神话中的形象尽管也往往包含一些动物的因素,可是直接以动物形象出现的却不多见。而《西游记》所展示的是一些动物世界中所发生的故事,其中所写的神魔除去尸魔以外,几乎都是由动物精变而成的,像狐、牛、象、鹿、虎、羊、豹、蝎子、老鼠、貂鼠、金鱼、狐狸、六耳猕猴、大鹏、蜘蛛、蟒蛇、犀牛、蜈蚣、黑熊等,构成了一个独特的动物王国。从花果山的群猴、豹头山的群狮、青牛山的群牛,到海底色彩缤纷的水族世界,一直到蝎子、蜈蚣、蜘蛛等,仿佛是动物园的猴山、狮山、水族馆和昆虫馆,因而也便自然成为儿童所喜爱的乐园。除去这些动物以外,《西游记》中的神魔就只有四个童子,即红孩儿,太上老君的金、银二童子及弥勒佛的黄眉童,这当然都属于童话的世界,而与神话显然有别了。

在《西游记》中,这些动物形象往往都保留着它们自身的特征和习性,表现出儿童对于动物世界的浓厚的兴趣、细致的观察和活泼的想象。例如写盘丝洞的七个蜘蛛精,又有七个结拜的干儿子,分别是蜜蜂、牛蜢等:

原来那妖精慢天结网,掳住这七般虫蛭,却要吃他。古云"禽有禽言,兽有兽语",当时这些虫哀告饶命,愿拜为母,遂此春采百花供怪物,夏寻诸卉孝妖精。

这一段几乎是用童话的语言讲述了一个昆虫王国里的故事。而孙悟空为了对付这些昆虫,不得已而变出黄鹰、麻鹰、鲛鹰、白鹰、雕鹰、鱼鹰、鹞鹰等,又演出一场飞禽对昆虫的大战。这些想象早已远离了成人的世界,却正是儿童的精神享乐,表现为典型的童话的方式。而在这所有的动物中,儿童大概又最喜欢猴子,因为猴子的灵巧好动,变化不定,而又长于模仿,都更近于儿童的活泼的天性。孙悟空之所以表现得活灵活现,深得儿童的喜爱,很大程度上得益于猴子的形象。而《西游记》又不只是写了孙悟空这一只猴子,当初他在花果山称王时,手下的猴子多得不计其数,何况他一身的毫毛又可以变成千万只小猴。小说第三回写孙悟空去傲来国抢兵器时,这里写群猴抢着兵器,从天而落的千奇百态,不需多加描写,只一个"丫丫叉叉",就将那个纷繁变幻、手忙脚乱的场面写得如在眼前了。这种画龙点睛的神来之笔,正是出于儿童的兴趣与儿童的眼光。

另一个突出的例子是《西游记》中又写了一只六耳猕猴，他"能知千里外之事；凡人说话，亦能知之；故此善聆音，能察理，知前后，万物皆明"。一日他突发奇想，装扮成孙悟空，打倒唐僧，抢走了行李，跑到花果山上自称美猴王，又打算取代唐僧一行，凭着一纸关文，去西方拜佛求经。

　　六耳猕猴假充孙行者，又变出假唐僧，究竟能得到什么好处呢？不过是也想出点风头，或者仅仅是觉得好玩，游戏一场而已。而儿童的游戏又有什么实际目的呢？游戏不过是模仿，模仿就是游戏的目的。六耳猕猴能解人语，反应敏捷，模仿孙悟空，竟分毫不差，连观世音也分辨不出，这最能够满足儿童的好奇心理与模仿天性。我们所以说这一段故事近于童话，既是因为它写了拟人化的动物，又在于它是以儿童的眼光来写动物，处处都流露出儿童的兴致与性情。所以，《西游记》中由动物组成的神魔世界也并非总是面目狰狞的。比如九头狮子，不过是在太乙救苦天尊那里待得闷了，趁着狮奴熟睡的机会跑了出来，在九曲盘桓洞聚集起一群狮子玩耍，很像孙悟空当初在花果山称王的情形，这些依照儿童的心理和行为原都是不难理解的。而更有意思的是它在捉住唐僧和猪八戒以后，也只是吊打一番，就径自去睡了，并无伤生之意。而小说中的黄狮精，言谈行止倒常常显得天真老实，屡次中了孙悟空的计策，吃了大亏。

　　类似的描写在《西游记》中往往可见，所谓的妖魔有时竟老实得像尚未涉世的孩子……这里的妖怪远远不像我们通常想象的那样习钻阴险或工于心计，他们有限的知识与生活经验，常常使他们在与孙悟空的周旋中，闹了笑话，出了洋相和吃了大亏。所以《西游记》乃是以儿童的心理和眼光讲述了一个动物王国中的神奇的故事。这就是《西游记》中所表现出来的童话的特色。

　　（资料来源：林庚，《西游记漫话》，北京出版社2004年版，有删改）

关于曹雪芹的创作思想

　　为什么《红楼梦》诞生以后能很快地产生广泛的影响？这是因为作者不但创造出动人的人物形象，还通过作品大胆地揭开了一个社会秘密。这就是正当康熙、雍正、乾隆满清封建王朝统治力量还在极其强大的时代，广大人民受着暴力的镇压，许多士大夫知识分子又进入它政治文化的牢笼，不容易从外部透视到这一统治力量已经从内部发生了腐烂和危机。只有在高级统治集团的核心贾府式的贵族家庭中生活过来的曹雪芹，他才能以敏锐的观察力窥见了这一"赫赫扬扬百年富贵"大家庭难逃溃败的命运，并深刻地暴露了整个封建统治开始腐朽崩溃的征兆。

满清入关以后，一方面以异族的封建统治镇压汉民族的民族斗争，同时也摧残着明代以来的资本主义的幼苗，可是汉民族反异族统治的斗争，农民阶级反地主阶级的斗争，工商业者对生产力解放的要求，有进步意识的知识分子和城市居民对个性解放生活自由思想的发展，毕竟是无法消灭的。特别是当时经济比较繁荣文化昌盛的长江下游，极其显著地表现了这一特征。到了乾隆时代，黄梨洲、顾亭林、王船山所代表的民族民主运动的思潮的潜力还在激荡，白莲教农民起义正在发动时期；满清的统治者一方面在政治上施行反动的高压，同时又在经济上大肆搜刮江南的财富，人民的怨恨不满，是可以想象得到的。而作者就出生在三代江南织造的家庭，这个家庭在半个世纪中一直起着替朝廷剥削人民膏血的作用。作者对于社会变革、时代思潮、一般平民生活情况，应该有一定程度的体会。曹雪芹的思想意识当然不是代表农民，也不能说是反抗封建统治的思想主流，然而它是当时某一社会阶层反抗意识的反映。就《红楼梦》的全书思想来看，应该说是代表了具有自由思想的知识分子、新生的青年男女不满现实制度要求改变现状的精神。这些人物斗争的集中点，是反对传统的礼教束缚。作者从自己的生活感受接受了时代思想的影响，写出以反抗为主的人物和故事，批判了封建统治集团的腐败与无能，给读者的印象是非常强烈鲜明的。

然而正如许多古典现实主义作家一样，曹雪芹被历史条件和阶级出身所限制，在他的思想中不免存在着矛盾。因此，《红楼梦》书中有时就浮现出虚无幻灭的色彩。作者虚构了茫茫大士、渺渺真人、警幻仙子这些概念人物和故事情节，幻想了一个太虚幻境，提出了"真假""色空""梦幻"等概念，于是引起了若干"红学家"们丢掉作者主要的积极的创作思想，夸大作者思想中消极一面的现象。其实，作者的基本立场和主导思想，作者思想意识中不重要的部分，我们完全可以做出正确的分析，绝不是什么真假是非混作一团的"不可知"。

曹雪芹在现实生活中遭到打击，感到失望，看不到广大人民的力量和他们将来必然胜利的前途，提不出改造社会的具体纲领；当他创作《红楼梦》的时候，就不免在宇宙观人生观问题的探索上发生某些思想矛盾，这也是可以理解的。中国从魏晋以来，一般士大夫思想意识中经常处于儒、释、道三种思想的交织状态；作为封建贵族家庭出身的知识分子曹雪芹，也一样有着若干佛家老庄的消极思想。对于他在书中所表现的积极与消极两种意识形态，我们应该划出一条分界线来，以增进我们对于《红楼梦》及其作者的了解。尽管如此，作者思想中的消极部分毕竟不是他的主要思想，而是居于书中次要的地位，无损于《红楼梦》创作思想的积极性。

曹雪芹是中国18世纪的知识分子，是没落的贵族之家的后裔。他的出身，使他对于往昔的富贵繁华抱着追怀悼念的情绪，也不能不对本阶级的没落感到痛苦；但重要的是他战胜了这种没落的感情，深刻地表示了他对本阶级的鄙弃和厌恨，对于美好的事物做了尽情的歌颂。"字字看来皆是血，十年辛苦不寻常"！足以证明他怀着多么强烈深重的悲愤心情而从事创作，他把自己的血泪与呼号凝结成了这部伟大的作品。他勇敢地剥下了封建统治者的衮衣，激发了千千万万读者的憎恶；而书中正面人物的光辉形象，启发了千千万万青年男女对美丽自由生活的憧憬，对善良正直人物的同情。直到今天，《红楼梦》仍然成为我们认识中国封建社会进入最后崩溃阶段的历史宝典，成为我们民族文学最优秀的遗产之一。

（资料来源：王昆仑，《红楼梦人物论》，北京出版社2004年版，有删改）

四大名著研习课题汇报

以小组为单位，在"四大名著"范围内选择某一情节或人物，自拟题目，如"我看宝黛爱情""我眼中的曹操""西游记师徒四人性格特征分析""我心中的水浒英雄"，进行比较全面、深入的研究。小组通过多样的形式（必须有PPT）将本组的研究结果进行分享，最后通过投票评取"内容优秀组"和"优秀讲解组"。

1. 实践目的

通过小组讨论聚焦本组研究的方向，培养高效收集、选取有用信息的能力。就一个方向进行深入研究，通过综合运用形象法、归纳法、逆向法、移植法、聚合法、发散法、演绎法等方法，培养并提高提出问题、探索问题、寻找答案的能力。

2. 实践要求

（1）选择内容或主题要积极向上，富有正能量。

（2）研究的方向尽量有所创新，有自己独到的观点。

（3）汇报形式尽量丰富多样。

3. 评价要求与评分细则

项目	分值分配	活动要求	评分细则	得分
选题	50分	内容：完整（15分）	选题策划周密完整（15分）	
		思想：积极、新颖（35分）	1. 所选主题要健康、积极、向上（5分） 2. 选题新颖、独特，不落窠臼，有自己的观点（30分）	
交流汇报	50分	组织：成员团结合作（5分）	组员间能体现良好的团结协作精神，互相补充（5分）	
		汇报：表述清晰、仪态得体（30分）	1. 表达内容重点突出，思路清晰（15分） 2. 声音洪亮，普通话标准（5分） 3. 仪态自然得体（10分）	
		表现形式：多样化（15分）	能充分挖掘丰富的汇报形式，如利用多媒体等资源进行展示（15分）	

项目七

中国现当代文学

中国文学源远流长,从"关关雎鸠"的一唱三叹,到"君不见黄河之水天上来"的汹涌澎湃,再到"落红不是无情物"的剑气箫心,文学的脉络从未间断。一代人有一代人的文学。

在中国现当代作家们又会以怎样的文字写出对人生、对时代、对世界的思索?

学习目标
◆ 了解现当代文学的发展脉络
◆ 理解现当代文学的创作主张和思潮,掌握品读鉴赏文学作品的方法
◆ 完成"项目实践"中的好书推介活动

中国现当代文学发展简述

按学术界的划分标准,中国近代文学是指 1840 年至 1919 年的文学,现代文学是指 1919 年五四运动前后到 1949 年的文学,当代文学是指 1949 年中华人民共和国成立以后的文学。

一、中国现代文学

中国现代文学是新民主主义阶段的文学,其主流是现实主义加浪漫主义。现代文学大致可以分为三个时期:五四时期(1917—1927),"左联"时期(1928—1937),抗日战争、解放战争时期(1938—1949)。

(一)五四时期的文学(1917—1927)

1917 年初,胡适和陈独秀分别在《新青年》发表了《文学改良刍议》和《文学革命论》。这两篇文章在国内引起很大反响,成为新文学开始的标志,也是文学革命运动兴起的标志。随后,一大批新文学作家起来积极响应,在小说、诗歌、散文、话剧等方面取得了很大的成就。这一时期的文学特征主要是批判封建思想,是白话文和文言文、新文化和旧文化的斗争。

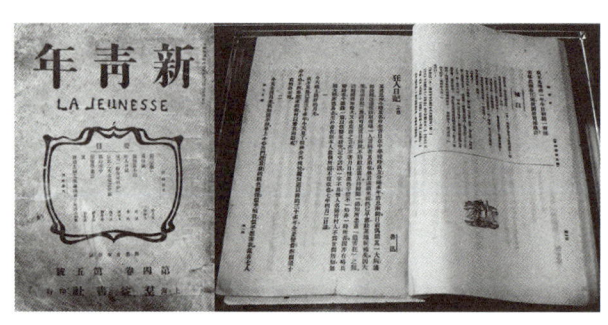

《狂人日记》在《新青年》上发表

在小说方面,成就和影响最大的是鲁迅的小说。他的《狂人日记》具有划时代的意义,标志着具有现代性的白话小说真正出现;他的《呐喊》和《彷徨》则达到了中国小说艺术的高峰。鲁迅是中国现代小说形式的最早探索者和先锋,他的小说标志着中国现代小说的成熟,是很多作家学习的典范。除鲁迅的作品外,还有叶圣陶、许地山、冰心、郁达夫、陈衡哲等人创作的内容和形式新颖的小说。

诗歌方面的变革,主要体现在作者改变文言体式、旧诗词体式,采用白话写诗。胡适最早尝试用白话写自由体诗,之后还有刘半农、刘大白等作家。初期的白话诗主要成就是促成诗体的解放。真正标志着白话诗从此完全取代旧诗地位并开创了中国现代诗歌全新天地的是郭沫若的《女神》。同期,还有冰心的"繁星体"小诗,湖畔诗社的爱情诗,徐志摩、闻一多主张"三美(绘画美、建筑美、音乐美)"的格律诗和以李金发为代表的象征诗派的诗歌。

散文的发展体现在杂文、小品文、抒情散文、报告文学四个方面。杂文的代表作家有鲁迅、陈独秀、李大钊、刘半农、钱玄同等,尤其以鲁迅成就最为突出。鲁迅被称为现代杂文之父,其作品有《热风》《坟》《华盖集》《华盖集续编》《而已集》。小品文的代表作家有林语堂、梁实秋等。抒情散文以冰心、朱自清的散文为代表。冰心散文的主题为"爱",风格典雅、凝练、明丽清新,有散文集《寄小读者》;朱自清散文清新隽丽,感情真挚亲切,有散文集《背影》。报告文学的代表作有瞿秋白在苏联期间写的《饿乡纪程》和《赤都心史》,代表着中国现代报告文学的萌芽。

话剧起步较晚,发展缓慢,这时期的话剧主要是独幕剧。胡适的《终身大事》是中国现代第一部正式刊载的话剧作品。之后,田汉、欧阳予倩、丁西林、郭沫若相继有作品问世。

1921年后,涌现了很多的文学社团:文学研究会、创造社、语丝社、新月社、浅草社、沉钟社、南国社、湖畔诗社、弥洒社、莽原社、未名社等。其中以文学研究会和创造社为两支主流派别。文学研究会是以"为人生而艺术"为核心的现实主义小说流派,发起人有茅盾、叶圣陶、许地山等12人。创造社是以"为艺术而艺术"为核心的浪漫主义小说流派,发起人有郭沫若、郁达夫、成仿吾、张资平、田汉等。

(二)"左联"时期的文学(1928—1937)

这十年处于第二次国内革命战争时期,各文学团体适应无产阶级革命运动,提倡无产阶级革命文学。文学运动由"文学革命"运动变为"革命文学"运动。这一时期的文学作品重心在于反映无产阶级革命斗争,表现农民的苦难遭遇和思想的觉醒斗争,揭露帝国主义的种种罪行,揭露残酷的封建压迫,揭露日渐加剧的阶级矛盾、民族矛盾。

1930年3月,在中国共产党的促进下,中国左翼作家联盟(简称"左联")成立了,掀起了一场声势浩大、影响深远的左翼文艺运动,成为20世纪30年代文坛的主流,故这一时期又

"左联"会址纪念馆

称为"30年代文学",代表作家有蒋光慈、柔石、茅盾、张天翼、沙汀、艾芜等。除"左联"外,还有海派文学和京派文学。海派文学的代表作家有刘呐鸥、穆时英、施蛰存等,京派文学的代表作家有废名、沈从文、朱光潜、萧乾、林徽因等。另还有卓有成就又游离于这三派之外的自由作家,如巴金、李劼人。

小说方面,左翼小说、海派小说和京派小说在文坛形成三足鼎立之势。如茅盾的《子夜》、刘呐鸥的《都市风景线》、沈从文的《边城》、老舍的《骆驼祥子》。这一时期,小说领域里涌现出多部题材广泛的中长篇小说,尤其是"三部曲"小说扩大了小说的容量和内涵,全方位地反映了时代的巨变,如巴金的"激流三部曲"。

诗歌方面,在象征诗派和新月诗派的影响下,现代诗派形成了。20世纪30年代以戴望舒为代表,40年代以卞之琳和冯至为代表。卞之琳的诗对后世影响很大,被称为"智慧诗",如《断章》。除了现代诗派,还有坚持现实主义传统、体现鲜明民族化和大众化倾向的"现实主义诗派",如中国诗歌会的"革命诗人",穆木天、任钧、蒲风等;此外,还有以臧克家、艾青等为代表的"乡土诗人"。

这一时期的话剧在话剧运动和剧本创作上有了很大的发展,出现了多幕剧。1930年成立的中国左翼剧作家联盟(简称"剧联"),提倡戏剧大众化,培养了大批戏剧人才,代表作有田汉的《回春之曲》,夏衍的《赛金花》等。但真正代表中国话剧成熟的作品是曹禺的《雷雨》。曹禺的《雷雨》与《原野》《日出》《北京人》并称为曹禺的"四大名剧""四大杰作"。

散文具有多样性,主要有杂文、小品文、游记几种形式。鲁迅的杂文最为突出,被认为是认识当时中国社会的百科全书,是一部生动形象的中国近现代社会发展史。《三闲集》《二心集》《南腔北调集》《且介亭杂文》等是鲁迅这一时期作品。小品文有以废名、何其芳、沈从文等为代表的京派作品和以夏丏尊、叶圣陶、丰子恺为代表的作品开明派。游记在内容和风格上有了很多变化，如俞平伯和朱自清的作品。报告文学逐渐从游记中分离出来，成为具有独立的文学体裁。夏衍的《包身工》标志着报告文学的成熟。

（三）抗日战争、解放战争时期的文学（1938—1949）

这一时期的文学，可分为沦陷区文学、国统区文学、解放区文学和孤岛文学。

沦陷区文学是指被日本侵略者占领地区的文学，有以张爱玲为代表的突出女性不幸命运的市民文学，有以山丁为代表的描写东北人民苦难生活的乡土文学。

国统区文学是指国民党统治区域的文学。1938年中华全国文艺界抗敌协会（简称"文协"）成立，团结了很多作家，形成了文艺界抗日民族统一战线，其任务是团结一切反日力量从文艺的道路上参加民族解放事业。"文协"还提出"文章下乡""文章入伍"的口号。文学作品的主题多是宣传抗日主张，反压迫、争民主等。话剧多是历史剧，如郭沫若的《虎符》《屈原》。诗歌出现了"七月诗派"和"九叶诗派"。报告文学以战地报告为主。小说方面，由歌颂性作品转为讽刺性作品，如钱锺书的《围城》。

解放区文学是指共产党领导下的抗日民主根据地的文学。1942年以前，解放区文学具有浓厚的启蒙性，以揭露问题的讽刺性作品为主。1942年5月，毛泽东主席主持了著名的"延安文艺座谈会"，做了具有划时代意义的演讲，即《在延安文艺座谈会上的讲话》。《讲话》统一了解放区文艺界的思想，强调文艺要为大众服务。此后，文学内容转为热忱的向往和讴歌，呈现明朗朴素的特点。小说题材侧重于农村和战争，如赵树理的《小二黑结婚》，孙犁的《白洋淀纪事》。诗歌流行民歌叙事体，如李季的《王贵与李香香》。戏剧方面出现了在群众秧歌基础上发展起来的新歌剧《白毛女》。

孤岛文学是指从1937年11月上海沦陷始至1941年12月日军进入租界止被沦陷区包围的上海租界中的文学。它积极配合其他文学，反映现实，揭露敌人罪行，讽刺当时的社会现实。

二、当代文学

1949年7月2日—19日，中华全国文学艺术工作者代表大会（简称第一次"文代会"）在北京举行。会上，长期分散的

"国统区"和"解放区"两大政治区域的文艺工作者"大会师",标志着中国当代文学的开始。中华全国文学艺术界联合会(简称"文联")也在会上成立。

当代文学可以分为五个阶段:新中国时期文学(1949—1965)、"文革"时期文学(1966—1976)、新时期的文学(1977—1984)、后新时期的文学(1985—1999)、21世纪文学(2000年至今)。

(一)新中国时期文学(1949—1965)

这一时期又叫"十七年文学"。第一次"文代会"对国统区的创作进行了批判,对解放区的创作进行了肯定,让这一时期的文学保持了解放区文化的传统,成为以工农兵为主体的新中国文艺。

长篇小说题材丰富,有表现革命历史题材的,如罗广斌、杨益言的《红岩》;有表现战争题材的,如杜鹏程的《保卫延安》、曲波的《林海雪原》;有表现农村题材的,如赵树理的《三里湾》、周立波的《山乡巨变》;有表现工业建设题材的,如艾芜的《百炼成钢》;有历史题材的,如姚雪垠的《李自成》。短篇小说也取得了进步,成果丰硕,如孙犁的《山地回忆》、王蒙的《组织部新来的青年人》。

诗歌继承了民歌和解放区诗歌的特点。这时期诗歌的主流是政治抒情诗,歌唱中国共产党和毛主席,歌唱经济建设,歌唱抗美援朝,如郭小川的《甘蔗林——青纱帐》,贺敬之的《中国的十月》。

散文方面是以赞美、颂扬为主的"抒情散文"或"艺术散文",以杨朔、刘白羽、秦牧为代表,他们推动了散文从朴素走向优美。通讯报告在50年代初侧重于叙事性和纪实性,如魏巍的《谁是最可爱的人》。1953年从苏联引入"特写"概念后,通讯报告文学性增强,以经济建设为主的通讯报告趋于活跃。20世纪50年代末60年代初,侧重于塑造人物的报告文学发展起来了,如王石、房树民的《为了六十一个阶级兄弟》。

话剧有现实题材的剧作,如老舍的《龙须沟》。有历史题材的剧作,如郭沫若的《蔡文姬》《武则天》,曹禺的《胆剑篇》。还有以革命历史为题材的歌剧和地方戏曲,如《江姐》。

(二)新时期的文学(1977—1984)

"文革"结束后,最先出现的创作思潮是伤痕文学,其内容

主要是揭露和控诉"文革"对人们在精神和肉体上造成的伤害，代表作家有刘心武、周克芹。随着时间的推移，作家们要从更广更宽的视野探讨"文革"的成因和根源，于是，反思小说产生了，代表作家有王蒙、张贤亮。十一届三中全会后，随着全国掀起了经济和政治的改革浪潮，改革文学应运而生，代表作家有蒋子龙、高晓声、路遥等。1979年思想解放运动促进了作家们对人的地位和价值的重新思考，由此兴起了人道主义思潮，代表作家有戴厚英、张洁、铁凝等。同时，80年代初对西方现代主义的评论，促进了作家们对生活与个人的思考。从"文革"样板戏的造神运动到这些思潮的变化，体现了新时期人性的觉醒和解放。小说方面，除了上面几种思潮，还有以张辛欣、刘索拉为代表的荒诞小说，以汪曾祺、冯骥才等为代表的乡土市井小说，以韩少功、阿城为代表的寻根文学。

诗歌方面，诗坛主要活跃着两类诗人。一类是在政治运动中被剥夺写作权利的老一辈诗人。因重返文坛，他们的诗具有"新现实主义"的特点，如艾青、公刘。另一类是"文革"时期地下文学中顽强生长的大批青年诗人，以北岛、舒婷、顾城等人为代表，他们广泛借鉴西方现代诗歌，注重表现自我，诗歌自成一派，称"朦胧诗"派。

散文以巴金、冰心、杨绛、孙犁、萧乾等一批重返文坛的老作家的散文为代表。巴金侧重于对"文革"的揭露和反思，表现与民族共忏悔的人格魅力和人道精神。冰心侧重对知识分子的关注，对自己人生历程的回顾，对爱的讴歌。杨绛的作品笔触平静，感情平和，文字简略。孙犁文风从清新优美变为愤世嫉俗，被称为"新孙犁"，内容有回忆、杂感和随笔三种。新时期的报告文学题材非常丰富：知识分子题材、"文革"题材、社会改革题材、体育题材、农村题材、历史题材和国际题材等。众多题材中，又以前三种为主。徐迟的《哥德巴赫猜想》具有创新和开拓的特点，第一次正面为知识分子在"文革"中的遭遇鸣不平，在报告文学史上具有里程碑的意义。话剧出现了"电影化"的创作手法，打破了传统话剧一幕一景的方式，如高行健《绝对信号》。

(三) **后新时期的文学**（1985—1999）

这一时期的文学既是文学启蒙的文学，也是审美的文学。知识分子的社会文化中心地位被打破，一些作家重新定位自己的文化立场后，将目光转入民间文化，从中寻求自己的理性和情感寄托，促进了民间文化的发展。尤其是1985年寻根文学的兴起，打破了传统的文学观念，结束了传统文学的一元化，中国文学在各个领域呈现出多元化。同时，在商品意识和市场观念的影响下，流行性文学大量兴起。

小说创作多元化体现在题材的多样化上，有打破过去英雄模式，通过塑造描写生活、探寻个人化倾向的军旅小说，如朱苏进的《绝望中的诞生》；有掩藏作家的主观感情，冷漠地反映现实的新写实小说，如刘震云的《一地鸡毛》；有以个人化的立场来书写近代历史的新历史小说，如莫言的《红高粱》，张炜的《古船》；有重视语言实验，重视对人生存状态的探索的先锋小说，如马原的《上下都很平坦》，余华的《十八岁出门远行》；有因五位陕西籍作家同在1993年出版五部长篇小说而轰动的"陕军文学"，如陈忠实的《白鹿原》，贾平凹的《废都》；有以俗文学和商业化倾向为特点的世俗小说，如苏童的《妻妾成群》，王朔的《我是你的爸爸》；还有表达女性意识的作品，如王安忆的《长恨歌》，林白的《一个人的战争》。

散文在原有种类（杂文、游记、小品、叙事和抒情散文）的基础上，增加了很多新种类（生活散文、文化散文、学者散文、文人散文、女性散文等）。后期的新散文运动打破了散文与小说的界限，使散文篇幅变得很长。最为突出的有以史铁生、周涛、王小波为代表的文人散文和以余秋雨为代表的文化散文。

诗歌方面，"新生代"诗人崛起，其中主要的两个诗派为：一是以海子为代表的"后朦胧"诗人；二是以于坚为代表的"第三代"诗人。20世纪末，各种诗歌网站的建立促进了诗歌的发展。

（四）21世纪文学（2000年至今）

这一时期，传统文学、大众文学和网络文学三个板块并存，三者一定程度上又渗透融合。大众文学加剧了精英文化的边缘化，文学的消费性和娱乐性特征加强。网络文学改变了传统文学以作家为中心、作家具有话语权的结构，呈现出读者和作家具有相等的话语权，读者甚至影响作家创作思路的现象。

小说方面有对传统文学坚守的精英文学，代表作家有莫言、毕飞宇等；有以打工者、城市平民、农民工、底层小人物为描写对象的打工文学、底层文学，如郭建勋的《天堂凹》；有对人性探讨，和影视交融的通俗小说，主要以军旅、生态、青春、婚恋、科幻等为主题；还有以网络为创作平台的网络小说，主要有玄幻、悬疑、青春、历史、社会、后宫等题材。

诗歌方面，诗歌及时反映现实，表现了对现实的深切关怀，视角倾向于平民化和大众化，出现"打工"诗歌。互联网的普及使诗歌具有个性化、私语化、多元化等特点。散文方面，在文化散文、学者散文、传统散文发展的同时，网络散文兴起。网络散文自由平实，内容更加随意，语言幽默俏皮。话剧方面，话剧出现转机，剧本增多，演出频繁，有对现实的守望和沉思的话剧，也有对人性思考的历史剧，还有对文化反思的港台戏剧及小剧场戏剧等。

资料必读 >>

憩园（节选）

巴　金

这天午饭以前写字台果然搬到下花厅来了。桌面新而且光滑，我在那上面仿佛看见姚太太的笑脸。

可是坐在这张写字台前面，我整个下午没有写一个字。我老是想着那个小孩的事情。

后来我实在无法再坐下去。我的心烦得很，园子里又太静了。我不等老文送晚饭来，便关上了下花厅的门，匆忙地出去。

我走过大仙祠门前，看见门掩着，便站住推一下，门开了半扇，里面没有一个人。我转身走了。

我在街口向右转一个弯，走了一条街。我看见一家豆花便饭馆，停住脚，拣了一张临街的桌子，坐下来。

我正在吃饭，忽然听见隔壁人声嘈杂，我放下碗，到外面去看。

隔壁是一家锅魁店，放锅魁的摊子前面围着一堆人。我听见粗鲁的骂声。

"什么事情？"我向旁边一个穿短衣的人问道。

"偷锅魁的，挨打，"那个人回答。

我用力挤进人堆，到了锅魁店里面。

一个粗壮的汉子抓住一个人的右膀，拿擀面棒接连在那个人的头上和背上敲打。那个人埋着头，用左膀保护自己，口里发出呻吟，却不肯讲一句话。

"你说，你住在哪儿？叫啥子名字？你讲真话，老子就不打你，放你滚开！"打人的汉子威胁地说。

被打的人还是不讲话。衣服撕破了，从肩上落下一大片，搭在背后，背上的黑肉露出了一大块。他不是别人，就是大仙祠里的哑巴。

"你说，说了就放你，你又不是哑巴，怎么总是不讲话？"旁边一个人接嘴说。

被打的人始终不开口。脸已经肿了，背上也现出几条伤痕。血从鼻子里流下来，嘴全红了，左手上也有血迹。

"你放他罢，再打不得了。他是个哑巴……"我正在对那个打人的汉子讲话，忽然听见一声痛苦的惊叫，我掉头去看。

杨家小孩红着脸流着泪奔到哑巴面前，推开那个汉子的手，大声骂着：

"他又没有犯死罪，你们做什么打他？你看你把他打成这个样子！你们只会欺负好人！"

众人惊奇地望着这个孩子。连那个打人的人也放下手不作声了，他带着一种茫然的表情看这个小孩。被打的人仍旧埋下头，不看人，也不讲话。

"我们走罢，"小孩亲热地对他说，又从裤袋里掏出一方手帕，递给他："你揩揩鼻血。"小孩拿起他的右手，紧紧捏住，再说一句："我们走罢。"

没有人干涉他，没有人阻挡他。这个孩子扶着被打的人慢慢地走到街心去了。许多人的眼光都跟在他们后面。这些人好像在看一幕情节离奇的戏。

两个人的影子看不见了。众人议论纷纷。大家都奇怪："这个小娃儿"是那个"叫化子"的什么人。我从他们的谈话里才知道那个哑巴不给钱，拿了一个锅魁，给人捉住，引起了这场纠纷。

"先生，饭冷了，请过去吃罢，我给你换碗热饭来，"

隔壁饭店的堂倌过来对我说。

"好，"我答应一声。我决定吃完饭到大仙祠去。我走到大仙祠。门仍然掩着，我推开门进去。我又把门照旧掩上。

前堂没有人，后面也没有声音。我转到后面去。

床铺上躺着那个哑巴。脸上肿了几块，颜色黑红，鼻孔里塞着两个纸团。失神的眼光望着我。他似乎想起来，可是动了一下身子，又倒下去了。他痛苦地呻吟了一声。

"你不要怕，我不是来害你的，"我做着手势，温和地安慰他。

他疑惑地望着我。

外面响起了脚步声，是穿皮鞋的脚。我知道来的是杨家小孩。

果然是他。手里拿着一些东西，还有药瓶和热水瓶。

"你又来了！你在做侦探吗？"他看见我，马上变了脸色，不客气地问道。

这可把我窘了一下。我没有想到他会拿这种话问我。我红着脸结结巴巴地回答他：

"你不要误会我的意思。我同情你们，想来看看我能不能给你帮忙。我并没有坏心思。"

他看了我一眼，他的眼光马上变温和了。可是他并不讲话。他走到床铺前，放下药瓶和别的东西。我去给他帮忙，先把热水瓶拿在我的手里。他放好东西在枕边，又把热水瓶接过去。他对我微微一笑说："谢谢你。我去泡开水。"他又弯下身子，拿起了脸盆。

"我跟你一块儿去，你一个人拿不了，你把热水瓶给我罢，"我感动地说。

"不，我拿得了，"他不肯把手里的东西交给我。他用眼光指着铺上的病人："请你陪陪他。"他一手提着空脸盆，一手拿着热水瓶，走出去了。

我走到病人的枕边。他睁着眼睛望我。他的眼光迟钝，无力，而且里面含着深的痛苦。我觉得这对眼睛像一盏油干了的灯，它的微光渐渐在减弱，好像马上就要熄了。

147

"不要紧,你好好地养息罢,"我俯下身子安慰他说。

他又睁大眼睛看我,好像没有听懂我的话似的。他的脸在颤动,他的身子在发抖。我不知道应该怎样照料他,便慌慌张张地问他:"你痛吗?"

"谢谢你,"他吃力地说。声音低,但是我听得很清楚。我吃了一惊。他不是一个哑巴!那么为什么他从前总是不讲话呢?

外面响起了脚步声。

"他是个好孩子,"他接着说,"请你多照应他。"以后的话,他没有力气说出来。

那个小孩拿着热水瓶,捧着脸盆进来了。

我接过脸盆,蹲下去,把盆子放在病人枕头边的地上,把脸帕放到盛了半盆水的盆子里绞着。

"等我来。"小孩放好热水瓶,伸过手来拿脸帕。

我默默地站起来,让开了。我立在旁边看着小孩替病人洗了脸,揩了身,换了衣服,连鼻孔也洗干净了,换上了两团新的药棉;过后他又给病人吃药。我注意地望着那两只小手的动作,它们表现了多大的忍耐和关切。这不是一个十三四岁小孩的事情,可是他做得非常仔细、周到,好像他受过这一类的训练似的。

病人不讲话,甚至不曾发过一声呻吟。他睁大两只失神的眼睛望着小孩,顺从地听凭小孩的摆布。在他那臃肿的脸上慢慢地现出了像哭泣一样的微笑,他的眼光是一个慈爱的父亲的眼光。等到小孩做完那一切事情以后,他忽然伸出他的干瘦的手,把小孩的左手紧紧地抓住。"我对不住你,"他低声说,"你对我太好了……"泪水从他的眼里进了出来。

"我们都不好,让你一个人受苦,"小孩抽咽地说了一句,声音就哑了,许久吐不出一个字。他坐在床铺边上。

"这是我自作自受,"病人一个字一个字痛苦地说,声音抖得很厉害。

"你不要讲了,你看你成了这个样子;我们都过得好,"小孩哭着说。

"这样我也就心安了,"病人叹了一口气说。

"可是你……你做什么一定要躲起来？做什么一定要叫你自己受罪？"小孩哭得更伤心了。他把头埋在病人的膀子上。

病人爱怜地抚摩着小孩的头："你不要难过。我这点苦算不得什么！"

"不，不，我们要送你到医院去！"小孩悲痛地摇着头说。

"去医院也没有用，医院医不好我的病，"病人微微摇摇头，断念似地答道。小孩没有作声。"我现在好多了，你回家去罢。不要叫家里人耽心。"病人说一句话，要喘息几次，声音更弱，在傍晚灰黄的光线下，他的脸色显得更加难看，只有一对眼睛有点生气，它们爱怜地望着小孩的微微颤动的身子。

"那么你跟我回家去罢，在家里总比在这儿好些，"小孩忽然抬起头哀求地说。

"我哪儿还有家？我有什么权利打扰你们？那是你们的家，"病人摇着头，酸苦地说。

"爹！"孩子抑制不住自己的感情，哭着叫起来。"为什么你不该回去？难道我们家不是你的家？难道我不是你的儿子？这又不是丢脸事情！我做什么还不敢认我自己的父亲！"孩子又把头埋下去，这一次他俯在父亲的胸前呜呜地哭起来。

"寒儿，我知道你心肠好。不过你母亲他们不会原谅我的。而且我也改不了我的脾气。我把你们害够了。我不忍心再——"他两只手抱着儿子的头，呜咽了许久。我在旁边连声息也不敢吐。我觉得我没有权利知道那一家人的秘密，我更没有权利旁观这父亲和儿子的痛苦。可是现在要偷偷地退出大仙祠去，也太晚了。

父亲忽然叹一口气，提高声音说："你回去罢。我宁肯死也不到你们家去。"

父亲有气无声地哭起来。孩子不抬头，却哭得更伤心了。我看不清楚父亲脸上的表情，只看见他两只手压在儿子的后脑勺上。后来连那两只手也看不见了。

我走过去，俯下身子，轻轻地拍着孩子的肩头。我拍了三次，孩子才抬起头来，转过脸看我。我同情地说："你让他休息一会儿。"

孩子慢慢地站起来。父亲轻轻地嘘一口气。没有别的声音。

"他累了，精神支持不住。不要跟他多讲话，不要叫他伤心、难过，"我又说。

"黎先生，你说该怎么办？他一定不肯回家，又不肯进医院。在这儿住下去，怎么行！"孩子说。

"我看只要你母亲跟你哥哥来接他，他一定肯回去，"我说。

停了好一会儿，孩子才用痛苦的声音回答我："他们决不会来的。你不晓得他们的脾气。要是他肯进医院，就好办了。不过我不晓得住医院要花多少钱。"他的声音低到只有我一个人听得见。

"那明天就送他进医院罢；就是三等病房也比这儿好得多。你手头没有钱，我可以设法，"我诚恳地说。我的声音稍微大一点，但是我想病人已经睡着了，这些时候我就没有听见他的声息。

"不，不能够让你出钱！"孩子摇头拒绝道。

"你不要这样固执。病人的身体要紧，别的以后再讲。等他身体好了，我们还可以找个事情给他做。你想他肯做事吗？"我对他解释道。

"那么就照你的意思办罢，"小孩感激地说。

"我们明天上午九点钟以前在这儿见面，一块儿送他进医院去，就这样决定罢。你明天要上学吗？"

"我上午缺两堂课不要紧。我明天一定在这儿等你。黎先生，你先回去罢。我还要点燃蜡烛在这儿陪我父亲。"

病人轻轻地咳一声嗽，过后又没有声息了。小孩划了五根火柴，才把蜡烛点燃。

"好，我去了。有事情，你到姚家来找我。"

我听见他的应声才迈步走出小门，进到黑暗的天井里去。

（资料来源：巴金，《憩园》，人民文学出版社 2017 年版）

平凡的世界（节选）

路 遥

远在另一块蓝天下的孙少平，根本不会想到，他少年时期的恋人，经历那么多磨难后，最终投身于他同村同学田润生的怀抱。

生活就是这样不可思议。就他而言，往日那些令人断肠的情思，随着时光的流逝，早已不留任何痕迹消失了。而谁能想到，如今命运又把他和另一个同村人纽结在一起？

青青年华如同晨曦与晚霞，绚丽多彩而又变幻莫测。

就说他和田晓霞吧，目前的关系也许仍然是一种云雾难辨的境况。

不久前，光彩照人的田晓霞突然出现在大牙湾，着实使孙少平感到难以言状的幸福和激动。本来，他成了一名正式工人，对自己的生活已经够满足了；在他内心深处，对他和晓霞未来的结局，并没有奇托十分的期望，他的社会地位和生活道路决定了他对这件事的悲观论断。他永远是这样一种人：既不懈地追求生活，又不敢侈望生活过多的酬报和宠爱，理智而清醒地面对着现实。这也许是所有从农村走出来的知识阶层所共有的一种心态。

可是，无论他怎样想，亲爱的晓霞却风尘仆仆到这黑色王国看他来了。

她来了，象一股清风，一缕阳光，一时驱散了他心头缭乱的云雾。在那短暂而美好的日子里，他再一次饱饮了爱情的甘露，时间在那一刻不再流动。忘记了过去，也不想象未来。他真愿那一瞬间变为人生的永恒……现在，随着晓霞的离去，那种缭乱的云雾又渐渐开始在他心头凝聚。唉，一旦她在他眼前消失，她就变得象故事中的人物一样虚幻——他又看不清她的真实存在了。

在孙少平的想象中，身处都市的田晓霞生活一定是满地鲜花，一片流彩飞霞；转而想想自己，现在仍然是满脸煤黑，一身臭汗，在阴暗的井下牛马般干苦力活。如果没有晓霞的存在，他在他的环境中就会心平气静，用煤矿工人一天中的喜怒哀乐来组成自己的全部生活。可现在，他却不能不从自己心灵的湖水中一次次腾升起浪漫的彩虹，企图搜寻和连结一个飘渺的世界。是的，浪漫的彩虹！飘渺的世界！而实际上，他自己的生活天地永远只是这单调肮脏的井上井下和无休无止的流血淌汗！

唉唉！你可不能沉醉于一种现在还说不来的幻想之中；你必须凝视着你双脚踩踏的土地。大牙湾的一切对你才是真实可信的。无论这里有多么艰苦，但这里的生活是真正属于你的。你只能在这黑色世界里，寻找你生存的价值。别难过，想想看，当初你漂泊黄原，在那样的境况中，你都从没失去昂扬的意志；而现在，正如你已经感受到的那样，生活才真正算走上了大路。你应该感谢命运给予你的机遇。你有了工作；你不再为吃饭和睡觉而熬煎；你还有可以自由支配的金钱。话说回来，就是你和她的爱情，也许还不全是你所想象的一道稍现即逝的彩虹……那么，你，又有什么可伤感的呢？

自从晓霞离开煤矿后，孙少平就一直纠缠在一团纷乱的思绪中。他对自己和晓霞关系的疑虑是自然的，也不是始于今天。想想他所处的地位和境况，我们完全可以理解他的心情，我们也不必过份担心。少平向来具有说服和开导自己的本领；他不会因此就使自己的精神陷于困顿——直接的结果有时却恰恰相反，他反而奇妙地对生活更加激发起了热情！

是的，少平每当抬头望见巨塔般雄伟的选煤楼和小山一般的煤堆，或耳听火车和煤溜子隆隆不息的喧吼声，他便会忘记焦虑和痛苦，周身的血液由不得沸扬激荡起来。有时候，在黑暗的井下，他和同伴们在死亡的威胁中完成了一天的任务，然后拖着疲惫的双腿摇摇晃晃走出巷道，升上阳光灿烂的地面，他竟忍不住两眼泪水蒙蒙。是啊，他们有理由为自己的劳动自豪。尽管外面的世界很少有人想到他们的存在，但他们给这世界带来的是力量和光明。生活中真正的勇士向来默默无闻，喧哗不止的永远是自视高贵的一群。只不过，这些满脸黑汗的人，从来不这样想自己,也不这样想别人。劳动对他们来说是一件惯常的事:他们不挖煤叫谁挖呢?而这个世界又离不开这些黑东西……拼命挣扎八九个小时上了地面,有家室的工人马马虎虎洗个澡,连那可爱的太阳都不多瞧几眼,就纷纷走向各个黑户区,钻进了那些低矮的窝棚土窑中——那里有属于他们自己的太阳。他们会安然地坐在小饭桌前,抚摸着孩子,大口大口地喝酒吃菜,那些腰里束着围裙的婆姨们,就象和丈夫久别重逢似地温柔亲热,殷勤地侍候他们吃好、喝好、休息好;然后暖好被窝,周到地给他们性的体贴和关怀。作为一个没有户口、没有工作的煤矿工人的妻子,这就是她们的天职。矿工们正是在妻子温暖的怀抱中,重新恢复了力量和勇气,再一次唤起庄严的生活责任感,几个小时后,又穿上冰凉肮脏的工作衣,从那个"黑口口"里钻入到地层深处……没有家室的光棍们,只好到职工灶上狼吞虎咽吃喝一顿,然后大部分人都回到集体宿舍,倒在自己的床铺上蒙头大睡了。也有一些心神不安的人,出去在矿区无所事事地乱串一通。他们有时会蹲在二级平台食堂外的墙楞边,永不厌烦地观看下面小广场上的人来人往。特别是碰巧从矿部大楼里走出一位女干部,那这一天就算是交了好运。看女人不犯法。看!直要把你看得连路也走不成;最好再看得你跌一个马趴!

在煤矿这个大世界里,什么人也有,什么事也出。在某些方面,它象军队一般严格,在另外一些方面,它又散乱得无边无沿。有人勇敢地流血牺牲,有人却在偷鸡摸狗;有人栽花种草,有人却看哪里干净便故意把哪里弄脏;有人学英语,有人说脏话,即是同一个人,有时候会把事干得叫你肃然起敬,有时却又叫你哭笑不得,甚至使你讨厌和憎恶。这是一个奇特的生存部落。先进与落后,文明与野蛮,高尚与粗俗,新的与旧的,全都混杂并存,并织在一起。

当然,煤矿看起来似乎比任何一个地方都乱,但实际上任何生产单位都又很难和它严密的秩序相比。矿务局总调度室对全局二十几个矿井下面成千上万人的劳动,每时每刻都了如指掌。局长本人的电话任何时候都能直接和某个掌子面上的班长通话。这是一张联络紧密的大网,即是某个最小环节的失误,也会引起全局的震动。

别以为乱就会失去秩序——你去看看蜂房里的情况就明白了。

但煤矿终究是煤矿。对于一个生活在其间的人来说,除过在生产岗位上按章作业,生活中就大都得靠自己管自己了。人是这么多,劳动又这么沉重,谁告诉你应该怎样生活或不应该怎样生活?当然,要是你犯了法,公安局会来找你的。

对于大部分矿工来说,劳动,赚钱,睡觉,把自己的小窝尽量弄合适一些,有精力的话,再去看一场电影,这就够满足了。

但孙少平无法长期忍受这种生活,他慢慢开始为自己找点另外的事,以弥补他精神上的空缺。

他首先想到的是学习。前不久,他曾经对晓霞谈起过他的抱负——准备将来报考煤炭技术学校。

晓霞走后不久,他就满怀着对自己未来生活的激情,四处奔波着,终于找全了过去高中时的数、理、化课本和一些参考书。

尽管这是复习过去的功课,但和从头学没什么区别。我们知道,他们上学的时候,基本没有学什么文化,大部分时间都搞了"革命"。

整整一代人知识素质的低落,也许是文化革命最为严重的后果。教育的断层造成当今国家中生代人才的断层。其消极痕迹,到处斑驳可见。而迅猛发展的生活进程又对人的知识提出了严厉的要求。被贻误了的一代只能痛苦地在以下二者中选择:要么被生活淘汰;要么走"在职进修"的道路。好在国家也认识到了问题的严重性,到处在开办"电大"、"业大"和"自修大学",为这些人创造学习条件。

少平上井后,尽量抓紧时间演习功课。这是一件相当沉重吃力的事,甚至比挖煤都要艰难。不过,这种艰难带给人的是心灵的充实。人处在这种默默奋斗的状态,精神就会从琐碎生活中得到升华。

(资料来源:路遥,《平凡的世界》,北京十月文艺出版社 2017 年版,有删改)

人世间（节选）

梁晓声

哥哥下乡不久后的一天中午，一位街道干部来到周家，当时秉昆和母亲、姐姐刚吃完饭，还没收拾桌子。

姐弟俩都礼貌地起身让座，亲近地称对方"婶儿"。周母与那位"婶儿"稔熟，关系处得很好。

婶儿坐下后，看着周蓉和秉昆说："当着她姐弟俩，我话到嘴边还不好讲了呢！"

周蓉是冰雪聪明的人儿，婶儿一进门，她便猜到了婶儿光临的目的。不待母亲开口，她已微笑着问："婶儿是来动员我姐弟俩也下乡的吧？"

婶儿两手一拍，夸道："哎呀你个周蓉，料事如神啊！"

秉昆抢话道："可我哥不是下乡了吗？"

周母说："既然事关你俩，那你俩就坐旁边，听你们婶儿怎么说。"

婶儿说："我要说的事它是这样的，上级政策很明确，也不是咱们省市一级，而是北京那边中央一级那种上级的规定——多子女家庭，只能有一个留城的，其他属于'上山下乡'对象的子女，早晚都得走'上山下乡'这条革命青年的必由之路。所以呢，早走比晚走好，早走不是就早革命了吗？……"

不待她说完，周蓉爽快且无所谓地说："婶儿，打住。你已经说得够明白了，我现在就当你的面表态，我和我弟俩，我走。"

秉昆也大声说："我姐留城，我走！"

周母心烦意乱地说："你俩争什么争啊？我还没表态呢，我这个妈是什么态度就一点儿不重要了吗？"

"是呀是呀，你俩先别争。这么重大的事，搁谁家都是当妈的意见很重要！你俩究竟谁走、谁留城，娘儿仨好好商量商量，过几天给我个准话儿。我呢，还得到前趟街去继续动员，就不多待了。"婶儿是很识相的人，见机行事地边说边站了起来。

155

周蓉紧跟了一句:"我走啊,就算定下了。"

"行,行,你说定下了那就定下了吧。唉,谁愿意做这种背后挨骂的工作啊!"婶儿说此话时,一只脚已在门外。

母亲流泪了,看看女儿,看看小儿子,却说:"她也确实是没法子。"周蓉瞪着弟弟说:"你是老疙瘩,我是当姐的,必须我走。"

秉昆赌气说:"你是女的,我是男的。女的留在妈身边,我男的走!反正妈对我这个老疙瘩也不怎么重视。"

"我哪点上不重视你了?"母亲搂抱住小儿子哭了。

周蓉笑道:"妈,我认为你表态了啊!"

秉昆恼道:"我要天天看住你,让你想走也走不成!"

母亲虽然一句明确表态的话也没说,但下午便已配合女儿拆洗起被褥来,还给了女儿二十元钱,意思是让她买些自己需要的东西。

晚上,睡在外间屋的老疙瘩听到睡在里间屋的母亲和姐姐说悄悄话。

母亲说:"妈当然也舍不得你走。可是呢,你弟他哪方面都不如你和你哥,他从小就缺心眼儿,也不懂人情世故,一根筋,他走妈不放心啊!"

姐说:"妈,我走我没不好的情绪。全国统一的政策,别人家也都是只留一个,咱家有什么资格例外呢?何况我自己也想走,二十多岁的一个大姑娘,整天在家里晃进晃出的,早晚会被笑话。趁现在还没人笑话,何不主动点儿一走了之呢?至于我弟,有的男孩子就是立事晚。他立事晚是有原因的,别说在妈面前了,就是在我和我哥眼里,也总是把他当成个长不大的孩子。凡大小事,家里从没人征求他的意见,就是他发表了几句看法,咱们也从不认真对待,渐渐地他可不就那样了呗。"

老疙瘩本想大吼一句——"我哪样了?"却没喊成。哥已经走了,姐即将走了,郝冬梅和蔡晓光肯定也不会到家里来了,他有些惶惶不安,害怕自己不适应以后的孤独。

姐又说:"妈你放心,小昆毕竟是个好孩子,就是不太聪明而已。哪天忽然立事了,兴许还能聪明起来的。"

老疙瘩的自尊心又受到了严重伤害,不知不觉流泪了。

母亲说:"蓉啊,妈希望你别去兵团了,在城市周边的哪个农村就近插队得啦。兵团挣工资这一点虽好,可离家远啊,而且两年一次探亲假,有军队那种纪律约束着,不是谁想回家就能回家的。就近插队,你随时可以回家,也省得妈牵挂了。"

姐说:"行,我听妈的。"母亲说:"你这一走,你和晓光的关系不就吹了?"姐说"不一定,从长计议吧。"

母亲叹道:"姑娘家,好年华就那么几年,你不懂?"在里间屋,母亲也流泪了。周蓉轻轻握住母亲的手,用细小的声音说:"妈,你别操那么多心了,好人生比好年华更重要。"

自那日后,周蓉白天基本不着家了,开始向小学、初中和高中的老师同学们告别。她一向人缘好,特念旧情,与她成为"死党"的同学多,教过或没教过她的老师全都欣赏她,喜欢她。母亲和弟弟明白这一点,也就不疑不问,随她早出晚归。

(资料来源:梁晓声,《人世间》,中国青年出版社 2017 年版)

拓展延伸

当代名家作品导读

一、巴金及《憩园》

巴金(1904—2005),四川成都人,祖籍浙江嘉兴。原名李尧棠,另有笔名佩竿、极乐、黑浪、春风等,字芾甘,中国作家、翻译家、社会活动家、无党派爱国民主人士。巴金出生在四川成都一个封建官僚家庭里,五四运动后,在这种新潮思想的影响下开始了他个人的反封建斗争。巴金主要作品包括长篇小说爱情三部曲《雾》、《雨》、《电》,激流三部曲《家》、《春》、《秋》,抗战三部曲《火》以及小说《寒夜》、《憩园》,散文《随想录》等。译作有长篇小说《父与子》、《处女地》。巴金以其独特的风格和丰硕的创作令人瞩目,被鲁迅称为"一个有热情的有进步思想的作家,在屈指可数的好作家之列的作家"。巴金在"文革"后撰写的《随想录》,内容朴实、感情真挚,充满着作者的忏悔和自省，巴金因此被誉为"二十世纪中国文学的良心"。

《憩园》通过一位作家重归故里，寄居憩园时的所见、所闻、所感，展示了一所大公馆新旧两代主人共同的悲剧命运。小说中盲琴师与卖唱女子之恋，憩园主人的内忧，旧主人的悲剧，以及作家对女主人的关怀，这四条趣味线，交织进展，而各得到动人的归结。全书仅十二万字，竟处理得天衣无缝。文学批评家李广田曾评价："巴金的《憩园》是一本好书，在我所读过的巴金作品中，我以为这是最好的一本。"

小说在结构上，以杨、姚两家的生活为线索，双线并运，或平行发展，或交错扭结，前后呼应，相互映衬，十分得体，还运用了悬念的手法使故事的叙述引人入胜。在人物描写上，作品运用直接描写与间接描写交叉进行的手法，多方面地展现出人物的性格特征。在意境上，借鉴了中国古典文学的美学追求，形成了既有浓厚抒情气氛又带有象征意味的境界，"憩园"显然是当时新旧交替的中国社会的象征。在语言上，采用了亲切婉转、舒缓自如的散文笔调。

《憩园》标志着巴金以往那种热情奔放的艺术风格，开始朝冷静严肃，深蕴细腻的方向转变。

二、路遥及《平凡的世界》

路遥（1949—1992），陕西清涧人，原名王卫国，1969年回乡务农，1973年进入延安大学中文系学习，其间开始文学创作。大学毕业后，任《陕西文艺》（即《延河》）编辑。1992年，路遥因患肝病英年早逝，年仅42岁。

1988年，路遥完成百万字的长篇巨著《平凡的世界》，1991年该小说荣获第三届茅盾文学奖。《平凡的世界》写1975年至1985年在黄土高原上一个叫双水村的地方发生的故事，展现了双水村和村里人的变化，反映了农村社会十年的变迁，也折射出整个国家的历史性变革，以恢宏的气势和史诗般的品格全景式地表现了当代城乡社会生活。小说围绕着孙少安和孙少平两兄弟的命运，描绘出众多普通人的形象，他们的劳动、爱情、追求、挫折、痛苦、欢乐……所有的日常生活，与时代巨变和各种社会冲突紧密地交织在一起。

《平凡的世界》在创作方法上，继承了赵树理、柳青这一脉的传统现实主义，坚持以朴素的写实手法客观地描摹乡土风情，展现中国农民的苦难遭际。这与1980年代业已开始涌动的现实主义潮流保持着距离，但是，并不意味着对现代意识的拒斥。小说对人的现实存在的逼视，对人的深层意识的探求，对人的灵魂世界的叩击，都超越了传统的现实主义。一方面我们可以看到对农村与城市、乡土文明与工业文明、追求个性自由与现实条件限制等方面的现实矛盾的残酷再现，另一方面，我们能够从孙少平这一形象中感受到在苦难中挣扎而不被击倒的人格力量。但也有学者提出，路遥作品虽以朴实的诗性意味和积极的道德力量打动读者，但存在着批判性欠深刻的弊病。

三、梁晓声及《人世间》

梁晓声（1949— ），原名梁绍生，中国当代著名作家，中国作家协会会员，著有《今夜有暴风雪》《这是一片神奇的土地》《雪城》《返城年代》《年轮》《知青》等数十部作品。他凭借作品《人世间》获得第十届茅盾文学奖。长篇小说《雪城》入选"新中国70年70部长篇小说典藏"。

梁晓声作品可大致分为两类。一类是"知青小说"，表现一代知识青年在那场的历史运动中所显示出的理想追求和人格精神，热情讴歌了在动乱年代和艰苦环境中的英雄主义精神。他的另一类作品则相对平实，取材于城镇、农村、学院、家庭等地，表现了他开拓生活视野的意向，体现出鲜明的纪实风格。

代表作《人世间》以周秉义等平民子弟的生活轨迹为线索，刻画了十多位平民百姓的人生起伏，从20世纪70年代写到改革开放后的今天，多角度、多方位、多层次地描写了中国社会的巨大变迁和百姓生活的跌宕起伏，艺术而雄辩地展现了人物向往美好生活的奋斗努力和社会发展的历史进步。《人世间》于人间烟火处彰显道义和担当，在悲欢离合中抒写情怀和热望，堪称一部近50年的中国百姓生活史，也是改革开放40年间的文学记录。

好书推介活动

书籍是人类进步的阶梯,历史上以书会友更是被人们传为美谈。请选择一部自己喜欢的现当代文学经典著作,拍成视频进行推荐,时间为三分钟。

1. 实践目的

通过拍摄视频推荐好书,分享智慧、展示自我。同时,向大家展示读书的魅力,培养读书的兴趣,养成良好的读书习惯,加强思想碰撞及交流。

2. 实践要求

(1)推荐的书籍应为正式出版的书籍,内容导向正确,格调积极向上。

(2)以小组(2~6人)为单位,拍摄一段3分钟的书籍推荐视频,在视频中简要介绍书籍的相关信息,重点讲述你阅读此书后的收获。

3. 评价要求与评分细则

项目	分值分配	活动要求	评分细则	得分
视频内容	50分	内容:完整有条理(35分)	1. 视频中简要介绍书籍相关信息(10分) 2. 讲述你对这本书的理解(12分) 3. 讲述你阅读此书后的收获(13分)	
		思想:健康积极(10分)	书籍内容导向正确,格调积极向上(10分)	
		语言:表达准确简明(5分)	1. 无病句(2分) 2. 表达朴实、准确、简洁(3分)	
视频拍摄	50分	组织:成员间有明确的分工(5分)	1. 组员间能体现良好的团结协作精神(2分) 2. 展示完整有序的活动分工,如:脚本撰写、拍摄、后期剪辑(3分)	
		呈现效果:观众有较好的观看体验(30分)	1. 画面清晰,播放流畅,有创意(10分) 2. 有字幕,有配乐(10分) 3. 组员出镜,脸部无遮挡(10分)	
		剪辑:技术相对娴熟(10分)	各场景镜头切换自然、不突兀(10分)	
		表现形式:多样化(5分)	能充分挖掘丰富的表现形式,如利用多媒体资源、背景音乐、舞蹈、绘画等方式进行展示(5分)	

美育熏陶篇

项目八　中国书法

项目九　民歌及歌唱

项目十　京剧欣赏

中国书法

"横"如千里阵云,"点"如高峰坠石,"撇"如陆断犀象,"折"如百钧弩发,"竖"如万岁枯藤,"捺"如崩浪雷奔,"横折钩"如劲弩筋节——这就是中国书法。作为人类非物质文化遗产的中国书法是中国汉字特有的一种传统艺术,更是中国传统文化精神的体现。

作为当代大学生,我们应该如何学习和传承中国书法艺术?如何感受中国书法这门艺术的魅力?

> **学习目标**
> ◆ 了解书法的相关知识,感受中国书法的美
> ◆ 理解并掌握书法书写中的用笔技巧,提高对书法作品的审美和鉴赏能力
> ◆ 完成"项目实践"中的"春联书写及张贴"活动

中国书法简明知识

中国书法是人类非物质文化遗产，是最能代表中国传统文化的艺术形式之一。书法在我国传统文化中具有重要地位，被誉为"无言的诗，无形的舞，无图的画，无声的乐"。对于这样的艺术瑰宝，我们应该加以继承和发扬。

一、中国书法名称的演变

书法这个名称，是随着时代的变迁和书法理论的发展，经过不断更改而成的。

汉代以前，书法称为"书"，用来指书写的动作或书写的作品，如《孟子》说："书之竹帛。"汉代扬雄《法言》说："书，心画也。"

汉以后，隶书产生，出现各种不同形式的笔画，书法逐步走向成熟。书法被时人认为是一门高深的道艺。班固《与弟超书》中有言："得伯章书，稿势殊工，知识读之，莫不叹息。实亦艺由己立，名自人成。"自此，书法被称为"书艺"。

魏晋南北朝时，士大夫之间盛行老庄学说，尚谈玄论道之风，他们认为书法艺术的目的就是求道。因此，书法被称为"书道"，如卫铄《笔阵图》中说："书道毕矣"。

唐朝以后，书法家们重视对书法技巧的探讨并提出了各种技法理论，大家熟知的"书法"这个名称产生了，并且日益普及，一直延续到今天，如颜真卿《述张长史笔法十二意》云："书法当自悟耳"。

二、中国书法的发展阶段

中国书法作为一门独特的艺术，历史悠久，从殷商至今的几千年中，经历了发展、成熟和繁荣三个阶段。

从殷商到西汉，是中国书法的发展期。字体主要出现了甲骨文、金文（钟鼎文）和篆书。这些字体共同的特征是：象形意味强、线条粗细和形式变化少。

从东汉到南北朝，是中国书法的成熟期。字体主要有隶书、楷书、草书、行书。隶书的诞生，改变了篆书回环缭绕的写法，产生了横、竖、捺、点等不同笔画，使书法上升到抽象的线条的艺术境界。在书法家的大胆探索和革新下，字体的发展到达成熟阶段。

隋唐以后，字体没有变化，但书体（不同书法家的书写风格被历代学者奉为楷模，形成一种流派）发展多样化，如欧体（欧阳询）、颜体（颜真卿）、柳体（柳公权）、赵体（赵孟頫）等。

三、中国书法的字体

中国书法书写的对象是汉字，汉字有不同的字体，主要有甲骨文、金文、篆书、隶书、楷书、草书、行书几种。不同的字体有不同的书写特点，因此，要学习书法先了解字体是非常必要的。

（一）甲骨文

甲骨文，又称"契文""甲骨卜辞""殷墟文字"或"龟甲兽骨文"，是我国目前可识别的最古老的文字。甲骨文是刻在龟甲或兽骨上，用来记录王室占卜之事的文字。甲骨文的风格很多，或劲峭，或奇肆，或委婉，或疏放，或流美。它的笔画朴实利索，线条单纯，结体方正繁复，章法强调对称，是中国书法的

甲骨文

滥觞。郭沫若在《殷契粹编》中对甲骨文书法给了很高的评价："卜辞契于龟骨，其契之精而字之美，每令吾辈数千载后人神往……足知存世契文，实一代法书，而书之契之者，乃殷世之钟王颜柳也。"

（二）金文

金文最初叫"钟鼎文"，指殷周到秦汉时期铸造在殷周青铜器上的铭文。后来为了表示所有铸造在金属器物上的文字，就改叫为金文。金文有极少数是用刀直接契的，大部分是浇铸而成的，因此它的笔画浑厚，有肥笔的出现，转折处圆浑。除此之外，金文逐渐改变甲骨文的象形成分，线条不再是两头细，中间粗，而是粗细大体一律，形成自己的点画和形体特点。金文书法在汉以后几乎绝迹，直到清代碑学兴起后，金文才打破了沉寂的状况，成为书家临摹和取法的对象。

钟鼎文（函皇父鼎）

（三）篆书

篆书起源于西周末期，东周时流行于秦国，此时的篆书叫"大篆"（籀书）；在秦始皇时达到鼎盛，此时篆书称为"小篆"（秦篆）；在汉代开始衰退，此时篆书称为"汉篆"。

大篆取消了肥笔，线条圆浑，结体上外拓，努力克服异体现象，代表作品是《石鼓文》。《石鼓文》对后世书法影响很大，近现代许多名家篆书得益于此。康有为认为："《石鼓》既为中国第一古物，亦当为书家第一法则也。"吴昌硕说："余学篆好临《石鼓》，数十载从事于此，一日有一日之境界。"

小篆字形更简化，线条粗细一致，横平竖直，左右对称，在书写理想化和程序化上达到了极致。因横画比竖画多，所以结体偏长。小篆结体上紧下松，横竖转折化方为圆，风格圆转流畅，静中有动。秦刻石是小篆的代表作品，包括《泰山刻石》《峄山刻石》《琅邪台刻石》《会稽刻石》。

大篆（《石鼓文》）

小篆（《泰山刻石》）

汉篆（《祀三公山碑》）

汉篆改变了小篆的对称和平衡，线条有了粗细变化，起、收笔也有了方圆藏露。结体由小篆的细长变为方扁，笔画转折处方圆结合。章法上长短、大小交错变化。风格由单纯到复杂，由质朴到华赡。其代表作品是《祀三公山碑》。

（四）隶书

隶书萌芽于秦朝，在汉朝达到顶峰，书法界有"汉隶唐楷"的说法。隶书有"古隶（秦隶）"和"今隶（汉隶）"之分。古隶有篆意，笔势敛束无波挑，今隶无篆意，结体打破篆

《曹全碑》

《张迁碑》

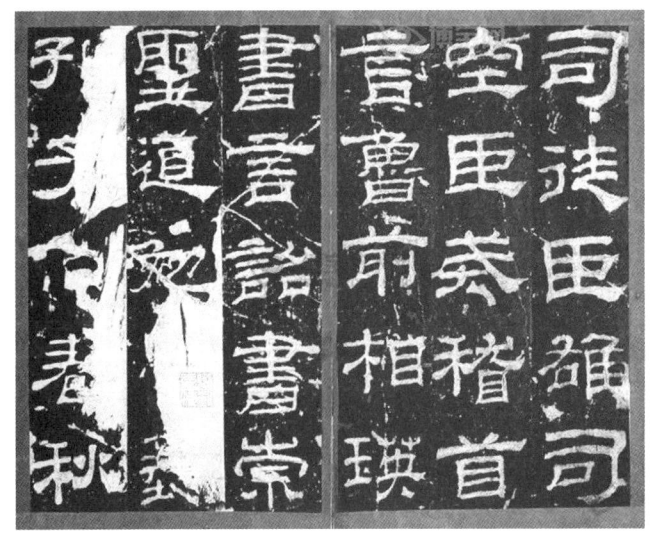

《乙瑛碑》

书回环缭绕，由长变扁；字形化繁为简；笔画上粗细变化多样，形态逐渐丰富，有了横、竖、撇、捺、点的不同，长横一波三折，讲究蚕头燕尾，形成一种立体的用笔方式。隶书的产生，告别了"书画同源"的原始时代，是汉字演变史上的一个转折点，标志着中国文字从实用向审美发展，也标志着中国书法成为独立的艺术形式。其代表作品有《曹全碑》《乙瑛碑》《张迁碑》等。

（五）楷书

楷书又称"真书""正书"，从隶书草体中演化而来，起源于汉末，发展于两晋，繁荣于隋唐。楷书笔画平正、结体整齐，字形化方扁为方正，是最能体现汉字形体特征的一种字体。魏碑是楷书中独具魅力的一部分，与晋楷、唐楷并称三大楷书。《郑文公碑》《张猛龙碑》是魏碑的代表作品。书法史上还有"楷书四大家"——欧阳询、颜真卿、柳公权、赵孟頫。

魏碑（《郑文公碑》）

欧阳询（《九成宫醴泉铭》）

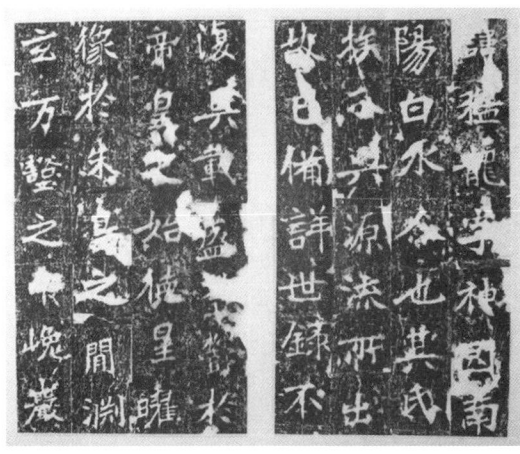

魏碑（《张猛龙碑》）

颜真卿（《勤礼碑》）

赵孟頫（《汲黯传》）　　柳公权（《玄秘塔碑》）

（六）草书

草书最初是为了追求书写速度而自然演变出的一种书体，始于汉元帝时期。草书有"章草""今草"和"狂草"之分，章草是汉隶的草化，今草是章草的草化，狂草是今草的草化。草书最开始保留了隶书波磔挑法，笔画大多不相牵连，字与字之间基本没有联系；在东汉前后开始追求连贯的笔画，字与字之间有了连贯的气势；到魏晋时期，今草走上成熟，强化纵势，字和字连绵相属。狂草更是在今草基础上，点画连绵，笔势狂放，如张旭的《肚痛贴》。

张旭（《肚痛贴》）

（七）行书

行书是介于楷书和草书之间的一种字体，楷书草化、草书楷化了就是行书。就一幅作品而言，楷法多于草法就是行楷；反之，草法多于楷法就是行草。行书点画露峰入笔，点画简省，笔画流畅、活泼，气势连贯。结体大小相兼，布局疏密得体，用墨浓淡相容。魏晋时代，行书基本成熟，如王羲之的《兰亭序》。

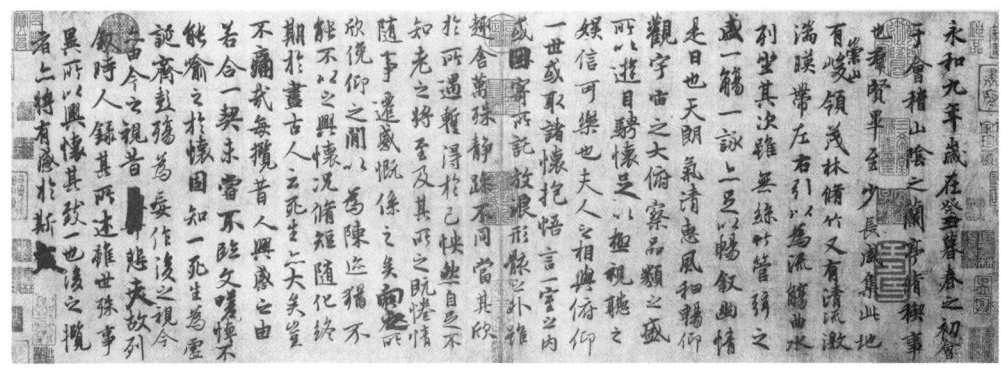

王羲之（《兰亭序》）

四、中国书法的工具

书法之所以能成为一门独特的艺术，与它的书写工具有着密切的联系。书法的工具是被称为"文房四宝"的笔、墨、纸、砚。

(一)笔

笔,指毛笔。毛笔在商朝时期已经出现了,春秋战国时期已经在各国普遍使用。根据不同的标准,毛笔可以分成不同的类型。

毛笔根据软硬可分为硬毫、软毫、兼毫三种。硬毫是用弹性强的兽禽毛制成的,比如狼(黄鼠狼)毫、鼠毫。软毫是用绵软的兽禽毛制成的,比如羊毫、鸡毫。硬毫写的字锐利刚劲,软毫写的字丰腴圆润。兼毫是用两种或两种以上的兽禽毛按比例配制而成的,兼有硬毫和软毫两者的优点。宋代以前人们书写基本是用硬毫,宋以后开始使用软毫。

毛笔根据笔锋的长短可分为长锋、中锋和短锋三种。长锋宜于挥运,写出的线条婀娜多姿,适合写草书。短锋易于掌握,线条凝重厚实。中锋对前二者兼而有之。

根据书写字体的大小,毛笔可分为大楷笔、中楷笔、小楷笔三种。比小楷笔更小的是"小精工""红豆",比大楷笔更大就是屏笔、联笔、斗笔和植笔等。

初学者如果写大字宜使用羊毫中楷、大楷笔,写小字宜使用狼毫小楷笔。

选择毛笔以"尖、圆、齐、健"为标志,称"四德"。"尖"即笔尖尖锐。"圆"即笔毫腹部圆润,犹如枣核之形。"齐"即笔尖用水润开压平后,笔毛平齐,长短相等。"健"即笔毫富有弹性,将笔锋重压后提起,极易恢复原状。除此"四德"外,还要看笔杆是否圆直,方法是将笔在桌上滚动,滚动平滑则直。

东汉蔡邕云:"唯笔软则奇怪生焉。"毛笔能写出不同粗细方圆、大小形状的点画,能创造出多种形体风格,产生变化无穷的艺术风格,比钢笔、铅笔、油画笔更具有表现力。

(二)墨

古人云:"有佳墨,犹如名将之有良马。"这说明了墨对书法作品的重要影响。

墨按制作材料分为松烟墨、油烟墨、油松墨三种。松烟墨是取松树燃烧的烟灰制作而成的,颜色乌黑,光泽度差。油烟墨是用动物油脂或植物油脂烧制而成,颜色黑亮,质地坚细有光泽。油松墨是松烟和油烟按比例混合制作而成,一般适宜于书写。

墨按用途可以分为普通墨、贡墨、自制墨、珍玩墨、礼品墨等。

墨按形体分为墨锭和墨汁。墨汁是现代产品，以墨汁无杂质、气味芳香、胶质少、不黏稠为佳，适宜初学和平时练习。

墨还可以从形状和颜色上进行分类。墨不只有黑色墨，还有白色、彩金、黄色、绿色、红色等彩墨。

在选墨锭时，可以通过"辨、看、掂、听、闻"来辨别墨的优劣，以"色黑、质细、胶轻、声清、味香"的墨锭为佳。"辨"，就是辨识色泽，以黝黑泛出青紫光为最佳，即"色黑"，黑色次之，泛出红黄、白色为劣。"看"，就是看墨锭质地是否光滑细润，有无裂缝、变形、残缺等，即"质细"。"掂"，就是用手掂掂是否坚实，浸入水中不变形、不涩笔，即"胶轻"。"听"，就是叩击墨锭听声音，如果声音清细则佳，即"声清"，声音粗浊则劣。"闻"，就是香味纯正则佳，即"味香"。

墨在书写时有浓墨、淡墨、枯墨、润墨四种墨色。四种墨色是相对而言的，没有绝对的划分标准。一幅作品并非只能使用一种墨色，而是根据书写作品的需要搭配使用墨色，如此才能实现立体纵深的效果，从而将墨的表现力达到极致。

（三）纸

写书法最常用的是宣纸。宣纸有"纸中之王，千年寿纸"之称，用宣纸书写能充分表现汉字点画的筋骨血肉。

宣纸按加工方法分为生宣、熟宣、半生熟宣。生宣吸水性强，容易洇墨，适宜写行草。熟宣因用明矾等物质涂过，纸质比生宣硬，吸水性弱，不易洇墨，适宜写小楷。半生熟宣浸润适中。

宣纸按厚薄可以分为单宣和夹宣。单宣是单层的宣纸，质地较薄。夹宣是两层或两层以上叠合在一起的宣纸，纸质较厚，较易涩笔，不适合初学者使用。

宣纸产地有安徽、四川、浙江、广西等地，以安徽宣城的宣纸为最佳。

初学者用机制毛边纸即可，手工毛边纸相对机制毛边纸成本较高。

（四）砚

砚台是研墨的工具，俗称墨盘。砚有四大名砚——洮砚、端砚、歙砚、澄泥砚，以端砚为最佳。砚台以石质细而不滑为佳。初学者不必太讲究，可用碟盘代替。

五、书法的章法格式

章法是指一幅作品的整体布局，又称"布白"。书法作品的章法主要包括书法作品的幅式，正文的布局，分行的布白、呼应、避让和映带，作品的落款，作品的钤印。

（一）幅式

幅式，又叫格式或品式，指书法篇幅的规格形式。常见的书法作品的幅式有以下几种。

1. 条幅

条幅，又叫直幅，指竖行书写的长条作品。条幅的尺寸一般为一张整宣纸对裁，长宽比例较大，竖向较长，横向较短。条幅布局可以写成一行式、两行式或三行式。

条幅的落款可以在末行的下方，落款底部不能与正文平齐，需要空1～2行正文的位置。也可以在正文后另起一行或两行，上下均要留出位置，不能与正文齐平。

2. 对联

对联，又称门联、楹联、中堂联，用于大门、楹柱以及中堂画的两边。对联分为上下两联，右边为上联，左边为下联，上下联字的位置要基本平行，要处理好一联之内字的大小、收放，两联间的呼应关系，让上下两联成为一个整体。

一联字数在十字或十字以内的，上下联单行居中竖写。落款有上下款和单款两种。落上下款时，上款在上联正文右边偏上，下款在下联正文左边偏下。单款的落款写在下联正文左侧中间偏上的位置。

一联字数在十字以上的长联，应写出双行或多行，上联从右向左写，下联从左向右写。落款分别落于上下联的末尾，不能与正文低端齐平。

3. 竖幅

竖幅因最初大多悬挂在厅堂正中，所以又叫中堂。竖幅是用一整张宣纸竖向书写，内容可以是长诗、短文，也可以只写几个大字，甚至一个大字。一般的尺幅有三尺、四尺、五尺、六尺、八尺几种。可以单独悬挂，也可以配楹联悬挂。

竖幅落款一种是写在末行正文的下方，下端不能与正文下端齐平；另一种是写在正文左侧，上下不能与正文齐平。

董其昌　条幅　　俞樾　条幅　　蔡元培　对联

曾熙　竖幅　　邓石如　屏条

4. 屏条

屏条，简称屏，是由几幅尺寸形制相同的中堂或条幅组成的。屏条必须是双数，常见的是4屏，最多的有12屏。屏条有两种，一种是内容各自独立，但字体、风格要统一；另一种是各屏内容相关。

5. 横披

横披，又叫横幅，指横长竖短的横幅作品。横披大多用于亭、台、楼、阁的匾额，或在大厅会议室、斋室居所悬挂。横披字少又大，一般从右向左写一行。

落款有两种，一种为短款和穷款，落在末字的左侧；另一种是在正文下方落款，左右不能与正文齐平。

孙中山　横披

6. 扇面

扇面指随扇形书写的作品。广义的扇面包括团扇和折扇，狭义的扇面单指折扇。团扇有正圆、椭圆、骰子形、苹果形等。书写团扇时，可以随形布势，也可以圆中带方。折扇书写有三种：一是上端写，下端不写，每行两字，从右到左。在正文左侧落款，一行或数行皆可。二是写少数字，从右到左，以数行小字落款。三是一行长，五字左右，一行短，两字左右，形成长短错落的格式。正文左侧一行或数行落款。

曾国藩　扇面

（二）钤印

印章是书法作品不可缺少的一部分，能起到锦上添花、画龙点睛的作用。印章主要分为名章和闲章两大类。

1. 名章

名章分姓名章和款尾章，一般都是正方形。姓名章的印文是创作者的姓名，钤在落款下面。有的姓名章，姓和名是分刻在两印上的，如果要同时钤印，需要姓氏印在上，名字印在下。款尾章是创作者的字或号，一般钤在姓名印之下。

2. 闲章

闲章一般分为引首章和拦腰章。

（1）引首章

引首章又叫起首章。一般为长条形、椭圆形或不规则形，忌用正方形。印文多为明志、自勉、斋馆名等。钤在从右至左竖行书写的作品的首行第一字和第二字之间，或与第一字下端齐平。

（2）拦腰章

当长幅作品中部显得比较空时可钤拦腰章。印文可以是创作者籍贯或属相肖形印。印面应该比姓名章和引首章小，且三枚章不能盖在同一条直线上。

钤印时应该注意：一是印章大小与作品幅式大小一致。二是钤印数量宜少，宜用单数。三是位置要恰当，结合作品的虚实、疏密钤印。四是轻重权衡，主要是印章的朱文白文搭配协调一致。五是印章的风格要与作品风格相协调。

六、书法的临摹

古人云：取法乎上，得乎其中；取法乎中，得乎其下。学习书法也是一样，不能闭门造车，自学自画，要从临摹入手。临摹古人碑帖，是学习中国书法的基本方法。临摹碑帖方法如下。

（一）摹帖

摹帖，又称描红，就是将透明或半透明的纸张覆盖在字帖上，利用映现出来的点画阴影描写。摹帖适用于初学者，可以锻炼用笔和掌握字体的结构，但时间不宜太长。

（二）临帖

临帖就是将字帖放在面前，观察字的点画、结构、形态、精神后，再下笔仿写出来，力求达到帖上相同的艺术效果。临帖是学习书法很重要的方法，是登堂入室的钥匙。

（三）读帖

读帖并非是读出声来，而是仔细"观"。指临帖之余对碑帖中字的点画、用笔、用锋、结体、神韵等仔细揣摩领会。读帖对临帖大有益处，如黄庭坚曰："古人学书不尽临摹，张古人书于壁间，观之入神，则下笔时笔随人意。"

（四）背临

背临是在读帖的基础上，不看碑帖，凭记忆默写。默写后应对照原碑帖，发现不同处，加以更正重写。背临有助于在创作时熟练运用各种笔墨、章法。

（五）空临

空临是在没有笔墨纸、碑帖的情况下，依靠记忆，用手在桌上、地上、腿上、空中等处背临碑帖上的字。空临比较自由，不局限于空间、时间、环境。

七、书法的欣赏

书法是一门独特的艺术，它不仅是视觉上的美的感受，还是"心灵与心灵之间的交谈"。欣赏书法的美，可以从以下几个方面进行。

（一）统观全局，看作品的章法布局

欣赏点画之间、字字之间、行行之间的呼应、顾盼、映带及整幅字的气脉、神气。清代刘熙载《艺概》云："书之章法有大小，小如一字及数字，大如一行及数行，一幅及数幅，皆须有相避相形、相呼相应之妙。"这是说一幅好的书法作品应该前后呼应、疏密有致、一气呵成，具有艺术的整体感。

（二）局部观察，看书写者笔法、墨法的使用，字的结体形成的韵味

笔法主要看线条的韵律、节奏、筋力、和谐。线条的长短粗细圆厚，运笔的轻重缓急，笔画的提按顿挫，让线条"重若崩云""轻如蝉翼"，如"千里阵云""高山坠云""万岁枯藤"。墨色的浓淡干湿能产生让人无限遐想的韵味，造成或秀媚、或雄奇、或峻峭、或疏放的书法意境。结体是字点画的组合、连接，以及实画与虚白的搭配。胡小石《书艺略论》曰："著字处为墨，无字处为白。墨为字，白亦为字……有字处与无字处，其重要等同也。"这就是说无笔墨处的留白也能"计白当黑"，能使人回味无穷。

（三）通过联想，欣赏书法从静止到运动的美

书法作品是静止的，是创作的结果。欣赏时想象创作者的创作过程，比如用笔的节奏、力度、轻重、徐疾、虚实，感情等，进而体会作者的创作意图和情感波动。

（四）把握书法作品的文字内容，领会作品的意境

历史上很多著名的书法家，都是具有很深诗文修养的文人学者，理解其作品内容，就能深刻体会到书者的思想感情、审美趣味、艺术修养，从而领会作品的意境美。如王羲之的《兰亭序》，颜真卿的《祭侄文稿》。

（五）了解作品的时代背景以把握作品的情调

任何书法作品都是某种历史文化背景的产物，了解时代背景，体会作品蕴含的创作者的人格修养、创作心境、创作意图等，有助于把握作品的情调。

当然，书法的欣赏没有统一固定的模式，仁者见仁，智者见智。我们应努力提高自己的审美情趣和鉴赏能力，例如多品读名家名品，就是重要的途径之一。正如汉代扬雄云："能观千剑，而后能剑；能读千赋，而后能赋。"

资料必读 >>

永字八法

"永"字八法，是古代书法家练习楷书时运笔技法的代称，也是中国书法用笔的基本法则。"永"字涉及汉字中的八种基本笔画：点、横、竖、勾、仰横（挑）、撇、短撇、捺，按各自的书写笔势分别以八字概括为：侧、勒、努、趯、策、掠、啄、磔。这八种笔画是楷书的基本笔画，每笔各有特点，而又互相呼应，一气呵成。按照"永"字八法的基本要求所写出的笔画才符合楷书的基本形态要求，楷书才能达到相当的水平。

永字八法

"永字八法"的八种笔画具体阐述为：

点为"侧"，指书写时取侧势，侧锋落笔，铺毫行笔，势足收锋。

横为"勒"，形容写"横"时如勒马之缰绳一样，时紧时松。它说明写横时要先逆锋轻落，再折锋重按，再轻起

向右行笔，尾部同样有轻提、重按、轻收之变化。

竖为"努"，即竖笔像弓弩一样，弯曲而不宜过直，太直则僵硬无力，要直中见曲势。

钩为"趯"，形容写钩时像踢脚一样，先驻锋，或略回收蓄势，再提笔，使力集于笔尖后再踢出。

挑笔为"策"，形容像扬鞭策马一样，鞭梢向上扬起。这里指写挑笔时像扬鞭一样，向右上提起，笔力在笔画末梢带出。

长撇为"掠"，形容写长撇时，起笔同竖笔一样先折按，再向左下行笔，行笔中渐行渐快，如飞鸟掠食一样，轻快利落，出锋时力量要送到。

短撇为"啄"，形容书写时如鸟啄食一样，短而有力，落笔向左撇出，前重后轻，快而峻利。

捺笔为"磔"，形容"捺"如同波浪弯曲，一波三折，有较明显的折笔弯曲之势。书写时先逆锋轻落笔，随后如波形行笔，渐行渐重，尾部铺毫略驻，平踢出锋形成捺脚。

（资料来源：王兴国、刘益明，《汉字文化与书法艺术》，中国文联出版社2015年版）

拓展延伸

中国书法落款用词

一、称谓

长辈：吾师，学长，道长，先生，女士。

平辈或小辈：兄，弟，尊兄，大兄，贤兄（弟），仁兄（弟），道兄，道友，学友，方家，先生，小姐，法家（在书画或某方面有专长者）。

关系较亲密：学（仁）弟，吾（贤）弟。

老师对学生：学（贤）弟，学（仁）棣，贤契，贤弟。

同学：学长，学兄，同窗，同砚，同席。

二、上下款客套词或敬词

（一）上款客套词或敬词

雅属，雅赏，雅评，雅鉴，雅教，雅存，珍存，惠存，清鉴，清览，清品，清属，清赏，清正，清及，清教，清玩，鉴可，鉴正，敲正，惠正，赐正，斧正，法正，博鉴，尊鉴，法鉴，法教，博教，大教，大雅，补壁，糊壁，是正，教正，请正，指正，教之，正腕，正举，存念，一粲，粲正，一笑，笑存，笑鉴，属，鉴，玩。

（二）下款客套词或敬词

敬书，拜书，谨书，顿首，嘱书，醉书，醉笔，漫笔，戏书，节临，书，录，题，笔，写，临，篆。

三、月令（以下月份指农历）

一月：正月，孟春，初春，早春，上春，肇春，端春，孟陬，春王，陬月，初月，三正，新正，华岁，肇岁，月正，太簇，岁岁，芳岁，献岁，寅月，开岁，杨月，首阳，春阳，妆阳，三之日，泰月，征月，端月，孟阳。

二月：仲春，中春，甜春，卯月，丽月，杏月，令月，仲钟，大装，花进，竹秋，夹钟，四之日。

三月：季春，暮春，晚春，末春，杪春，花月，辰月，姑洗，桃月，蚕月，嘉月，桃浪，桐月，雩风，尖月，樱笋时，小清明。

四月：孟夏，初夏，首夏，槐夏，维夏，梅月，麦月，槐月，纯阴，乏月，阴月，麦侯，余月，麦秋，巳月，中吕，清和月，正阳。

五月：仲夏，中夏，端阳，榴月，恶月，郁蒸，鸣蜩，蒲月，皋月，蕤宾，午月，超夏，小刑。

六月：季夏，暮夏，杪夏，暑月，且月，林钟，精阳，伏月，季月，荷月，焦月，溽暑，组暑，未月，极暑。

七月：孟秋，新秋，首秋，兰秋，早秋，初秋，肇秋，上科，初商，兰月，巧月，瓜月，瓜时，霜时，申月，相月，京月，夷则。

八月：仲秋，挂秋，正秋，大清明，壮月，南吕，桂月，酉月，怀月，竹小春，仲商。

九月：季秋，凉秋，杪秋，穷秋，暮秋，晚秋，玄月，咏月，朽月，菊月，季白，戌月，杪商，无射，暮商，霜序，季商。

十月：孟冬，初冬，开冬，吉月，阳月，坤月，良月，亥月，正阳月，小春月，应钟，小阳春。

十一月：仲冬，中冬，子月，畅月，辜月，葭月，龙潜月，黄钟。

十二月：季冬，末冬，残冬，严冬，杪冬，穷冬，暮冬，腊冬，腊月，涂月，嘉平月，严月，冰月，丑月，穷节，大吕，星回节，除月。

四、季令

春：阳春，青春，三春，九春，芳春，青阳，艳阳，阳中。
夏：朱夏，三夏，九夏，昊天，长赢，朱明。
秋：金秋，商秋，素秋，三秋，九秋，素商，素节，高商，商节，金天。
冬：三冬，九冬，寒冬，安宁，玄英。

五、节令

正月初一：元旦，元日，元朔，元正，元春，元辰，正朝，三朝，改旦，三元，岁朝。
初七：人日。
正月十五：元宵，元夕，元夜，灯节，上元。
二月初一：中和日。
三月初三：重三，上巳，三巳，令节，上除。
四月初八：浴佛日。
四月十九：浣花天，浣花日。
五月初五：端午，午日，蒲节。
六月初六，天贶节。
七月初七：七夕，乞巧节，星节。
七月十五：中元。
八月十五：中秋节。
九月初九：重阳，重九，菊花节。
十月十五：下元。
十二月三十：除夕，宁岁。
每月初一至十称"上浣"。
每月初一称"朔""旦""额"。
每月十五称"望"。
每月十六称"既望""望后"。
每月末日称"晦"。
每年清明节前一至二日为"寒食节"。

项目实践

春联书写及张贴

贴春联是过春节必不可少的一项民俗活动。请每个小组至少书写一副春联,并在班里进行展示。

1. 实践目的

通过书写春联,感受中国书法艺术的魅力,提高书法审美能力,从而促进书法艺术的普及、传承和发展。

2. 实践要求

(1)选择或自创春联内容,要求积极、健康、向上。

(2)小组成员都要进行书写,内部选出一幅最优的作品参加展示。书写时注意字的大小、收放和两联之间的呼应。

(3)小组讨论区分上下联和正确张贴春联的方法。

3. 评价要求与评分细则

项目	分值分配	活动要求	评分细则	得分
对联的书写	60分	书写作品:内容完整、作品美观(45分)	1. 上下联大小、收放、呼应良好(15分) 2. 字体有取法(如取法于哪种书体)(10分) 3. 字体有结构美、笔法美(20分)	
		思想性:健康向上(10分)	春联内容要导向正确、积极、健康、向上(10分)	
		文字使用:表达准确(5分)	无错别字,能准确使用繁体字(5分)	
展示汇报	40分	组织:成员间有明确的分工(5分)	1. 组员间能体现良好的团结协作精神(2分) 2. 展示完整有序的活动程序(3分)	
		口头语言表达:表述清晰(20分)	1. 表达内容重点突出,思路清晰(15分) 2. 声音洪亮(5分)	
		张贴方式:符合上下联张贴的传统规则(10分)	1. 能区分春联上下联的张贴位置(5分) 2. 张贴美观(5分)	
		表现形式:多样化(5分)	能充分挖掘丰富的汇报形式,如利用多媒体等资源进行展示(5分)	

项目九
民歌及歌唱

  民歌是劳动人民集体创作、通过世代接续而口头传承下来的一种艺术形式，它表现了劳动人民的生活，抒发了劳动人民的情感，表达了劳动人民的心意。中国幅员辽阔、历史悠久、民族众多，民歌因而具有鲜明的民族风格或地域特色，有的朴实浑厚，有的靓丽醇美，有的雄壮悠扬。

  你的家乡有哪些民歌？不同民族或地域的民歌都有哪些特色？民歌具有哪些艺术魅力？

学习目标
- 了解民歌的相关知识
- 了解各地民歌的基本特点，感受民歌艺术的魅力
- 完成"项目实践"中"民歌演唱"的活动

民歌

民歌是人民的歌，是广大人民群众在生产生活实践中，经过广泛的口头传唱逐渐形成和发展起来的，与人民的日常生活紧密联系着的歌曲艺术。民歌作为一种重要的声乐体裁，在千百年来发展传承的过程中不断被提炼，极其富有生命力。不同地域、语言和环境，都会对民歌产生不同的影响，所以民歌的内容丰富、形式多样，代表着不同民族、不同地域的特点。

一、民歌的基本特征

民歌和人民的日常生活有着最直接、最紧密的联系。民歌一定是劳动人民在劳动和生活当中，有感而发地抒发自己内心真实情感的作品，节奏形式和内容都不受限制，是当时现实生活的反映。最初创作民歌的劳动人民并没有受过音乐的专业训练，不懂歌曲的创作要求，甚至目不识字，但他们却根据生活和劳动的需要，通过传唱的方式来编唱属于自己的旋律和歌词。

民歌最初是在即兴创作中传唱、在传唱中又再创作的即兴艺术，一般以口头形式流传，因此也有很多优秀的民歌作品失传。

民歌的音乐形式简单朴实、平易近人、生动灵活。民歌的创作内容和篇幅不受限制，一般较短，单乐段反复的形式较多，表现形式生活化，朗朗上口，旋律和音调有浓郁的地方色彩。

二、中国民歌的类型

中国民歌的类型大致分为三大种：号子、小调、山歌。

号子：是人们在体力劳动过程中编唱的歌曲。号子节奏较强，源自劳动人民在劳动过程中发出的吆喝声，充满力量，整齐划一，一般表现出一领众和的演唱形式，如《川江号子》。

小调：是产生于人们休息、娱乐、节庆等场合中的民间歌曲。小调的音乐形式比较规整，音乐风格较细腻委婉，更长于表达内心的情意，如《四季歌》《茉莉花》。

山歌：是人们在山上、田间、野外劳动时，有感而发的即兴编唱作品，声调高亢嘹亮，节奏较自由，具有简单明了、热情爽快、直抒胸臆等特点，如《槐花几时开》《太阳出来喜洋洋》。

三、中国民歌的区域特点

中国幅员辽阔,不同地区的地理位置、历史传统、语言环境、生活习俗迥异,产生了不同风格的音乐。根据民族文化背景和不同的风格色彩,中国民歌大体可分为七个不同的风格色彩区。

(一)西北高原民歌区

西北民歌被称为中国民歌之魂,是人类文化中宝贵的组成部分,是中国民歌的典型代表,流行在陕西、山西、甘肃、宁夏、青海一带,语言简明洗练,音乐形象鲜明。黄土高原地区山川沟壑纵横、干旱少雨、土地贫瘠,生活在这里的人们长期与恶劣的自然环境做斗争,所以他们创作的歌曲,往往有凄楚、苍凉却坚韧不拔之感,产生了"信天游"这种民歌形式。西北民歌被人们广为传唱,其影响力极其深远。如《走西口》《青海花儿》,都是脍炙人口的民歌作品。

《走西口》
山西民歌

哥哥你走西口,小妹妹我实在难留,手拉着那哥哥的手,送哥送到大门口。

哥哥你出村口,小妹妹我有句话儿留,走路走那大路的口,人马多来解忧愁。

紧紧地拉着哥哥的袖,汪汪的泪水肚里流,只恨妹妹我不能跟你一起走,只盼哥哥你早回家门口。

哥哥你走西口,小妹妹我苦在心头,这一走要去多少时候,盼你也要白了头。

紧紧地拉住哥哥的袖,汪汪的泪水肚里流,虽有千言万语难叫你回头,只盼哥哥你早回家门口。

(二)西南高原多民族文化民歌区

我国西南地区是多民族聚集地,以云、贵、川、桂为代表。这个地区的民歌形式多种多样,人们随时随地吟唱的歌曲也被赋予了该地区民歌特殊的社会性。如劳动时协调步调、加油打气的号子,山间作业时吆喝的山歌,表达情意时以歌为媒的对唱情歌,都具有特殊感情色彩,高亢奔放的同时又渗入了柔性温婉,正如该地区的地理环境,以山地为主但又气候温和。西南地区的民歌多用方言演唱,如大家耳熟能详的《康定情歌》《槐花几时开》《小河淌水》,都具有典型的西南民歌特色。

《槐花几时开》
四川民歌

高高山上呀,
一树槐呀喂,
手把拉杆啥,
望郎来呀喂。
娘问你望啥子呀喂,
哎,我望槐花啥,
几时开呀喂。
娘问你望啥子呀喂,
哎,我望槐花啥,
几时开呀喂。
我望槐花啥,
几时开呀喂。

(三)东北部民歌区

本区以汉族为主,包括东北平原、华北平原地区。受地形和人文环境影响,山歌、号子极少,常以小调为主要表现形式,其次为秧歌。音乐风格大多节奏密集、速度较快、粗犷刚劲,富有很强的感染力和表现力,表现了东北地区人民勇敢的精神和勤劳的作风,代表作品有《沂蒙山小调》《我爱你塞北的雪》。

《沂蒙山小调》
山东民歌

人人那个都说哎,沂蒙山好。
沂蒙那个山上哎,好风光。
青山那个绿水哎,多好看。
风吹那个草低哎,见牛羊。
高粱那个红来哎,豆花香。
万担那个谷子哎,堆满场。
咱们的共产党哎,领导好。
沂蒙山的人民哎,喜洋洋。
沂蒙山的人民哎,喜洋洋。

（四）江南民歌区

江南民歌以江南小调为代表，受到地域因素影响，曲调安稳温和，细腻婉转，含蓄优美，多是表现生活中小范围的爱恨情感，如广为传唱的《茉莉花》《紫竹调》。

《紫竹调》
江南民歌

一根紫竹直苗苗，送也吾郎做管箫。

箫儿对着口，口儿对着箫，箫中吹出鲜花调。

问郎君呀，这管箫儿好不好？问郎君呀，这管箫儿好不好？

小小鲤鱼粉红鳃，上江游到下江来。

头摇尾巴摆，头摇尾巴摆。

我手执钓竿钓将起来，我个小乖乖，清水游去浑水里来。

我个小乖乖，清水游去浑水里来。

（五）北方草原文化民歌区

北方草原文化民歌主要位于内蒙古自治区，以蒙古族民歌为代表，节奏自由，字少腔长，以表现草原的富饶辽阔、牛羊成群、一碧千里和牧民的质朴豁达、热情豪放的特征。如著名歌曲《牧歌》《辽阔的草原》。

《牧歌》
内蒙古民歌

蓝蓝的天空上飘着那白云，

白云的下面盖着雪白的羊群。

羊群就好像是斑斑的白银，

撒在草原上多么爱煞人。

蓝蓝的天空上飘着那白云，

白云的下面盖着雪白的羊群。

羊群就好像是斑斑的白银，

撒在草原上多么爱煞人。

撒在草原上多么爱煞人，

多么爱煞人。

（六）西部新疆民歌区

新疆的人们能歌善舞，其音乐风格也大多具有活泼、风趣，常与舞蹈结合的特点。《阿拉木汗》《半个月亮爬上来》《达坂城》等歌曲闻名中外。

《阿拉木汗》
新疆民歌

阿拉木汗什么样？身段不肥也不瘦。

阿拉木汗什么样？身段不肥也不瘦。

她的眉毛像弯月，她的腰身像绵柳，她的小嘴很多情，眼睛能使你发抖。

阿拉木汗什么样？身段不肥也不瘦。

阿拉木汗什么样？身段不肥也不瘦。

阿拉木汗住在哪里？吐鲁番西三百六。

阿拉木汗住在哪里？吐鲁番西三百六。

为她黑夜没瞌睡，为她白天常咳嗽，为她冒着风和雪，为她鞋底常跑透。

阿拉木汗住在哪里？吐鲁番西三百六。

阿拉木汗住在哪里？吐鲁番西三百六。

（七）青藏高原藏族民歌区

青藏高原生活环境特殊，这里的歌曲唱腔高亢嘹亮、穿透力强，多长音和颤音，音域宽广。代表作有《卓玛》《北京的金山上》。

《卓玛》
藏族民歌

草原的风，草原的雨，草原的羊群。

草原的花，草原的水，草原的姑娘。

啊，卓玛，啊，卓玛，草原上的姑娘卓玛拉。

你有一个花的名字，美丽姑娘卓玛拉。

你有一个花的笑容，噢，美丽姑娘卓玛拉。

你像一只自由的小鸟，歌唱在那草原上。

你像春天飞舞的彩蝶，闪烁在那花丛中。

啊，卓玛，草原上的格桑花。

你把歌声献给雪山，养育你的雪山。

你把美丽献给草原，养育你的草原。

啊，卓玛，啊，卓玛，草原上的姑娘卓玛拉。

啊，卓玛，啊，卓玛，草原上的姑娘卓玛拉。

> 资料必读　　　　　　　　　　　　　　　　　　>>

歌唱的基本方法

一、歌唱器官

（一）呼吸器官

人的呼吸器官有：鼻、咽、喉、气管、支气管和肺，核心部分为肺。肺与外界进行气体交换的过程，就是呼吸的过程。呼吸包括吸气和呼气两个过程，其动力来自呼吸肌，主要指肋间肌和膈肌。吸气时，肋骨向外扩张，隔肌下降，从而扩大胸腔体积；呼气时，肋骨收缩，隔肌上升。也就是说，歌唱时的气息主要由胸腹部来完成，而不是只用口鼻呼吸，或将气息放在咽喉部。

（二）发声器官

发声部位主要是喉。喉是一个管状器官，靠各种软骨和肌肉支撑。在喉部有发声器官——声带，人在发声时，先吸入空气，然后将声带内收和拉紧，并控制呼吸，呼出的气流冲击声带引起震动而发出声音。

（三）共鸣器官

共鸣器官是指发声系统中的全部腔体，如胸腔、口腔、咽腔、鼻腔。呼气时，气体出肺，途经喉部声带，气流撞击振动声带发声，同时，胸腔，鼻腔，颅腔也随之发生一定振动，称为共鸣。歌唱的动力来自气息，它决定声音的长短和音量。声音的高低音准取决于声带的不同紧张程度。共鸣腔决定了音色和音量，就像听歌用的音箱，有些音箱适合听舞曲，是因为低频声音响应共鸣好；有些听人声比较清晰，是因为音箱对中频声音响应好。唱歌也是这样，唱到不同音高我们用到的主要共鸣器官也有差异。

当人们处于自然放松的状态时，不能很好地调动所有共鸣腔体形成一致动作，不能满足歌唱的需要从而发出美妙的歌声。所以歌唱时，必须调动各腔体之间的积极性和支撑性，形成整体共鸣，从而获得更饱满的歌声。

二、歌唱气息

歌唱气息是歌声的原动力，没有气息就不能发声，不会控制气息就唱不好歌。但歌唱的气息区别于平常自然随意的说话气息，歌唱的气息是非自然的、刻意为之的，需要用呼气和吸气两股力量的互相拉扯对抗来保持声音的平稳延续和气息的均匀流畅。练习者常常用一种方法：朝小纸片吹气，使小纸片贴在墙上持久不掉落，以此来寻找控制气息的正确感觉。

在歌唱中，气息需要被控制，最好的方法就是放松和叹气。这样，气息才有深度、厚度，且自然流畅。但这个叹气要求腰腹部膨胀、胸腔扩张，气息有控制地缓缓流出，而不是完全把体内的气息呼出去。

训练气息有很多方法，如闭口打哈欠、按节奏吹口哨、学小狗喘气都是训练气息的常规方法。训练气息的最终目的，是让气息与呼吸、发声紧密地结合起来，以达到歌唱的最终要求。

三、常见的发声问题及解决方法

（一）鼻音

演唱者发声不当，将声音哼在鼻尖处或将大部分声音挤入鼻腔，就会产生浓厚的鼻音，严重影响声音质量和歌唱水平。解决鼻音的方法，首先是要掌握正确的哼鸣方法，在口腔里完成声音振动而不是在鼻腔里；多做开口音练习，喉咙打开，把声音从口腔里送出来。

（二）喉音

唱歌时喉头紧绷，会使声音干涩单薄不自然，还可能在歌唱中或唱歌后引起咳嗽、喉咙发痒等症状。产生喉音的原因是气息浮浅。提拉喉部、咽肌收紧，会使声带不能正常地发音。要去除喉音，一定要学会张口安静地深呼气，找到发声和气息的正确支点，唱歌时下巴和胸部放松，多叹气使喉部放松，从而找到气息自然流出而不经过喉部挤压的感觉。

（三）大白嗓

声音呈现"原生态"的状态，不经任何修饰，嘈杂不集中，像大声说话，浅白浮散，或用力嘶吼，缺乏共鸣，完全用真声演唱。纠正大白嗓，需要有意识地学习科学的发声，有节制地唱歌，多感受歌曲中的情感表达。注意呼吸在歌唱中的结合运动，不要过于放松地打开口腔，把气全部吐出来，要先学会吸着唱，把声音控制在口腔内，找到正确的咬字和共鸣的方法，这样既能保护嗓子，也能更加自如地歌唱。

除以上几点外，唱歌时正确的站姿、放松的面部表情和选择合适的歌曲都对歌唱有很重要的影响。我们要用科学的方法真正地享受音乐，平时多多听歌、多多唱歌，培养对音乐的热爱并探索音乐，这样才能获得更多的快乐。

拓展延伸

声乐的分类

一、按照唱法分类

声乐按照唱法大致可分为三类：美声唱法、民族唱法、通俗唱法。

美声唱法，起源于意大利，迄今已有400多年的历史。美声唱法不仅仅是一种唱法，更是一种风格、流派，在国际上享有很高的声誉及广泛的影响。美声唱法有发声位置靠后、圆润厚重、音域宽广、气息通畅，充分地运用人体的共鸣腔体，音量大且声音穿透力极强的特点。世界三大男高音之一——帕瓦罗蒂，便是以他十分漂亮的音色和宽广的音域，被誉为"高音之王"。

美声唱法之所以有极高的地位，是它的科学性决定的。

世界三大男高音：多明戈（左上）、卡雷拉斯（下）、帕瓦罗蒂（右上）

在演唱方面,学习美声条件限制较少,通过系统训练,可以最大限度地开发人体的歌唱发声机能,使演唱者掌握科学发声中的共鸣体的积极调动,使气息得到充分贯通,使一般人也能拥有优美动听的歌声。除此之外,正确掌握美声唱法的呼吸与发声方法也可以有效地保护嗓子。正因如此,美声唱法的科学性也运用在了民族唱法与通俗唱法中。

严格来说,美声唱法最初属于民族唱法的一种,因为美声唱法最初为意大利的民族唱法。但美声唱法逐渐被认可,演变成了世界的统一唱法。而如今民族唱法是指全世界各个国家和地区结合各自特色产生的特有的唱法。我国的民族唱法,吸收了各地的戏曲、曲艺、民歌的传统唱法。它根据我国人民的自身审美习惯和发音咬字,结合美声唱法的特点,形成了特色鲜明的演唱形式。我国的民族唱法具有声音明亮纯净、发声位置靠前、语言清晰、演唱轻松自然、气沉丹田、更多地使用口腔与头腔共鸣等特点。

通俗唱法起源于欧洲,在美国发展壮大。通俗唱法风格多种多样,有爵士、摇滚、说唱、民谣等。中国的通俗唱法出现于20世纪20年代后期的上海,在20世纪80年代走向繁荣。通俗唱法的特点是用真声演唱,用生活语言直抒胸臆,从生活中有感而发,强调激情和感染力。在歌唱方法方面,通俗唱法也结合了美声唱法和民族唱法的科学性,但不同于前两者以共鸣为主的发声方式,通俗唱法在发声上没有太多形式上的规范,强调以自然本质的表现方法来歌唱。通俗唱法声音较前两者偏小,因此演唱时要借助电声的音响来扩大音量制造气氛。通俗唱法不需要美声唱法、民族唱法的节制感和修饰感,在歌唱节奏、旋律线条和歌唱字音方面没有过多约束,形式、内容也相对自由,还注重即兴发挥,所以通俗音乐往往更受追求随意和个性的年轻人的追捧。

二、按照人声分类

声乐按照人声分类,可分为女高音、女中音、女低音、男高音、男中音、男低音。

女高音:是人声的最高声部,音域宽,具有清澈、明亮的音色和强烈的穿透力。女高音歌唱家常通过明亮有力、轻巧华丽的声音,来演唱情绪热烈、抒发内在复杂思想的声乐作品。

女中音介于女高音和女低音之间,音色比女高音略微浑厚柔美，常演唱一些抒情的、亲切的歌曲。

女低音：是女声中的最低声部，声音结实、厚重，稳定性强。一般表现叙事、起伏不大或悲伤的声乐作品。

男高音：是男声的最高声部，音色较清新明亮，以丰满、流畅、明朗为主要特点，善于演唱热情激昂的声乐作品。

男中音：介于男高音与男低音之间。声音温和宽广，善于抒情。它比男高音宽厚，比男低音明朗，擅长演唱抒情性的歌曲。

男低音：是所有人声中的最低声部，具有浑厚、坚实、深沉的特点，常演唱一些咏叹调。

民歌演唱

请以小组为单位进行抽签，按照抽取到的省份，排练一首该省份的民歌。各小组抽签后，在下一次课上，分组进行表演，并介绍该省份民歌的大致特点。各组表演结束后，由全班进行投票和评委老师打分综合评定排名。

1. 实践目的

了解不同地区的民歌，感受不同地区民歌的艺术魅力，弘扬民族音乐文化，提高自身的民族音乐修养和审美能力。

2. 实践要求

（1）小组的表演要体现该省份民歌的特点

（2）演唱形式尽量多样化，建议加入舞台布置、服装元素、背景视频。

3. 活动评价与评分细则

项目	分值分配	活动要求	评分细则	得分
民歌演唱	100分	内容：参赛歌曲内容（10分）	1. 属于抽取省份的民歌（5分） 2. 内容健康积极（5分）	
		形式：多样化（90分）	1. 表演形式独特新颖（30分） 2. 有道具的使用（10分） 3. 有服装和化妆元素（10分） 4. 有视频、音乐背景等元素（10分） 5. 声音洪亮（10分） 6. 演唱投入、有感情（10分） 7. 演出程序完整（10分）	

京剧欣赏

京剧是中国的国粹，是中华文化的瑰宝，蕴含着浓厚的历史文化，是向世界介绍和传播中国传统艺术文化的重要媒介。在文化生活丰富多彩的今天，面对各种艺术形式，如何打破"京剧是老年人娱乐方式"的固化认知？大学生应如何增强对京剧文化的传承意识，并将京剧这一国粹发扬光大？

学习目标

- ◆ 了解京剧的相关知识，培养一定的京剧欣赏能力
- ◆ 培养传承、发扬京剧这一国粹的意识
- ◆ 完成"项目实践"中的"振兴京剧"活动

京剧的基本知识

唯有民族的才是世界的。京剧虽然只有200多年的历史，但它所体现出的独有的中国戏剧审美特点和丰富精美的表演手段，以及一代又一代的卓越艺术家群体，促使京剧走向鼎盛、走向世界。

一、京剧的形成

京剧，又称"皮黄"，是在北京形成的戏曲剧种之一，它是在徽调和汉调的基础上，吸收了昆曲、秦腔等一些戏曲剧种的特长逐渐演变形成的。京剧在20世纪迅速地流传全国，成为中国影响力最大的剧种。在21世纪，京剧走向世界，成为中国对外文化交往的重要名片之一，是中国的国粹。

那么，中国京剧是如何形成的？有哪些特点？我们可以从以下方面来认识。

（一）徽班进京

乾隆五十五年（1790）是乾隆皇帝80寿辰，扬州的盐商江鹤亭在当年秋天专门组织了以名演员高郎亭为首的一个"三庆"徽戏班，进京为乾隆皇帝做庆寿演出。三庆班进京演出获得热烈欢迎后就在北京扎下了根，后来许多徽戏班相继进京演出。到了嘉庆年间，"三庆""四喜""和春""春台"四个徽戏班因为各具风格特色，成为京城剧坛的霸主，被称为"四大徽班"。四大徽班进京，被视为京剧诞生的前奏。

（二）汉调进京和徽汉合流

清道光年间，来自荆楚大地的湖北地方戏曲汉调（又称"汉戏"）北上进京。汉调凭借其独特的风格，在京城站稳了脚跟。在这期间湖北艺人余三胜等人搭入徽班，与徽班演员同台演唱，互相影响、吸收，促成徽、汉二剧合流。经过一段时间的融合、积累，又从昆曲、弋腔、秦腔中汲取营养，终于在京城形成一个新的唱腔并开始流行，这个新唱腔被称为"皮黄戏"。

（三）优秀艺术家的创新和贡献

清同治、光绪年间涌现了一大批优秀的艺术家，他们对京剧的唱腔、表演以及人物造型等方面的创新，为京剧的健康发展做出了巨大贡献，促成了京剧艺术走向成熟。其代表人物有：程长庚、卢胜奎、杨月楼、张胜奎、谭鑫培、徐小香、梅巧玲、余紫云、时小福、朱莲芬、郝兰田、刘赶三、杨鸣玉。同时期，画师沈蓉圃以彩色绘制这十三名艺人的剧装画像，传世以后，称为"同光十三绝"。

二、京剧的"四功""五法"

京剧的"四功"是指"唱、念、做、打"，是京剧表演的四种艺术手段，也是京剧表演的四项基本功。"唱"，指的是唱功；"念"指的是音乐性念白；"做"指的是做功，也就是表演；"打"，指的是武功。

京剧的"五法"是指"手、眼、身、法、步"，其中"手、眼、身、步"研究的对象是"形"（形体），是技术要素；而"法"研究的是"神"，是艺术要素，"法"贯穿于"手、眼、身、步"之中。

三、京剧的行当

行当是对舞台人物的综合、系统的人物分类。分类依据是性别、年龄、忠奸善恶、内在气质、外貌特征、社会地位以及舞台上的表现手法等。行当大体包括两个方面的含义：一是角色形象的分类；二是表演技巧的分类。京剧的行当分为生、旦、净、丑四大类。

京剧生行

老生

小生

武生

青衣

花旦

武旦

老旦

花脸

丑（小花脸）

花衫

"生"是指除了花脸以及丑角以外所有男性角色的统称，又分为老生（须生）、小生、武生、娃娃生。"旦"是女性角色的统称，又分为正旦（青衣）、花旦、武旦、老旦、刀马旦、花衫。"净"，俗称花脸，大多是扮演性格、品质或相貌上有些特异的男性人物，化妆用脸谱，音色洪亮、风格粗犷。"净"又分为以唱工为主的大花脸，如包拯；以做工为主的二花脸，如曹操。"丑"，扮演喜剧人物的角色，因在鼻梁上抹一小块白粉，俗称小花脸。

四、京剧的念白

戏剧界有"千斤话白四两唱"之说。京剧的念白分韵白、京白、方言白几种。我们重点介绍韵白、京白。

韵白近似于吟诵，字音同唱一样要求严格。韵白的字调抑扬顿挫明显，音乐性更强，因而显得严肃、庄重、沉稳、矜持。身份尊贵的人物，一般念韵白，如《贵妃醉酒》中杨玉环有一段念白："丽质天生难自捐，承欢侍宴酒为年；六宫粉黛三千众，三千宠爱一身专。"这段韵白，其中"生、承、酒、六、千、爱"的发音就不同于普通话。

京白采用北京口音，是夸张化的舞台语言，京白听起来轻松、活泼、自然、诙谐。身份低的人物一般念京白，如《卖水》中丫鬟梅香有一段念白："啊哈！每日奉姑娘，描龙绣鸳鸯，小姐遭不幸，叫我也心伤。我，梅英，是礼部尚书黄府的丫头。我家小姐桂英，自幼许配兵部尚书二公子李彦贵为妻。不想李家被奸臣诬告通敌，李老大人被判罪入狱，幸好李老夫人和二公子逃出京来，谁知我家老爷是个势利的小人，要把这门婚事给打退。想我家小姐，久闻李家忠良家风，岂肯答应退亲？也曾和老爷争吵了几次，为此小姐终日闷闷不乐，茶不思，饭也不想，这日子长了可怎么得了呢？"梅英这一大段京白介绍了人物身份和故事的由来。所以京剧的老生、青衣、花脸、小生、老旦等一般念韵白，京剧的花旦、丑角一般念京白。

五、京剧的脸谱

京剧脸谱是具有民族特色的一种化妆方法，是在面具与涂面两种化妆术影响下逐步美化发展而形成的。脸谱常用于净、丑两行，它对剧中人物有褒贬之意，以显示忠奸性格，而且勾绘精巧、美观，有利于演员的表演，是京剧艺术的重要组成部分。

从脸谱的颜色看，红色代表忠义，如《古城会》中的关羽；黄色代表凶猛，如《战宛城》中的典韦；蓝色代表粗犷，如《盗御马》中的窦尔敦；紫色代表有武功的忠臣，如廉颇；绿色代表绿林中人，如程咬金；黑色代表刚正无私，如《铡美案》中的包公；白色代表奸诈，如《群英会》中的曹操；金银色代表神怪，金色代表高层次神仙，银色代表一般神仙，如《闹天宫》中的天王。

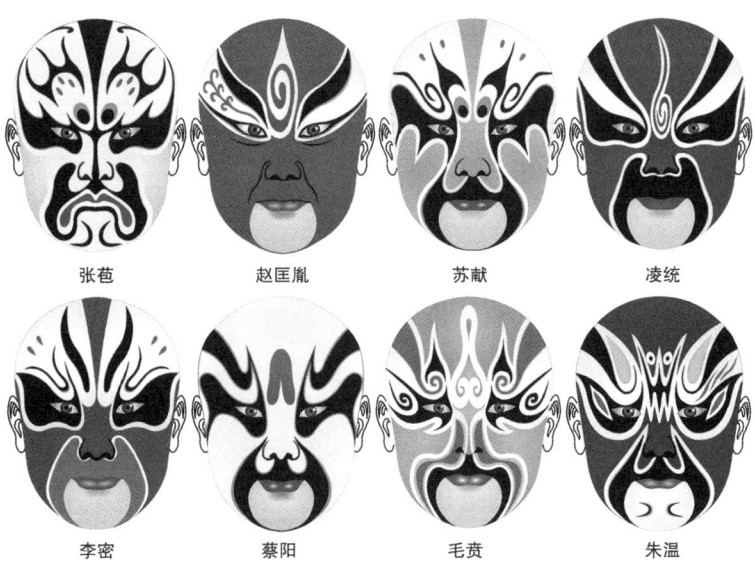

京剧脸谱

六、京剧的艺术特征

京剧作为一种戏剧舞台艺术，主要有三大特征，即综合性、虚拟性、程式性。

京剧艺术包括文学、表演、美术（化妆、脸谱、舞台设计、布景绘制）、灯光电器、服装（刺绣工艺）、道具（工艺品制作）等。但就表演一项而言，它包括唱、念、做、打四种门类，因而它是一种非常复杂的综合艺术。

京剧艺术是写意的，不同于西方戏剧的写实。例如，京剧舞台上的一桌二椅代表着诸多具象的东西。一个桌子可以是其本身，也可以代表一座楼、一座山，甚至一座桥，有时还可以当作一条船。舞台上没有马，一支马鞭挥舞起来，马就来了。舞台上没有船，摇起一支木桨，船就漂来了。舞台上没有门，用手一比画，门就有了。所以京剧有"舞台方丈地，一转万重山，出门三五步，咫尺是他家"之说。

京剧的程式是历代京剧表演艺术家，为了适应有韵律的唱念格式，在做形体动作时，把自然的生活动作转化或提炼为有节奏的表演技术格式，经过长期的舞台实践，一些好的、能准确传达表演意图的格式就被肯定和保留下来，成为具有一定含义、相对固定的程式。仅就表演来讲，唱念做打皆有程式，包括唱腔程式、舞蹈程式、行当程式、音乐程式（文武场）、化妆脸谱程式、调度程式等。

> **资料必读**
>
> ## 传统京剧经典唱段
>
> ### 一、《野猪林》
>
> #### 1.《野猪林》介绍
>
> 京剧《野猪林》的故事取材于我国古典文学名著《水浒传》。北宋年代东京八十万禁军教头林冲，被太尉高俅陷害，发配沧州。高俅又责令解差在野猪林内杀害林冲，不想被林冲的结义兄弟鲁智深搭救。后来在山神庙，林冲手刃了仇人陆谦，冒风雪连夜投奔梁山泊。

《野猪林》剧照

2.《野猪林》经典唱段《大雪飘》

（林冲唱）大雪飘扑人面，朔风阵阵透骨寒。彤云低锁山河黯，疏林冷落尽凋残。往事萦怀难排遣，荒村沽酒慰愁烦。望家乡，去路远，别妻千里音书断，关山阻隔两心悬。讲什么雄心欲把星河挽，空怀雪刃未锄奸。叹英雄生死离别遭危难，满怀激愤问苍天：问苍天万里关山何日返？问苍天缺月儿何时再团圆？问苍天何日里重挥三尺剑？诛尽奸贼庙堂宽！壮怀得舒展，贼头祭龙泉。却为何天颜遍堆愁和怨……天啊，天！莫非你也怕权奸有口难言？

二、《空城计》

1.《空城计》介绍

《空城计》是传统京剧的经典剧目，叙述的是诸葛亮因马谡自恃才能而失掉街亭，魏将司马懿乘势引军15万攻打诸葛亮驻地西城。当时，诸葛亮所部精锐俱已遣出，西城空虚，只有驻地的老弱士兵，寡不敌众，万分危急。诸葛亮定空城之计，城门大开，从容不迫、若无其事地登上城楼观山赏景，饮酒抚琴。司马懿兵临城下，见诸葛亮端坐城楼，笑容可掬，焚香弹琴，疑惑不已，深恐中计，疑有伏兵，不进而退。他再次复回攻城时，遇赵云抵挡而收兵。

2.《空城计》经典唱段《我正在城楼观山景》

（诸葛亮唱）我正在城楼观山景，耳听得城外乱纷纷，旌旗招展空翻影，却原来是司马发来的兵。我也曾差人去打听，打听得司马领兵往西行。一来是马谡无谋少才能，二来是将帅不和失街亭。你连得我三城多侥幸，贪得无厌又夺我西城。诸葛亮在敌楼把驾等，等候了司马到此谈（呐），谈、谈谈心。西城的街道打扫净，预备着司马好屯兵。诸葛亮无有别的敬，早预备下羊羔美酒犒赏你的三军。既到此就该把城进，为什么犹疑不定、进退两难，为的是何情？左右琴童人两个，我是又无有埋伏、又无有兵。你不要胡思乱想心不定，来、来、来，请上城来听我抚琴。

《空城计》剧照

三、《贵妃醉酒》

1.《贵妃醉酒》介绍

《贵妃醉酒》又名《百花亭》，该剧经京剧大师梅兰芳倾尽毕生心血精雕细刻、加工点缀，是梅派经典代表剧目之一。此剧本主要描写杨玉环醉后自赏怀春的心态，凸显杨玉环对唐玄宗的柔情。20世纪50年代，梅兰芳去芜存菁，从人物情感变化入手，从美学角度纠正了它的非艺术倾向。有资料显示此剧源自昆曲剧目，由其唱词结构可见一斑。其开场的四平调尤为京剧珍品。

2.《贵妃醉酒》经典唱段《海岛冰轮初转腾》

（杨玉环唱）海岛冰轮初转腾，见玉兔，玉兔又早东升。那冰轮离海岛，乾坤分外明。皓月当空，恰便似嫦娥离月宫，奴似嫦娥离月宫。好一似嫦娥下九重，清清冷落在广寒宫。啊，广寒宫。玉石桥斜倚把栏杆靠，那鸳鸯来戏水，金色鲤鱼在水面朝。啊，水面朝。长空啊，雁儿飞。

哎呀，雁儿呀！雁儿并飞腾，闻奴的声音落花荫，这景色撩人欲醉，不觉来到百花亭。

《贵妃醉酒》剧照

四、《锁麟囊》

1.《锁麟囊》介绍

《锁麟囊》是"四大名旦"之一的程砚秋先生的代表作。由著名剧作家翁偶虹在1937年编剧，内容取自《剧说》中的一个小故事。讲述了一个善良的富家小姐，在富贵无常的人世中，因当年的仗义助人而得到报恩和救助的感人故事。该剧于1940年5月首演于上海黄金戏院，直到今天，常演不衰，可谓是京剧舞台上的一棵常青树。该剧在声腔艺术、唱词安排上的成就为程派剧目的魁首，甚至在整个京剧界的地位亦是举足轻重。

2.《锁麟囊》经典唱段《耳听得悲声惨心中如捣》

（薛湘灵唱）耳听得悲声惨心中如捣，同遇人为什么这样嚎啕。莫不是夫郎丑难谐女貌，莫不是强婚配鸦占鸾巢。叫梅香你把那好言相告，问那厢因何故痛苦无聊。梅香说话好颠倒，蠢材只会乱解嘲，怜贫济困是正道，哪有个袖手旁观在壁上瞧。蠢材问话太潦草，难免怀疑在心梢。你不该人前逞骄傲，不该词费又滔滔，休要聒且站了，薛良与我问一遭。听薛良一语来相告，满腹骄矜顿雪消。人情冷暖凭空造，谁能移动它半分毫。我正不足她正少，她饥寒我为娇。分我一枝珊瑚宝，安她半世凤凰巢。忙把梅香我低声叫，莫把姓名就信口晓。这都是神话凭空造，自把珠玉夸富豪。麟儿哪有神送到，积德才得玉树苗。小小囊儿何足道，救她饥渴胜琼瑶。

《锁麟囊》剧照

现代京剧经典唱段

一、《红灯记》

1.《红灯记》介绍

《红灯记》讲述的是抗日战争时期，我党地下工作者李玉和一家三代，为向游击队转送密电码而前仆后继、与日寇不屈不挠做斗争的英雄故事。

2.《红灯记》经典唱段《光辉照儿永向前》

（李铁梅唱）爹爹给我无价宝，光辉照儿永向前。爹爹的品德传给我，儿脚跟站稳如磐石坚。爹爹的智慧传给我，儿心明眼亮永不受欺瞒。爹爹的胆量传给我，儿敢与豺狼虎豹来周旋。家传的红灯有一盏，爹爹呀！你的财宝车儿载，船儿装，千车也载不尽，万船也装不完。铁梅我定要把它好好保留在身边。

《红灯记》剧照

二、《智取威虎山》

1.《智取威虎山》介绍

1946年冬,我人民解放军在东北战场取得辉煌胜利。为了巩固革命根据地,我军决定对东北地区的匪帮余孽进行清剿。恶霸土匪座山雕,盘踞威虎山,祸害当地百姓。某部团参谋长少剑波率领杨子荣等进山剿匪。杨子荣改扮为土匪,只身深入虎穴,骗得座山雕信任,与少剑波里应外合,将残匪一网打尽,彻底消灭了这股顽匪。

2.《智取威虎山》经典唱段《迎来春色换人间》

(杨子荣唱)穿林海,跨雪原,气冲霄汉……党给我智慧给我胆,千难万险只等闲。为剿匪先把土匪扮,似尖刀插进威虎山。誓把座山雕,埋葬在山涧,壮志撼山岳,雄心震深渊。待等到与战友会师百鸡宴,捣匪巢定叫它地覆天翻。

《智取威虎山》剧照

三、《杜鹃山》

1.《杜鹃山》介绍

《杜鹃山》所讲述的故事发生在1928年,党派柯湘从井冈山到湘赣边界的杜鹃山领导一支农民自卫军。途中柯湘被捕,恰巧被自卫军营救。自此,柯湘担任了自卫军的党代表。她宣传党的阶级政策,团结群众,不断扩大武装。地主武装头子毒蛇胆勾结自卫军中的叛徒温其久,抓住雷刚的义母,诱雷刚下山,妄图一举消灭自卫军。柯湘识破敌人毒计,主张用敌进我退的办法,会合主力,粉碎敌人的进犯。雷刚不听劝阻，莽撞下山救母，结果中计被捕。柯湘率尖刀班救出雷刚母子，清除了叛徒，改造了这支自发的农民自卫军。

2.《杜鹃山》经典唱段《乱云飞》

（柯湘唱）乱云飞，松涛吼，群山奔涌。枪声急，军情紧，肩头压力重千斤，团团烈火烧（哇），烧我心！杜妈妈，遇危难，毒刑受尽，雷队长，入虎口（他）九死一生。战士们急于救应，人心浮动，难以平静，温其久一反常态，推波助澜，是何居心？（那）毒蛇胆，施诡计，险恶阴狠，须提防内生隐患，腹背受敌，危及全军，危及全军。面临着胜败存亡，我的心，心沉重。

《杜鹃山》剧照

伴唱：（心沉重，望长空，望长空，想五井）

（柯湘唱）似看到，万山丛中战旗红，毛委员，指航程，光辉照耀天（哪）天地明！（啊）

伴唱：（光辉照耀天地明，天地明！）

（柯湘唱）想起您，想起您，力量倍增，从容镇定，从容镇定。依靠党，依靠群众，坚无不摧，战无不胜，定能够，力挽狂澜，挫匪军，壮志凌云！

四、《沙家浜》

1.《沙家浜》介绍

抗战时期，新四军浴血抗日，某部指导员郭建光带领十八名新四军伤病员在沙家浜养伤。"忠义救国军"司令胡传魁、参谋长刁德一假意抗战，暗投日寇。中国共产党地下党员阿庆嫂依靠以沙奶奶为代表的进步抗日群众，巧妙掩护了新四军伤病员安全伤愈归队,最终消灭了盘踞在沙家浜的日伪武装,继续为解放江南大好河山奋战。

2.《沙家浜》经典唱段《智斗》

胡传魁(念):你问的是她?

胡传魁(唱):想当初老子的队伍才开张,拢共才有十几个人、七八条枪。遇皇军追得我晕头转向,多亏了阿庆嫂,她叫我水缸里面把身藏。她那里提壶续水,面不改色,无事一样,骗走了东洋兵,我才躲过了大难一场。似这样救命之恩终生不忘,俺胡某讲义气终当报偿。

阿庆嫂:胡司令,这么点小事,您别净挂在嘴边上。那我也是急中生智,事过之后,您猜怎么着,我呀,还真有点后怕呀!……参谋长,您吃茶!哟,香烟忘了,我去拿烟去。(进屋)

刁德一(念):(看着阿庆嫂背影)司令!我是本地人,怎么没有见过这位老板娘啊?

胡传魁(念):人家夫妻"八一三"以后才来这儿开茶馆,那时候你还在日本留学,你怎么会认识她哪?!

刁德一(念):哎!这个女人真不简单哪!

胡传魁(念):怎么,你对她还有什么怀疑吗?

刁德一(念):不不不!司令的恩人嘛!

胡传魁(念):你这个人哪!

刁德一(念):嘿嘿嘿……

阿庆嫂取香烟、火柴,提铜壶从屋内走出。

阿庆嫂(念):参谋长,烟不好,请抽一支呀!胡司令,抽一支!

刁德一:(望着阿庆嫂背影,唱)这个女人不寻常!

阿庆嫂:(接唱)刁德一有什么鬼心肠?

胡传魁:(唱)这小刁一点面子也不讲!

阿庆嫂:(接唱)这草包倒是一堵挡风的墙。

刁德一:(略一想,打开烟盒请阿庆嫂抽烟)抽烟!(阿庆嫂摇手拒绝。)

胡传魁(念):人家不会,你干什么!

刁德一:(接唱)她态度不卑又不亢。

阿庆嫂:(唱)他神情不阴又不阳。

胡传魁：（唱）刁德一搞的什么鬼花样？

阿庆嫂：（唱）他们到底是姓蒋还是姓汪？

刁德一：（唱）我待要旁敲侧击将她访。

阿庆嫂：（接唱）我必须察言观色把他防。

（阿庆嫂欲进屋。刁德一从她的身后叫住。）

《沙家浜》剧照

刁德一（唱）：阿庆嫂！适才听得司令讲，阿庆嫂真是不寻常。我佩服你沉着机灵有胆量，竟敢在鬼子面前耍花枪。若无有抗日救国的好思想，焉能够舍己救人不慌张！

阿庆嫂：（接唱）参谋长休要谬夸奖，舍己救人不敢当。开茶馆，盼兴旺，江湖义气第一桩。司令常来又常往，我有心背靠大树好乘凉。也是司令洪福广，方能遇难又呈祥。

刁德一：（接唱）新四军久在沙家浜，这棵大树有阴凉，你与他们常来往，想必是安排照应更周详！

阿庆嫂：（接唱）垒起七星灶，铜壶煮三江。摆开八仙桌，招待十六方。来的都是客，全凭嘴一张。相逢开口笑，过后不思量。人一走，茶就凉。有什么周详不周详！

拓展延伸

梨园行

旧称京剧界为"梨园行"。梨园本为唐代乐舞机构，因设于长安（今陕西西安）西北禁苑梨园而得名。唐玄宗曾亲自在此教习法曲。这可能是历史上最早的大规模培训戏曲歌舞演员的场所，所以京剧界追本溯源，称这一行业为"梨园行"。相传唐玄宗是戏曲界的祖师爷，京剧界将其当作"老郎神"来祭祀，其来源亦在于此。

四大须生的历史地位

须生即老生。前四大须生是指余叔岩、言菊朋、高庆奎、马连良,后四大须生是指马连良、谭富英、奚啸伯、杨宝森,其中马连良身兼前后。

就历史地位和艺术成就而言,前后四大须生中,七位艺术家的艺术各具特色、各有长短。从两届老生名家走过的艺术道路来看,他们处于不同时期,在京剧老生行中,都不是笃守师承、亦步亦趋,而是继往开来、启迪后学,在唱、念、做、打诸方面都有自己的创造,各有所长,形成了自己的独特风格,开拓了老生行当精进求新的广阔道路,值得青年京剧演员学习和借鉴。

四大名旦及其代表剧目

四大名旦是指梅兰芳、荀慧生、程砚秋、尚小云四位杰出的旦角表演艺术家。他们是20世纪20年代起在京剧舞台上异军突起的四位艺术明星,他们以各自的风格特色、各自的代表剧目,创造了自己的流派,改变了只有老生才能唱主角的局面,开创了旦角挑班唱戏的新局面,创造了京剧舞台争奇斗艳、绚丽多姿的鼎盛年华。

梅兰芳的表演以庄重深邃、气势非凡、简洁凝练而艺压群芳,塑造了《宇宙锋》中的赵艳容、《霸王别姬》中的虞姬、《贵妃醉酒》中的杨玉环、《凤还巢》中的程雪娥等一个个华美的形象。最为可贵的是他不以奇特取巧,而在平淡中见神采,

四大名旦

成为京剧旦角的楷模,被誉为一代宗师。

荀慧生的表演,无论唱、念、做、打,均在细微之处见神韵、见精巧,很注意将情感投入到唱、念、做、打中,进而刻画人物形象,使人物的神态深入人心。他在唱念表演中绝无矫揉造作之感,而能神到、意到,一唱一动挥洒自如。他演的《杜十娘》《红娘》《勘玉钏》《大英杰烈》《荀灌娘》都有各自的个性和特点,极其生动、逼真。

程砚秋的表演以"文武昆乱不挡"的精湛的艺术造诣而赢得了观众。他的青衣戏《武家坡》、花旦戏《闹学》、刀马旦戏《穆柯寨》、武旦戏《沈云英》、昆腔戏《思凡》和《费宫人》都给观众留下了深刻的印象。变声后,他因嗓音所限,为露巧藏拙,在唱腔上独辟蹊径,终以低回委婉、俏丽华美的"程腔"演出了《三击掌》《骂殿》《荒山泪》《窦娥冤》等戏,为旦角的唱腔开辟了新天地。

尚小云的表演以神完气足、明快俏丽、美媚柔脆和文戏武唱为特点,他创造《汉明妃》中的昭君、《福寿镜》中的胡氏、《双阳公主》中的公主、《摩登伽女》中的钵吉帝等艺术形象,不但显示了他深厚的文武全能的功力,而且其与众不同之处,给人以耳目清明之感。

振兴京剧

请以小组为单位设计问卷,以调查问卷类的小程序为技术载体,广泛调查京剧发展的现状。根据调查结果,讨论如何让更多的人感受国粹京剧的魅力。最后形成调查报告并在班上展示汇报。

1. 实践目的

面对京剧慢慢淡出人们视线的现实,通过实践活动,深入了解京剧,感受京剧的魅力,传承京剧文化。

2. 实践要求

(1)问卷设计面向的人群应尽量广泛。

(2)振兴京剧的方式要符合实际,具有可行性。

(3)小组成员要注意团结协作。

3. 评价要求与评分细则

项目	分值分配	活动要求	评分细则	得分
问卷调查实施	20分	结合调研小程序（5分）	依托问卷类小程序完成调研（5分）	
		完成调研（10分）	根据调查结果，筛选出有效调查数据（10分）	
		形成调研报告（5分）	完成一份有效的、有说服力的调研报告（5分）	
撰写调查报告	50分	结构和内容：合理、准确（40分）	1. 结构完整（5分） 2. 内容完整（20分） 3. 内容真实、准确（5分） 4. 对策及建议具有可行性（10分）	
		主题：明确突出（5分）	活动各环节突出传承京剧文化的主题（5分）	
		文字：文字表述准确简明（5分）	1. 无病句和错别字（2分） 2. 文字表述朴实、准确、简洁（3分）	
展示汇报	30分	组织：成员间有明确的分工（5分）	1. 组员间能体现良好的团结协作精神（2分） 2. 展示完整有序的活动程序（3分）	
		口头语言表达：表述清晰且有感染力（15分）	1. 表达内容重点突出，思路清晰（10分） 2. 声音洪亮，有感情（5分）	
		表现形式：多样化（10分）	能充分挖掘丰富的表现形式（10分）	

艺术活动篇

项目十一　话剧表演

项目十二　诗歌赏析及朗诵

项目十一 话剧表演

话剧是无音乐伴奏的、以对话为主的、借助舞台完成的戏剧形式。演员在表演过程中，能够与观众面对面地进行交流。台上台下相互呼应，表演现场气氛浓烈，使观众能产生与看电影、电视不一样的艺术感受。对于大学生来说，话剧是最容易参与和亲身体验的一种艺术形式。

大学生应该如何欣赏话剧，如何通过话剧关注时代、弘扬民族精神呢？

学习目标

- ◆ 了解话剧的历史、特点及排练程序
- ◆ 理解话剧中个性化语言对刻画人物形象的作用，感悟话剧的艺术魅力
- ◆ 完成"项目实践"中对《雷雨》剧目进行改编及表演的活动

话剧常识

话剧是以舞台为背景、以剧本为基础、以表演为主要形式的综合性艺术。它借助文学、音乐、舞蹈、美术等艺术手段来塑造人物形象，揭示社会矛盾，反映社会生活。

一、话剧的特点

（1）空间和时间要高度集中。话剧不像小说、散文那样可以不受时间和空间的限制，它要求时间、人物、情节、场景高度集中在舞台范围内。

（2）反映现实生活的矛盾要尖锐。因为话剧这种文学形式是为了集中反映现实生活中的矛盾冲突而产生的，所以说，没有矛盾冲突就没有话剧。由于受表演形式所限，话剧所展现的矛盾冲突须适合在舞台上表演。

（3）人物的语言和动作必须表现性格特征。话剧语言要求能充分地表现人物的性格、身份和思想感情，要通俗自然、简练明确，要口语化，要适合舞台表演。剧本所要展现的叙述、描写、议论、抒情，都需要通过剧中人物的语言、动作以及舞台效果来传递，以引发观众的共鸣。因此，话剧语言必须性格化、鲜明化，不仅要准确表达人物的思想感情、符合人物的特定身份，更要符合观众的观看期待。

二、话剧的表达手段

（1）舞台。包括背景、舞美、道具、灯光、音响等。

（2）语言。包括舞台说明和人物语言。舞台说明，又叫舞台提示，是剧本语言不可缺少的一部分，是剧本里的一些说明性文字。舞台说明包括剧中人物表，剧情发生的时间、地点、服装、道具、布景以及人物的表情、动作、上下场等。这些说明对刻画人物性格和推动、展开戏剧情节发展有一定的作用。人物语言就是剧中人物所说的话，包括对话、独白、旁白。

（3）结构形式。多为分幕分场演出。

三、我国的话剧发展

与我国传统戏剧不同，话剧是20世纪从西方传入中国的"舶来品"。20世纪初到五四运动前，话剧被称为"文明新戏"；五四运动以后，我国的话剧主要是引自西方的现实主义戏剧，称为"新剧"。在整个20世纪20年代，"戏剧"这个称谓基本等同于后来的"话剧"。1928年起，经洪深提议，将这种主要运用对话和动作表情来传情达意的戏剧样式称为"话剧"。到如今话剧在我国已有百余年的历史。

我国的话剧与校园文化生活紧密相连，我国最早的话剧形式是校园话剧，它直接推进了我国现代话剧的诞生。校园话剧的滥觞与演进过程是与我国现代教育的产生和发展过程同步的。1899年11月上海约翰书院的学生于圣诞节晚会上演出了自己编排的《时事新戏》，这算是比较早的学生演剧活动。1907年中国留日学生组成的"春柳社"在东京演出了《茶花女》第三部，对我国现代话剧的产生起到了促进作用，得到了当时北京大学、清华大学、燕京大学、南开大学等大多数大学的积极响应，而话剧在校园的普及和推广抵制了当时戏剧的商业庸俗化倾向。在20世纪20年代，复旦剧社在选择优秀改译剧本及进行社会公演、推行男女合演等举措上，对我国话剧的发展起到了积极作用。抗日战争爆发后，以抗日为主题的话剧影响了广大学生，使其投笔从戎走上了战场。中华人民共和国成立后，绝大部分高校都成立了自己的学生剧社，校园话剧在宣传新中国的新人新事和新观念、教育大学生方面发挥了积极作用。改革开放后，校园话剧得以恢复和发展，在显示高校校园文化的品位、增强高校校园文化氛围、丰富大学生高雅文化生活方面起到了不可替代的作用。20世纪90年代以来，高校校园话剧初步建立了发展机制，北京、上海、杭州、南京、广州等地有经常性的校园话剧演出活动。通过全国性的"大学生戏剧节"及各地的大学校园戏剧专场演出，校园话剧不断得以发展。

四、话剧的排练

（一）排练的程序

话剧的排练是将文学剧本转化成立体活动的过程，其排练的基本程序主要有以下几项。

（1）接受任务，组成班底，安排角色，尤其要认真安排好主角人选。

（2）共同阅读、研讨剧本。分角色背剧本。

（3）对剧本，即把有角色的演员集中在一起对剧本。音乐、舞美参与设计：音乐须准备录放等音响设备，舞美须准备道具、服装，设计与制作舞台背景等。

（4）素排阶段，进入场地排练。一般在导演的指导下，先把全剧通拉一次，然后再对重要场次进行细致的排练。

（5）合排阶段，包括音乐、服装、道具到位。

（6）连排阶段，即反复排练阶段。

（7）彩排阶段，在无观众或仅有少量观众的情况下，与正式演出完全一样地进行表演。表演一般不能中断，除非出现非常情况时导演喊停才能停。

（8）完善阶段。这是演出前的最后修补，只对彩排中出现的问题进行个别调整。

（二）排练的注意事项

（1）对待排练态度要认真，用真正上台表演的心态对待每一次排练。只有经过千锤百炼的表演才能心态平和、游刃有余。

（2）不能笑场。在排练时不要养成笑场的习惯。刚开始的偶然笑场或许难免，但经常的、随意的笑场是对其他演员的不尊重，也是对自己演的戏不负责任的表现。

（3）善于临场处置。在正式演出时念错了台词或做错了动作，不要一下子紧张得停下来。要立即稳住自己，继续表演。排练的时候，知道对方念错了可以指出来，到正式演出则不可；大家要默契，搭档不要有"知道你错了"的反应，必须若无其事地继续演。演员要相互体谅，机智配合。

（4）道具的使用要严谨。演出前要反复地检查落实。不可因为道具的疏漏使自己在舞台上手忙脚乱、不知所措。

（5）切忌抢戏。话剧表演应注意团队合作，不可为了表现自己而抢别人的戏，每个演员都要有团队精神，相互协作、相互扶持。每个人都有自己特定的责任，各自有各自的表演空间，不能轻视小角色，也不需要羡慕大角色，只要演好自己那部分的戏就是成功。演戏就像做人，要本分、厚道，多补台、不拆台。

项目十一　话剧表演

资料必读

话剧《雷雨》(第二幕节选)

鲁：(伸出手来，向四凤)哦，孩子，让我看看你。
[四凤走到母亲前，跪下。]

四：妈，您不怪我吧？您不怪我这次没听您的话，跑到周公馆做事吧？

鲁：不，不，做了就做了。——不过为什么这两年你一个字也不告诉我，我下车走到家里，才听见张大婶告诉我，说我的女儿在这儿。

四：妈，我怕您生气，我怕您难过，我不敢告诉您。——其实，妈，我们也不是什么富贵人家，就是像我这样帮人，我想也没有什么关系。

鲁：不，你以为妈怕穷么？怕人家笑我们穷么？不，孩子，妈最知道认命，妈最看得开，不过，孩子，我怕你太年青，容易一阵子犯糊涂，妈受过苦，妈知道的。你不懂，你不知道这世界太……人的心太……。(叹一口气)好，我们先不提这个。(站起来)这家的太太真怪！她要见我干什么？

四：嗯，嗯，是啊。(她的恐惧来了，但是她愿意向好的一面想)不，妈，这边太太没有多少朋友，她听说妈也会写字，念书，也许觉着很相近，所以想请妈来谈谈。

鲁：(不信地)哦？(慢慢看这屋子的摆设，指着有镜台的柜)这屋子倒是很雅致的。就是家具太旧了点。这是——？

四：这是老爷用的红木书桌，现在做摆饰用了。听说这是三十年前的老东西，老爷偏偏喜欢用，到哪儿带到哪儿。

鲁：那个(指着有镜台的柜)是什么？

四：那也是件老东西，从前的第一个太太，就是大少爷的母亲，顶爱的东西。您看，从前的家具多笨哪。

鲁：咦，奇怪。——为什么窗户还关上呢？

四：您也觉得奇怪不是？这是我们老爷的怪脾气，夏天反而要关窗户。

鲁：（回想）凤儿，这屋子我像是在哪儿见过似的。

四：（笑）真的？您大概是想我想的梦里到过这儿。

鲁：对了，梦似的。——奇怪，这地方怪得很，这地方忽然叫我想起了许多许多事情。（低下头坐下）

四：（慌）妈，您怎么脸上发白？您别是受了暑，我给您拿一杯冷水吧。

鲁：不，不是，你别去，——我怕得很，这屋子有鬼怪！

四：妈，您怎么啦？

鲁：我怕得很，忽然我把三十年前的事情一件一件地都想起来了，已经忘了许多年的人又在我心里转。四凤，你摸摸我的手。

四：（摸鲁妈的手）冰凉，妈，您可别吓坏我。我胆子小，妈，妈，——这屋子从前可闹过鬼的！

鲁：孩子，你别怕，妈不怎么样。不过，四凤，我好像我的魂来过这儿似的。

四：妈，您别瞎说啦，您怎么来过？他们二十年前才搬到这儿北方来，那时候，您不是在南方么？

鲁：不，不，我来过。这些家具，我想不起来——我在哪见过。

四：妈，您的眼不要直瞪瞪地望着，我怕。

鲁：别怕，孩子，别怕，孩子。（声音愈低，她用力地想，她整个的人，缩，缩到记忆的最下层深处。）

四：妈，您看那个柜干什么？那就是从前死了的第一个太太的东西。

鲁：（突然低声颤颤地向四凤）凤儿，你去看，你去看，那柜子靠右第三个抽屉里，有没有一只小孩穿的绣花虎头鞋。

四：妈，您怎么啦？不要这样疑神疑鬼地。

鲁：凤儿，你去，你去看一看。我心里有点怯，我有点走不动，你去！

四：好我去看。

［她走到柜前，拉开抽斗，看。］

鲁：（急）有没有？

四：没有，妈。

鲁：你看清楚了？

四：没有，里面空空地就是些茶碗。

鲁：哦，那大概是我在做梦了。

四：（怜惜她的母亲）别多说话了，妈，静一静吧，妈，您在外受了委屈了，（落泪）从前，您不是这样神魂颠倒的。可怜的妈呀。（抱着她）好一点了么？

鲁：不要紧的。——刚才我在门房听见这家里还有两位少爷？

四：嗯！妈，都很好，都很和气的。

鲁：（自言自语地）不，我的女儿说什么也不能在这儿多待。不成。不成。

四：妈，您说什么？这儿上上下下都待我很好。妈，这里老爷太太向来不骂底下人，两位少爷都很和气的。这周家不但是活着的人心好，就是死了的人样子也是挺厚道的。

鲁：周？这家里姓周？

四：妈，您看您，您刚才不是问着周家的门进来的么？怎么会忘了？（笑）妈，我明白了，您还是路上受热了。我先跟你拿着周家第一个太太的相片，给您看。我再跟你拿点水来喝。

［四凤在镜台上拿了相片过来，站在鲁妈背后，给她看。］

鲁：（拿着相片，看）哦！（惊愕地说不出话来，手发颤。）

四：（站在鲁妈背后）您看她多好看，这就是大少爷的母亲，笑得多美，他们并说还有点像我呢。可惜，她死了，要不然，——（觉得鲁妈头向前倒）哦，妈，您怎么啦？

鲁：不，不，我头晕，我想喝水。

四：（慌，掐着鲁妈的手指，搓着她的头）妈，您到这边来！（扶鲁妈到一个大的沙发前，鲁妈手里还紧紧地拿着相片）妈，您在这儿躺一躺。我跟您拿水去。

［四凤由饭厅门忙跑下。］

鲁：哦，天哪。我是死了的人！这是真的么？这张相片？这些家具？怎么会？——哦，天底下地方大得很，怎么？熬过这几十年偏偏又把我这个可怜的孩子，放回到他——他的家里？哦，好不公平的天哪！（哭泣）

［四凤拿水上，鲁妈忙擦眼泪。］

四：（持水杯，向鲁妈）妈，您喝一口，不，再喝几口。（鲁妈饮）好一点了么？

鲁：嗯，好，好啦。孩子，你现在就跟我回家。

四：（惊讶）妈，您怎么啦？

［由饭厅传出繁漪喊"四凤"的声音。］

鲁：谁喊你？

四：太太。

繁漪声：四凤！

四：唉。

繁漪声：四凤，你来，老爷的雨衣你给放在哪儿啦？

四：（喊）我就来。（向鲁妈）您等一等，我就回来。

鲁：好，你去吧。

［四凤下。鲁妈周围望望，走到柜前，抚摸着她从前的家具，低头沉思。忽然听见屋外花园里走路的声音。她转过身来，等候着。］

……

［朴园由书房上。］

朴：繁漪！（繁漪抬头。鲁妈站起，忙躲在一旁，神色大变，观察他。）你怎么还不去？

繁：（故意地）上哪儿？

朴：克大夫在等你，你不知道么？

繁：克大夫，谁是克大夫？

朴：跟你从前看病的克大夫。

繁：我的药喝够了，我不预备再喝了。

朴：那么你的病……

繁：我没有病。

朴：（忍耐）克大夫是我在德国的好朋友，对于妇科很有研究。你的神经有点失常，他一定治得好。

繁：谁说我的神经失常？你们为什么这样咒我？我没有病，我没有病，我告诉你，我没有病！

朴：（冷酷地）你当着人这样胡喊乱闹，你自己有病，偏偏要讳疾忌医，不肯叫医生治，这不就是神经上的病态么？

繁：哼，我假若是有病，也不是医生治得好的。（向饭厅门走）

朴：（大声喊）站住！你上哪儿去？

繁：（不在意地）到楼上去。

朴：（命令地）你应当听话。

繁：（好像不明白地）哦！（停，不经意地打量他）你看你！（尖声笑两声）你简直叫我想笑。（轻蔑地笑）你忘了你自己是怎么样一个人啦！（又大笑，由饭厅跑下，重重地关上门。）

朴：来人！

〔仆人上。〕

仆人：老爷。

朴：太太现在在楼上。你叫大少爷陪着克大夫到楼上去跟太太看病。

仆人：是，老爷。

朴：你告诉大少爷，太太现在神经病很重，叫他小心点，叫楼上老妈子好好地看着太太。

仆人：是，老爷。

朴：还有，叫大少爷告诉克大夫，说我有点累，不陪他了。

仆人：是，老爷。

……

〔仆人下。朴园点着一枝吕宋烟，看见桌上的雨衣。〕

朴：（向鲁妈）这是太太找出来的雨衣吗？

鲁：（看着他）大概是的。

朴：（拿起看看）不对，不对，这都是新的。我要我的旧雨衣，你回头跟太太说。

鲁：嗯。

朴：（看她不走）你不知道这间房子底下人不准随便进来么？

鲁：（看着他）不知道，老爷。

朴：你是新来的下人？

鲁：不是的，我找我的女儿来的。

朴：你的女儿？

鲁：四凤是我的女儿。

朴：那你走错屋子了。

鲁：哦。——老爷没有事了？

朴：（指窗）窗户谁叫打开的？

鲁：哦。（很自然地走到窗户，关上窗户，慢慢地走向中门。）

朴：（看她关好窗门，忽然觉得她很奇怪）你站一站，（鲁妈停）你——你贵姓？

鲁：我姓鲁。

朴：姓鲁。你的口音不像北方人。

鲁：对了，我不是，我是江苏的。

朴：你好像有点无锡口音。

鲁：我自小就在无锡长大的。

朴：（沉思）无锡？嗯，无锡（忽而）你在无锡是什么时候？

鲁：光绪二十年，离现在有三十多年了。

朴：哦，三十年前你在无锡？

鲁：是的，三十多年前呢，那时候我记得我们还没有用洋火呢。

朴：（沉思）三十多年前，是的，很远啦，我想想，我大概是二十多岁的时候。那时候我还在无锡呢。

鲁：老爷是那个地方的人？

朴：嗯，（沉吟）无锡是个好地方。

鲁：哦，好地方。

朴：你三十年前在无锡么？

鲁：是，老爷。

朴：三十年前，在无锡有一件很出名的事情——

鲁：哦。

朴：你知道么？

鲁：也许记得，不知道老爷说的是哪一件？

朴：哦，很远的，提起来大家都忘了。

鲁：说不定，也许记得的。

朴：我问过许多那个时候到过无锡的人，我想打听打听。可是那个时候在无锡的人，到现在不是老了就是死了，活着的多半是不知道的，或者忘了。

鲁：如若老爷想打听的话，无论什么事，无锡那边我还有认识的人，虽然许久不通音信，托他们打听点事情总还可以的。

朴：我派人到无锡打听过。——不过也许凑巧你会知道。三十年前在无锡有一家姓梅的。

鲁：姓梅的？

朴：梅家的一个年轻小姐，很贤惠，也很规矩，有一天夜里，忽然地投水死了，后来，后来，——你知道么？

鲁：不敢说。

朴：哦。

鲁：我倒认识一个年轻的姑娘姓梅的。

朴：哦？你说说看。

鲁：可是她不是小姐，她也不贤惠，并且听说是不大规矩的。

朴：也许，也许你弄错了，不过你不妨说说看。

鲁：这个梅姑娘倒是有一天晚上跳的河，可是不是一个，她手里抱着一个刚生下三天的男孩。听人说她生前是不规矩的。

朴：（苦痛）哦！

鲁：这是个下等人，不很守本分的。听说她跟那时周公馆的少爷有点不清白，生了两个儿子。生了第二个，才过三天，忽然周少爷不要了她，大孩子就放在周公馆，刚生的孩子抱在怀里，在年三十夜里投河死的。

朴：（汗涔涔地）哦。

鲁：她不是小姐，她是无锡周公馆梅妈的女儿，她叫侍萍。

朴：（抬起头来）你姓什么？

鲁：我姓鲁，老爷。

朴：（喘出一口气，沉思地）侍萍，侍萍，对了。这个女孩子的尸首，说是有一个穷人见着埋了。你可以打听得她的坟在哪儿么?

鲁:老爷问这些闲事干什么?

朴:这个人跟我们有点亲戚。

鲁:亲戚?

朴:嗯——我们想把她的坟墓修一修。

鲁:哦——那用不着了。

朴:怎么?

鲁:这个人现在还活着。

朴:(惊愕)什么?

鲁:她没有死。

朴:她还在?不会吧?我看见她河边上的衣服,里面有她的绝命书。

鲁:不过她被一个慈善的人救活了。

朴:哦,救活啦?

鲁:以后无锡的人是没见着她,以为她那夜晚死了。

朴:那么,她呢?

鲁:一个人在外乡活着。

朴:那个小孩呢?

鲁:也活着。

朴:(忽然立起)你是谁?

鲁:我是这儿四凤的妈,老爷。

朴:哦。

鲁:她现在老了,嫁给一个下等人,又生了个女孩,境况很不好。

朴:你知道她现在在哪儿?

鲁:我前几天还见着她!

朴:什么?她就在这儿?此地?

鲁:嗯,就在此地。

朴:哦!

鲁:老爷,你想见一见她么?

朴:不,不,谢谢你。

鲁:她的命很苦。离开了周家,周家少爷就娶了一位有钱有门第的小姐。她一个单身人,无亲无故,带着一个孩子在外乡什么事都做,讨饭,缝衣服,当老妈子,在学校里伺候人。

朴：她为什么不再找到周家？

鲁：大概她是不愿意吧？为着她自己的孩子，她嫁过两次。

朴：以后她又嫁过两次？

鲁：嗯，都是很下等的人。她遇人都很不如意，老爷想帮一帮她么？

朴：好，你先下去。让我想一想。

鲁：老爷，没有事了？（望着朴园，眼泪要涌出）老爷，您那雨衣，我怎么说？

朴：你去告诉四凤，叫她把我樟木箱子里那件旧雨衣拿出来，顺便把那箱子里的几件旧衬衣也捡出来。

鲁：旧衬衣？

朴：你告诉她在我那顶老的箱子里，纺绸的衬衣，没有领子的。

鲁：老爷那种纺绸衬衣不是一共有五件？您要哪一件？

朴：要哪一件？

鲁：不是有一件，在右袖襟上有个烧破的窟窿，后来用丝线绣成一朵梅花补上的？还有一件——

朴：（惊愕）梅花？

鲁：还有一件绸衬衣，左袖襟也绣着一朵梅花，旁边还绣着一个萍字。还有一件——

朴：（徐徐立起）哦，你，你，你是——

鲁：我是从前伺候过老爷的下人。

朴：哦，侍萍！（低声）怎么，是你？

鲁：你自然想不到，侍萍的相貌有一天也会老得连你都不认识了。

朴：你——侍萍？（不觉地望望柜上的相片，又望鲁妈。）

鲁：朴园，你找侍萍么？侍萍在这儿。

朴：（忽然严厉地）你来干什么？

鲁：不是我要来的。

朴：谁指使你来的？

鲁：（悲愤）命！不公平的命指使我来的。

朴：（冷冷地）三十年的工夫你还是找到这儿来了。

鲁：（愤怨）我没有找你，我没有找你，我以为你早死了。我今天没想到到这儿来，这是天要我在这儿又碰见你。

朴：你可以冷静点。现在你我都是有子女的人，如果你觉得心里有委屈，这么大年纪，我们先可以不必哭哭啼啼的。

鲁：哭？哼，我的眼泪早哭干了，我没有委屈，我有的是恨，是悔，是三十年一天一天我自己受的苦。你大概已经忘了你做的事了！三十年前，年三十的晚上我生下你的第二个儿子才三天，你为了要赶紧娶那位有钱有门第的小姐，你们逼着我冒着大雪出去，要我离开你们周家的门。

朴：从前的恩怨，过了几十年，又何必再提呢？

鲁：那是因为周大少爷一帆风顺，现在也是社会上的好人物。可是自从我被你们家赶出来以后，我没有死成，我把我的母亲可给气死了，我亲生的两个孩子你们家里逼着我留在你们家里。

朴：你的第二个孩子你不是已经抱走了么？

鲁：那是你们老太太看着孩子快死了，才叫我抱走的。（自语）哦，天哪，我觉得我像在做梦。

朴：我看过去的事不必再提起来吧。

鲁：我要提，我要提，我闷了三十年了！你结了婚，就搬了家，我以为这一辈子也见不着你了；谁知道我自己的孩子个个命定要跑到周家来，又做我从前在你们家做过的事。

朴：怪不得四凤这样像你。

鲁：我伺候你，我的孩子再伺候你生的少爷们。这是我的报应，我的报应。

朴：你静一静。把脑子放清醒点。你不要以为我的心是死了，你以为一个人做了一件于心不忍的事就会忘了么？你看这些家具都是你从前顶喜欢的东西，多少年我总是留着，为着纪念你。

鲁：（低头）哦。

朴：你的生日——四月十八——每年我总记得。一切都照着你是正式嫁过周家的人看,甚至于你因为生萍儿,受了病,总要关窗户,这些习惯我都保留着,为的是不忘你,弥补我的罪过。

鲁:(叹一口气)现在我们都是上了年纪的人,这些傻话请你不必说了。

朴:那更好了。那么我们可以明明白白地谈一谈。

鲁:不过我觉得没有什么可谈的。

朴:话很多。我看你的性情好像没有大改,——鲁贵像是个很不老实的人。

鲁:你不明白。他永远不会知道的。

朴:那双方面都好。再有,我要问你的,你自己带走的儿子在哪儿?

鲁:他在你的矿上做工。

朴:我问,他现在在哪儿?

鲁:就在门房等着见你呢。

朴:什么?鲁大海?他!我的儿子?

鲁:他的脚趾头因为你的不小心,现在还是少一个的。

朴:(冷笑)这么说,我自己的骨肉在矿上鼓励罢工,反对我!

鲁:他跟你现在完完全全是两样的人。

朴:(沉静)他还是我的儿子。

鲁:你不要以为他还会认你做父亲。

朴:(忽然)好!痛痛快快地!你现在要多少钱吧?

鲁:什么?

朴:留着你养老。

鲁:(苦笑)哼,你还以为我是故意来敲诈你,才来的么?

朴:也好,我们暂且不提这一层。那么,我先说我的意思。你听着,鲁贵我现在要辞退的,四凤也要回家。不过——

鲁:你不要怕,你以为我会用这种关系来敲诈你么?你放心,我不会的。大后天我就会带四凤回到我原来的地方。这是一场梦,这地方我绝对不会再住下去。

朴:好得很,那么一切路费,用费,都归我担负。

鲁：什么？

朴：这于我的心也安一点。

鲁：你？（笑）三十年我一个人都过了，现在我反而要你的钱？

朴：好，好，好，那么你现在要什么？

鲁：（停一停）我，我要点东西。

朴：什么？说吧？

鲁：（泪满眼）我——我只要见见我的萍儿。

朴：你想见他？

鲁：嗯，他在哪儿？

朴：他现在在楼上陪着他的母亲看病。我叫他，他就可以下来见你。不过是——

鲁：不过是什么？

朴：他很大了。

鲁：（追忆）他大概是二十八了吧？我记得他比大海只大一岁。

朴：并且他以为他母亲早就死了的。

鲁：哦，你以为我会哭哭啼啼地叫他认母亲么？我不会那么傻的。我难道不知道这样的母亲只给自己的儿子丢人么？我明白他的地位，他的教育，不容他承认这样的母亲。这些年我也学乖了，我只想看看他，他究竟是我生的孩子。你不要怕，我就是告诉他，白白地增加他的烦恼，他自己也不愿意认我的。

朴：那么，我们就这样解决了。我叫他下来，你看一看他，以后鲁家的人永远不许再到周家来。

鲁：好，希望这一生不至于再见你。

朴：（由衣内取出皮夹的支票签好）很好，这一张五千块钱的支票，你可以先拿去用。算是弥补我一点罪过。

鲁：（接过支票）谢谢你。（慢慢撕碎支票）

朴：侍萍——

鲁：我这些年的苦不是你拿钱就算得清的！

> 拓展延伸

经典话剧简介

1.《雷雨》：中国话剧百年第一戏

《雷雨》是中国话剧史上的一座丰碑，它使24岁的曹禺一鸣惊人，使中国话剧走向成熟。在中国话剧至今一百多年的发展历程中，如果只选一部戏作为代表，则非《雷雨》莫属。它是中国第一部可读、可演的话剧，它的诞生打破了此前中国只能演国外话剧的局面；它是中国话剧史上演出次数最多、演出团体最多的杰作，是中国话剧百年史上的神话和奇迹。《雷雨》几十年的演出史，是一部中国话剧导演艺术史和社会接受史，更是中国话剧表演的发展史。这些都使《雷雨》成为当之无愧的"中国话剧百年第一戏"。

《雷雨》剧照

2.《茶馆》：东方舞台上的奇迹

《茶馆》是当代中国话剧舞台最享盛名的保留剧目，是老舍后期创作中最为成功的作品，被誉为"东方舞台上的奇迹"。当话剧后辈们不断以仰望的姿态回望这部经典时才能发现，剔除庞杂的情节转合、剔除特有时代的立场判断，游走于老舍笔端的其实是一种"大写意"式的蓄势而发的经典东方美学。1980年9月，《茶馆》应邀赴德国、法国和瑞士三国演出，中国话剧第一次走出国门。到2004年5月27日，《茶馆》公演500场。一部三幕话剧，世俗百态、小人物的悲欢离合，浓缩了中国半世纪的沧桑沉浮，为后世留下一笔巨大的文化财富。

《茶馆》剧照

3.《屈原》：历史剧的集大成者

《屈原》不但是20世纪40年代历史剧中最辉煌的作品，而且在整个现代文学史上，也是不可多得的艺术瑰宝。这部五幕历史剧，可谓话剧巨匠郭沫若创作的历史剧当中成就最高、影响最大的一部作品，淋漓尽致地展现了郭氏的革命浪漫主义风格。这部剧在日本、俄罗斯、罗马尼亚、捷克等国上演600余场，创中国话剧在国外上演的最高纪录。

4.《压迫》：现代主义话剧的典范

创作于1925年冬天的独幕剧《压迫》，被戏剧批评家洪深认为是"那时期创作喜剧中的唯一杰作"。该剧创造出了堪称典范的人物语言和最为人称道的剧作结构，在同期大多数粗糙、低质的作品中可谓凤毛麟角。丁西林的"世态喜剧"在他所生活的年代，并未得到公允的评价，《压迫》也不例外。事实上，以《压迫》为代表的丁西林喜剧，是中国最早成功尝试现代派话剧的典范，具有某种程度的"超前性"，在整个中国话剧史上都是一个独特的存在。

5.《上海屋檐下》：抗战戏剧的嚆矢

创作于抗日战争前夕的《上海屋檐下》，通过一群生活在上海弄堂中的小人物的悲惨遭遇和他们的喜怒哀乐，揭露了国民党统治下的黑暗现实，暗示出雷雨将至的前景，力图使观众"听到些将要到来的时代的脚步声"。作者夏衍说这是一出悲喜剧。《上海屋檐下》因"八一三"事变而失去了上演的机会，直至1939年1月，才由怒吼剧社在重庆首演。但这部戏的产生，却是中国抗战戏剧的嚆矢，奠定了夏衍在中国话剧史上的重要地位。

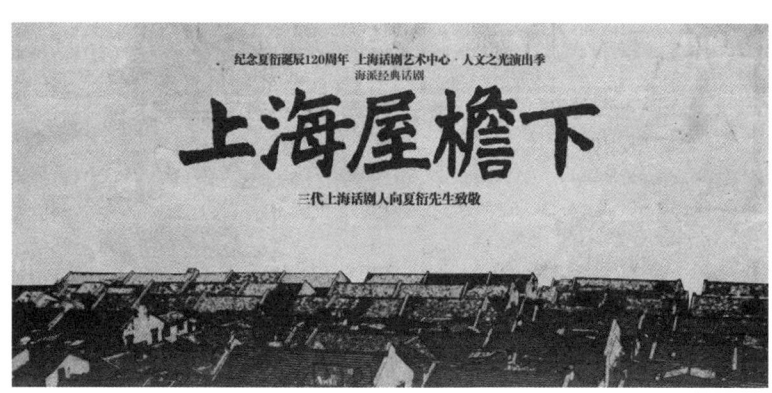

《上海屋檐下》海报

6.《白毛女》："社会主义现实主义"剧作

延安时期戏剧成就的标志，是1945年鲁迅艺术学院集体创作，贺敬之、丁毅执笔的优秀多幕剧《白毛女》。它虽说是一部新歌剧，但舞台风格却类似话剧，是话剧的表现形式与民间音乐巧妙结合的产物，成功地表现了"旧社会把人变成鬼，新社会把鬼变成人"的主题。它的出现及成功推广，对新中国成立后"社会主义现实主义"的话剧创作模式产生了示范效应。

7.《于无声处》：新时期话剧发轫之作

1978年11月16日，由上海工人宗福先创作的四幕话剧《于无声处》轰轰烈烈地上演了。随着《于无声处》的演出和剧本的发表，它在全国广泛传播，有几百万人通过报纸、电视和剧场，阅读或观看了这部话剧，艺术价值已经不是衡量它的唯一标准，重要的是，它将当代文学从"文革"长达10年的文艺禁锢中解放出来，使濒临绝迹的话剧再度振兴，并使之一度走在各种艺术形式的最前列。

8.《绝对信号》：小剧场运动先锋

1982年11月，林兆华导演的《绝对信号》在北京人民艺术剧院小剧场首演，开启了新时期小剧场运动的先河。这次成功的实验演出，成为转型期中国自己的话剧先锋，并在戏剧界引发了对小剧场戏剧的探索兴趣。剧作打破了传统戏剧观众与演员之间的固定交流方式；还打破了传统话剧"现在进行式"的"顺时序"时间结构套式。

9.《暗恋桃花源》：享誉亚洲的经典之作

1986年，一部舞台剧《暗恋桃花源》奠定了中国台湾戏剧家赖声川在戏剧界的地位。此后的四度复排更让该剧成为享誉亚洲的经典之作，而集编、导于一身的赖声川，也因此剧蜚声海内外，被誉为"华语剧坛不可或缺的重量级人物"。

10.《倾城之恋》：61年续写两个传奇

这里所说的《倾城之恋》，指的是相隔61年时空的两个不同版本。张爱玲于1943年写成小说《倾城之恋》，翌年亲自将之改编为4幕8场的现代话剧，于当年12月16日由大中剧艺公司在上海新光大戏院献演。那一版话剧由朱端均导演，演员阵容强大，罗兰演白流苏、舒适演范柳原、韦伟演徐太太、海涛演印度公主、端木兰心演四奶奶，皆为一时红星。61年后，香港话剧团献演《新倾城之恋》，导演毛俊辉延伸了原著戛然而止的结局，将白流苏置于改革开放后的上海，在即将拆除的老房子里回忆和范柳原往昔的爱情。

话剧表演

请以小组为单位选择《雷雨》中的一幕进行改编、排练,并在班内进行表演。演出结束后,大家选出"最佳剧目奖"。有兴趣的同学可以在今后的学习生活中创作校园话剧并进行演出。

1. 实践目的

掌握话剧演出的基本程序,感受话剧表演,提升话剧欣赏水平,促进话剧文化的继承与传播。

2. 实践要求

(1)剧目改编内容要积极健康、结合实际。

(2)尽量加入道具、服装等元素。

(3)小组成员应团结协作,共同完成话剧编排及表演。

3. 评价要求与评分细则

项目	分值	活动要求	评分细则	得分
剧目改编	30分	内容:积极、合理(30分)	1. 剧本内容紧扣主题,积极健康(15分) 2. 构思新颖、结合实际,剧本结构合理、完整(10分) 3. 语言具有艺术表现力和感染力(5分)	
剧目编排	20分	编排:协作良好、道具使用合理(20分)	1. 组员团结协作良好(5分) 2. 话剧编排合理,情节跌宕起伏,矛盾冲突明显(10分) 3. 演员服装得体,道具安排符合剧情(3分) 4. 演员站位合理,表演流畅(2分)	
现场表演	50分	表演:自然、有表现力(50分)	1. 表演时间严格控制在15分钟以内(15分) 2. 举止大方、表演自然,组员之间配合默契(15分) 3. 发音清晰,语言流畅、富有感染力(5分) 4. 动作有表现力,能表演出剧中人物的性格特征(10分) 5. 观众评价较好,现场气氛热烈(5分)	

项目十二
诗歌赏析及朗诵

从诗经、楚辞，到汉乐府民歌、南北朝民歌，从唐诗、宋词、元曲，到现代诗，难以计数的优秀诗篇向人们展示它的境界、情调、气度，这些优美篇章要么描绘祖国的壮丽山河，要么抒发离愁别恨、儿女情长，要么书写报效祖国的壮志未酬……每一篇的背后都浸润着诗人的血与泪、爱与恨、悲愁与喜乐。

我们在品读一首诗歌时怎样才能走进诗人的心灵？如何在与诗人共情的基础上，进一步提高我们的朗诵水平？

学习目标

◆ 了解诗歌赏析及朗诵的相关理论知识
◆ 掌握一定的诗歌朗诵技巧，提高诗歌朗诵能力
◆ 完成"项目实践"中的诗歌朗诵活动

诗歌赏析与朗诵技巧

诗歌是各种文学样式中最早出现的一种,它以丰富的感情和想象使人心潮起伏,以鲜明的节奏和美妙的韵律使人吟咏回味,以高度的凝练和含蓄使人回味无穷。它是人们喜闻乐见的文学形式。可正是诗歌的凝练含蓄的特点,给赏析诗歌带来一定难度,下面我们谈谈几点诗歌赏析的方法。

一、诗歌赏析

(一)了解诗歌的创作背景

赏析一首诗歌,需要了解诗歌的时代背景、作家生平等,不同的诗人其创作的动机是不同的,诗人要表达的情绪因为其创作的背景不同,当然会有所差异。如李白生活在盛唐,物华天宝,国力强盛,诗人终其一生都在以天真的赤子之情讴歌理想的人生,总以满腔热情去拥抱世界,其风格浪漫,想象丰富,感情丰沛;而生活在大唐王朝由盛转衰时期的杜甫,在飘零的人生中,凝视着流血的大地,所咏之作则体现了一种深入社会、关切政治和民生疾苦的现实主义风格。

(二)熟悉作者的人生经历

作品蕴含着作者的人生,作者人生经历的变化往往使其作品风格、题材、思想内容都随之发生变化。要想明白作品的内涵,就要详细了解作者的人生轨迹及遭遇。就像曹雪芹的:"满纸荒唐言,一把辛酸泪。都云作者痴,谁解其中味?"如果不从他的人生遭遇来看,很难体会到这四句诗的意境。

(三)进入诗歌的意境

什么是意境?著名美学家朱光潜先生曾给意境下过这样的定义:"意境是作家的主观情意和客观物象互相交融而形成的足以使读者沉浸其中的想象世界。"意境是诗歌的生命,而意境又是由一个个单一包含感情的形象(即意象)所组成。所以,我们在欣赏诗歌的时候,要通过意象,再发挥想象和联想,在头脑中勾勒诗人所描绘的画面,感受诗人所表达的情感。如马致远的《天净沙·秋思》中,"枯藤""老树""昏鸦""小桥""流水""人家"等意象合在一起,就组成了一种意境,描绘了一幅绝妙的深秋晚景图，真切地表现了天涯沦落人的孤寂愁苦之情。

（四）揣摩诗歌的表现手法

好的诗歌常常是多种表现手法的综合运用。诗歌创作中常常使用描写，如正面—侧面、实写—虚写、动景—静景、近景—远景；也常用到抒情，如直抒胸臆、借景抒情、托物言志。诗歌中还经常大量使用修辞手法，如比喻、象征、排比、拟人、夸张；还会用到联想、想象，用典铺垫，渲染烘托，暗示省略等。比如余光中的《乡愁》，便是恰如其分地用排比将乡愁比喻成了"邮票""船票""坟墓"和"海峡"，层层递进地表达了对母亲、新娘、故乡和祖国的思念之情。

（五）品味诗歌的语言艺术

诗歌是语言的艺术，诗歌中的语言是诗人千锤百炼的结果，"两句三年得，一吟双泪流"说的就是这个道理。诗歌的语言是富含哲理的、含蓄隽永的、凝练深沉的、生动流畅的、形象传神的、充满情感的，往往言在此而意在彼，言有尽而意无穷。例如著名诗人顾城在《一代人》中写道："黑夜给了我黑色的眼睛，我却用它寻找光明。"全诗只有两句话，虽短小却警醒世人，表明作者及整个时代人们的心声：渴望光明、自由与个人价值的实现。语言含蓄隽永、深刻蕴藉。所以我们在欣赏诗歌的语言时要多角度、多层次地品味，才能更好地走入诗人的心灵。

二、诗歌朗诵技巧

朗诵是一种依托文艺作品文本，通过朗诵者的审美体验，结合有声语言等多种表现手法，对文本进行二次创作的音声表演艺术。在各种文体中，诗歌是最适合朗诵表演的一种。我们可以通过一系列的训练，掌握更具体的情、声、气结合技巧，体会更深沉隽永的诗歌韵味，展现更具个性魅力的艺术表演效果。

（一）作品的选择

适宜朗诵的诗歌最好具备以下几个特征：第一，意义表达明确，形象塑造鲜明，绝不艰深晦涩；第二，朗朗上口，音韵和谐，富有节律感；第三，感染力强，容易引起共鸣；第四，一定是朗诵者自身深深喜爱、感同身受并且充分理解和领悟的作品。这是最重要的一点。

（二）发声和用气

（1）吐字归音。首先，对诗歌中每一个字的普通话规范发音都必须准确无误地读出，尤其是对生僻字、多音字、易误读字一定要经过反复考证以确定其标准读音。其次，吐字跟声母相关，要求发音部位准确、唇舌弹发有力、干净利落；立字跟韵腹相关，要求口腔打开、音效圆润丰满；归音跟韵尾相关，要求送气到位、完整轻松。

（2）共鸣用气。共鸣的控制会直接影响诗歌朗诵中声音的色彩和表现力。运用口腔共鸣，音色清晰圆润；运用胸腔共鸣，音色深沉宽厚；运用头腔共鸣，音色明亮华丽。气息在朗诵中起到重要的支撑作用，朗诵者健康积极投入的身心状态、正确通畅的胸腹呼吸法以及根据情感要求自如的呼吸调控，都可以让朗诵收放自如。

（三）基调和语音技巧

1. 基调的确定

其一，基调指的是朗诵某首诗时所保持的态度倾向、感情色彩、语气分量。比如徐志摩的《再别康桥》基调就是明丽的、轻柔的；艾青的《我爱这土地》基调就是悲愤的、压抑的。其二，基调是朗诵全诗的精神统领，必须将其贯穿朗诵始终。每一个朗诵者对诗歌进行艺术再创作时，都应该明确把握该篇作品的基调。

2. 语音技巧

有声语言表达的基本技巧即指内部技巧——情景再现、内在语、对象感；外部技巧——停连、重音、语气、节奏。简称"内三外四"。下面着重介绍一下外部技巧。

（1）停连。停连是指朗读语流中声音的中断和延续。简单地说，就是朗诵时诗句停顿与连接的状态。它的决定因素包括生理方面和心理方面。生理方面是利用停顿补足气息；心理方面是利用停顿准确、鲜明、充分地表达思想感情。其中心理方面更加重要，可以分为强调性停连、回味性停连、过渡性停连、反馈性停连和情感性停连。

❖ 练习：

车缓缓地前进，牵动着千万人的心。许多人在人行道上追着灵车奔跑。人们多么希望车子能停下来，希望时间能停下来。

∧可是∧灵车缓缓地远去了，终于消失在苍茫的夜色中了。（∧表示一个长时间的心理停顿）

（2）重音。在朗读时需要强调或突出的词或词组，甚至某个音节，叫作重音。重音的作用是为了体现话语的目的，显示意图和态度。同样的一句话，如果重音不同，表达出来的意思也就不同。

❖ 练习：

我知道他会唱歌。（我知道，不用你说）

我知道他会唱歌。（我是说他会，不是指别人）

我知道他会唱歌。（他会，而不是不会）

我知道他会唱歌。（他会唱歌，别的不一定会）

（3）语气。就朗读的语句来说，既有内在思想感情的色彩和分量，又有外在的高低、强弱、快慢、虚实的声音形式。这两方面统称为语气。透过语气的色彩可以显露出爱、憎、悲、喜、惧、欲、急、冷、怒、疑等的情感，也就表达出了诗中的情感。同样一句话，因语气的表现不同，也会产生不同的意义。

❖ 练习：

不行！（坚决。说不行就不行）——拒绝的语气。

不行？（怎么可能！我以为你会答应。）——怀疑的语气。

不行？！（太过分了！竟然说不行。）——轻视的语气。

不行。（反语其实我可以！）——期望的语气。

（4）节奏。诗歌的节奏来自诗歌音节的规律、文字的疏密、语义的转换，也就是说朗诵既应表现诗歌语言和音乐旋律的节奏美，也应表达诗歌内容和感情变化的节奏美。只有朗诵的音声节奏与受众的内心节奏、诗歌的文本节奏完美融合，才能表现出神入化、宛若天成的艺术神韵。

以上这四类语音的呈现方式缺一不可。停连，解决词、词组、句子、段落、层次之间的疏密关系，使语意完整清晰，感情隐现得体。重音，解决句子、段落中的主次问题，使语言目的明确，重点突出。语气可以支配停连、重音，也可以形成节奏的不同类型，同时，停连、重音、节奏的各自不同的变化，主要由语气来体现。节奏，具体的回环往复不依靠语气，当然就要黯然失色、空泛笼统了。而节奏又可以在回环往复的转换中，使语气更添光彩。

（四）配乐和编排

（1）背景乐的选择。好的背景乐可以帮助听众很快进入诗歌的意境，也可以帮助朗诵者很快进入角色、进入状态。一首朗诵诗是否选择背景乐，选择什么样的背景乐，是由诗歌的主题以及诗歌的基调、节奏共同决定的。

（2）表演的策划编排。近些年来，朗诵舞台表演的形式日趋丰富，独诵、对诵、轮诵、群诵、表演诵等各领风骚，这些都需要精心地策划和编排。一台大型的朗诵会，从话筒的选择、舞台的位置、服装的风格，到朗诵队形的排列转换、朗诵者的眼神、表情、动作，再到音乐、舞美、灯光的设计，显然需要一个团队的合作才能得以顺利进行。

资料必读

朗诵诗词 7 首

1.《诗经》：蒹葭

蒹葭苍苍，白露为霜。所谓伊人，在水一方。溯洄从之，道阻且长。溯游从之，宛在水中央。

蒹葭萋萋，白露未晞。所谓伊人，在水之湄。溯洄从之，道阻且跻。溯游从之，宛在水中坻。

蒹葭采采，白露未已。所谓伊人，在水之涘。溯洄从之，道阻且右。溯游从之，宛在水中沚。

2. 李白：《将进酒》

君不见，黄河之水天上来，奔流到海不复回。
君不见，高堂明镜悲白发，朝如青丝暮成雪。
人生得意须尽欢，莫使金樽空对月。
天生我材必有用，千金散尽还复来。
烹羊宰牛且为乐，会须一饮三百杯。
岑夫子，丹丘生，将进酒，杯莫停。
与君歌一曲，请君为我倾耳听。
钟鼓馔玉不足贵，但愿长醉不复醒。
古来圣贤皆寂寞，惟有饮者留其名。
陈王昔时宴平乐，斗酒十千恣欢谑。

主人何为言少钱，径须沽取对君酌。
五花马，千金裘，呼儿将出换美酒，与尔同销万古愁。

3. 苏轼：《江城子·乙卯正月二十日夜记梦》

十年生死两茫茫，不思量，自难忘。千里孤坟，无处话凄凉。纵使相逢应不识，尘满面，鬓如霜。

夜来幽梦忽还乡，小轩窗，正梳妆。相顾无言，惟有泪千行。料得年年肠断处，明月夜，短松冈。

4. 徐志摩：《我不知道风是在哪一个方向吹》

我不知道风
是在哪一个方向吹——
我是在梦中，
在梦的轻波里依洄。

我不知道风
是在哪一个方向吹——
我是在梦中，
她的温存，我的迷醉。

我不知道风
是在哪一个方向吹——
我是在梦中，
甜美是梦里的光辉。

我不知道风
是在哪一个方向吹——
我是在梦中，
她的负心，我的伤悲。

我不知道风
是在哪一个方向吹——
我是在梦中，
在梦的悲哀里心碎！

我不知道风
是在哪一个方向吹——
我是在梦中,
黯淡是梦里的光辉。

5. 舒婷:《致橡树》

我如果爱你——
绝不像攀援的凌霄花,
借你的高枝炫耀自己;
我如果爱你——
绝不学痴情的鸟儿,
为绿荫重复单调的歌曲;
也不止像泉源,
常年送来清凉的慰藉;
也不止像险峰,
增加你的高度,衬托你的威仪。
甚至日光,
甚至春雨。
不,这些都还不够!
我必须是你近旁的一株木棉,
作为树的形象和你站在一起。
根,紧握在地下;
叶,相触在云里。
每一阵风过,
我们都互相致意,
但没有人,
听懂我们的言语。
你有你的铜枝铁干,
像刀,像剑,也像戟;
我有我红硕的花朵,
像沉重的叹息,
又像英勇的火炬。
我们分担寒潮、风雷、霹雳;

我们共享雾霭、流岚、虹霓。
仿佛永远分离，
却又终身相依。
这才是伟大的爱情，
坚贞就在这里：
爱——
不仅爱你伟岸的身躯，
也爱你坚持的位置，
足下的土地。

6. 食指：《相信未来》

当蜘蛛网无情地查封了我的炉台，
当灰烬的余烟叹息着贫困的悲哀，
我依然固执地铺平失望的灰烬，
用美丽的雪花写下：相信未来。

当我的紫葡萄化为深秋的露水，
当我的鲜花依偎在别人的情怀，
我依然固执地用凝霜的枯藤，
在凄凉的大地上写下：相信未来。

我要用手指那涌向天边的排浪，
我要用手撑那托住太阳的大海，
摇曳着曙光那支温暖漂亮的笔杆，
用孩子的笔体写下：相信未来。

我之所以坚定地相信未来，
是我相信未来人们的眼睛——
她有拨开历史风尘的睫毛，
她有看透岁月篇章的瞳孔。

不管人们对于我们腐烂的皮肉，
那些迷途的惆怅、失败的苦痛，

是寄予感动的热泪，深切的同情，
还是给以轻蔑的微笑，辛辣的嘲讽。

我坚信人们对于我们的脊骨，
那无数次地探索、迷途、失败和成功，
一定会给予热情、客观、公正的评定。
是的，我焦急地等待着他们的评定。

朋友，坚定地相信未来吧，
相信不屈不挠的努力，
相信战胜死亡的年轻，
相信未来，热爱生命。

7. 艾青：《我爱这土地》

假如我是一只鸟，
我也应该用嘶哑的喉咙歌唱：
这被暴风雨所打击着的土地，
这永远汹涌着我们的悲愤的河流，
这无止息地吹刮着的激怒的风，
和那来自林间的无比温柔的黎明……
——然后我死了，
连羽毛也腐烂在土地里面。
为什么我的眼里常含泪水？
因为我对这土地爱得深沉……

拓展延伸

发声技能训练

一、气息训练

（一）呼吸方式

学会"用肚子说话"，气沉丹田，深吸慢呼，做到有控制的胸腹联合呼吸。这是理想的呼吸方式，也是有声语言表演必备的基本功。

（二）气息训练要领

（1）发声的心理状态、精神状态：兴奋从容，状态积极。

（2）发声的身体状态：积极、松弛、集中。身体相对放松，呼吸器官舒展自如。喉松鼻通，肩部放松，胸部稍前倾，小腹自然内收，双脚平稳落地。

（三）训练方法

（1）闻花香：仿佛面前有一盆花，深深地吸进其香气，控制一会儿后缓缓吐出。

（2）吹蜡烛：模拟吹灭生日蜡烛，深吸一口气后均匀缓慢地吹，尽可能时间长一点，以25～30秒为合格。

（3）咬住牙，深吸一口气后，从牙缝中发出"嗞——"声，力求平稳均匀持久。

（4）数数：从一数到十，往复循环，一口气能数多少遍就数多少遍，要数得清晰响亮。

（5）用绕口令或近似绕口令的语句练习气息。如：

出东门，过大桥，大桥底下一树枣儿，拿着杆子去打枣，青的多，红的少。一个枣儿，两个枣儿，三个枣儿，四个枣儿，五个枣儿，六个枣儿，七个枣儿，八个枣儿，九个枣儿，十个枣儿……

这是一个绕口令，一口气说完才算好。开始做练习的时候，中间可以适当换气，练到气息有了控制能力时，逐渐减少换气次数，最后要争取一口气能说得更长。

二、共鸣控制训练

（一）共鸣方式

朗诵以"口腔为主、中高低三腔混合共鸣"的方式为最佳。

（1）中音共鸣区的口腔共鸣。

（2）低音共鸣区的胸腔共鸣。

（3）高音共鸣区的鼻腔（头腔）共鸣。

（二）训练方法

（1）放松喉头，用"哼哼"音唱歌。

（2）挺软腭，打一个呵欠，口腔张开成一圆筒，学鸭叫声。边发"嘎嘎"音，边仔细体会。共鸣运用得好的"嘎嘎"音好听，共鸣运用得不好的"嘎嘎"音枯燥、刺耳。

（3）打牙关，牙关大开合，同时发出"啊"音。

（4）提颧肌，微笑着说话，嘴角微微向上翘，同时感觉鼻翼张开。

（5）"气泡音"练习。闭嘴，用轻匀的气流冲击声带，使之发出细小的抖动声。

三、吐字归音训练

（一）吐字归音要求

（1）出字——要求声母的发音部位准确、弹发有力。

（2）立字——要求韵腹拉开立起，做到"开口音稍闭，闭口音稍开"。

（3）归音——干净利落，不可拖泥带水。尤其是发 i、u、n、ng 等做韵尾的字音时，要注意口型的变化。

（二）训练方法

1. 口部操

（1）唇的练习

喷——双唇紧闭，阻住气流，突然放开爆发出 b 和 p 音。

咧——双唇紧闭，撮起（用力噘嘴）和嘴角后拉交替进行。

歪——唇噘起用力向左、向右歪，交替进行。

绕——双唇紧闭，撮起左转360度、右转360度，交替进行。

（2）舌的练习

刮——舌尖抵下齿背，舌中纵线用力，用上门齿刮舌尖、舌面。

弹——力量集中于舌尖，抵住上齿龈，阻住气流，突然打开，爆发出 t 音。

咬——咧唇，舌根抵软硬腭交界处，阻住气流，突然打开，爆发出 g、k 音。

顶——闭唇，用舌尖顶左右内颊，交替进行。

绕——闭唇，舌尖在唇齿间左右环绕，交替进行。

立——整个舌体左右翻立，交替进行。

2. 打开口腔

口腔的前后都应打开，上腭上抬，下颌放松，通过"提颧肌、打牙关、挺软腭、松下巴"四个方面来实现。

3. 绕口令练习

如：

(1)门口吊刀,刀倒吊着。
(2)一堆粪,一堆灰,灰混粪,粪混灰。
(3)八百标兵奔北坡,炮兵并排北边跑,炮兵怕把标兵碰,标兵怕碰炮兵炮。

四、嗓音的保健

1. 选择正确的用声方法

应用科学的用气发声方法发声。要从自己嗓音具体的、实际的情况出发,切忌动辄高声大嗓。要选择自己自然声区中最佳音域和最佳音量用声,声带要放松,正确呼吸用气,学会共鸣控制,使发音器官在发声过程中维持平衡协调的活动。

2. 培养良好的生活习惯

要积极锻炼身体,增强对疾病的抵抗力。刚进餐后最好不要用声,俗话说"饱吹饿唱"。尽量避免食用辛辣或过冷过热的食物。保证适当的睡眠。每天早晨喝一杯温开水或凉开水。

3. 及时治疗嗓子疾病

对咽喉炎和声带小结等嗓音疾病应及时治疗。如果是发声方法不当造成的,要纠正发声方法。嗓子保健应当采取预防为主的方针,有条件的应定期做嗓子检查。

爱国主题诗歌朗诵会

以班级为单位,联系学校所在社区,组织开展一次"红色经典进社区"爱国主题诗歌朗诵活动。以小组为单位设计诗歌朗诵活动方案,开展组内诗歌朗诵比赛,评选出优胜者参加社区诗歌朗诵活动。

1. 实践目的

通过诗歌朗诵活动,增强大家的凝聚力,激发热情,活跃气氛,丰富同学们的校园文化生活,进而提升文学素养,培养爱国主义精神。

2. 实践要求

(1)诗歌内容要符合红色经典的主题。
(2)朗诵形式多样、新颖。

（3）设计社区诗歌朗诵活动策划书PPT，主题突出，活动程序简明。

（4）小组成员应团结协作，进行活动程序及具体内容的展示。

3. 评价要求与评分细则

项目	分值分配	活动要求	评分细则	得分
活动方案PPT	50分	内容：策划书内容完整（30分）	1. 活动主题、背景、目的阐释清晰明了（8分） 2. 活动流程充分考虑社区特点，设计合理、可行性强（20分） 3. 全面细致地考虑应急预案及人员分工等情况（2分）	
		主题：明确突出（10分）	活动突出红色经典爱国主义主题（10分）	
		文字：文字表述准确简明（5分）	1. 无病句和错别字（2分） 2. 文字表述朴实、准确、简洁（3分）	
		PPT制作：简洁美观（5分）	PPT要美观、简洁、明了（5分）	
诗歌朗诵展示	50分	组织：成员有明确的分工（5分）	1. 组员间能体现良好的团结协作精神（2分） 2. 展示完整有序的活动程序（3分）	
		朗诵：清晰、普通话标准（30分）	1. 精神饱满、姿态得体大方（10分） 2. 吐字清晰、普通话标准，正确把握诗歌节奏（10分） 3. 朗诵熟练、声音洪亮、能够脱稿（10分）	
		感情：富于感染力（10分）	感情饱满真挚、表达自然，能恰当地表现出作品的思想感情（10分）	
		表现形式：多样化（5分）	能充分挖掘丰富的表现形式，如利用多媒体资源、背景音乐、伴舞等进行展示（5分）	

职业技能篇

项目十三 演讲

项目十四 应用文写作

项目十三

演 讲

古今中外的各界知名人士大多是演讲的高手,他们当中不乏政治领袖、商业巨子等。中国近代女革命家秋瑾曾说:"要想改变人的思想和观念,非演讲不可。"《周易·系辞上》说:"鼓天下之动者,存乎辞。"也就是说,推动社会进步和国家发展,都需要依靠演讲的力量。

应如何掌握演讲的技巧,在有限的时间和空间内,让更多的人了解自己的观点与思想?如何让自己脱颖而出,获取更多成功的机会?

学习目标

◆ 了解演讲稿的写作要求

◆ 理解并掌握演讲技巧

◆ 完成"项目实践"中的演讲活动

演讲稿的写作要求与演讲技巧

演讲又叫"演说"或"讲演",是指在公众场合,以口语为主要手段,辅以身体语言,针对某个问题发表自己的主张与见解,阐明事理、抒发情感的一种语言交际活动。随着时代对人才需求标准的不断提高,培养适合社会发展需求、有较强口语表达能力的人才,就成为高等教育的目标之一。

演讲稿是演讲的文字性依据,是对演讲内容和形式的提示,体现演讲的手段与目的。写好演讲稿是顺利进行常规性演讲的基础。

一、演讲稿的写作要求

演讲稿是进行演讲的依据,它不同于一般的书面文章,而是一种成文性的口语;又不同于一般的口头语言,而是一种口语化的文章。实践经验表明,一份优秀的演讲稿能引起听众的共鸣。要写好演讲稿,以下五个影响演讲稿写作质量和表达效果的要素,是不可忽视的。

(一)了解对象场合

演讲一定要看对象、看场合。只有了解听众对象的思想状况、文化程度、兴趣爱好,针对他们所关心和迫切需要解决的问题,再根据场合要求,在演讲稿中紧扣演讲主题来反映听众心灵的呼声,并采取喜闻乐见的演讲形式,才能使演讲产生更好的效果。否则,不看对象和场合,写演讲稿再花工夫,演讲中说得再天花乱坠,也达不到教育、鼓动和宣传的目的。

(二)语言通俗感人

听众是通过自己的耳朵捕捉演讲者在演讲中传达出的重要信息的,因此,演讲稿要"上口""入耳"。它一方面是把口头语言通过书面文字记录下来,起到规范演讲的作用;另一方面,也要通过简明易懂的口头语言加以表达,这样才能使演讲被听众接受和欢迎。

要写好演讲稿,只语言通俗易懂还不够,还要力求生动感人。一是用形象化的语言,运用夸张、比喻、比拟等修辞手法增强语言的形象色彩,化深奥为浅显,化抽象为具体,化枯燥为有趣。二是运用风趣、幽默的语言来增加演讲稿的表现力。这样，既能深化主题，又能使演讲的氛围轻松和谐。

（三）观点鲜明

文章均应有一个鲜明的主题。作为宣传鼓动性很强的演讲稿，也应具备鲜明的观点，并时刻围绕主题。演讲者对客观事物的见解越精辟，就越能给人以可信感，否则，就缺乏说服力，失去了演讲的作用。

（四）选材典型

典型材料是指最能反映事物特征、最有代表性、能有力地揭示事物的本质、对表现主题具有突出说服力的材料。只有那些能够集中体现事物的本质，在同类事物中最有代表性的典型材料才能"以一当十"，更好地论证演讲的主题，增强演讲的思想性和表现力。演讲家李燕杰在《有关演讲问题答青年朋友问》一文中深有体会地讲了这个道理，他说："一篇演讲稿，如果只有几条抽象的道理，是永远也不会生动的；不生动的演讲怎能吸引听众呢？"所以写演讲稿时，应从众多的材料中选择那些最有表现力和感染力的典型材料，包括正面的、反面的例子，避免空洞的口号、无力的说教。

（五）节奏恰当

在一般的正式演讲中，演讲者要能够熟练地把握演讲时的语速，因为每场演讲都是有时间限制的。演讲者必须把握自己演讲的速度和内容，既不能超时，也不能距离演讲结束还有一段时间就已经无话可说了。因此，演讲稿对于演讲速度和节奏的把握有着极其重要的作用。一方面，在写作时要经常停下来，用自己的正常语速试讲，根据试讲的结果调整演讲的内容；另一方面，还要根据规定的演讲时长调整要讲的内容，并且做到整场演讲的语调、情绪有高低起伏，节奏有轻重缓急、张弛有度。

二、演讲技巧

在我们的生活中，演讲是必不可少的。一次优秀的演讲，也许就能让你从万人之中脱颖而出。下面的演讲技巧与建议，可以让你的演讲更富有吸引力。

（一）做好演讲的准备

演讲的准备包括了解听众、熟悉主题和内容、搜集素材和资料、准备演讲稿、做适当演练等。做好充分的准备，不仅能

中国话

够帮助自己在演讲中增强自信、表达流畅，也能让听众享受一场完美的演讲。

（二）拥有自信

演讲的最大障碍就是紧张，这是一种非常正常的生理现象。演讲当中的紧张属于精神紧张，比如：自卑、不习惯当众说话、缺乏必要的准备、要求完美、身体状况不佳。世上没有一个成功的演讲者在演讲时一点都不紧张的，只是他们善于把紧张的程度控制在最小的范围之内，而初上讲台的人怯场更是难以避免的。只有通过积极暗示、无语练胆、做深呼吸、调整动作、专注所说、多讲多练，你才能充满自信地走上讲台，才能充分表达演讲内容。

（三）巧妙引用材料

巧妙地使用引语能给你的演讲增色不少，扩大演讲的权威性，增强说服力。被引用的材料出自名人、权威或听众熟悉的人物时，要遵循以下四条原则。

（1）引用材料尽量简短，并选取最能表现演讲主题的部分。

（2）被引用的材料具有相当强的概括力、感染力和说服力。

（3）不重复引用，除非特别强调。

（4）准确引用，不断章取义。

（四）排比和俚语的使用

排比是一种常见的修辞手法，也是一种常见的演讲技巧。排比的段落或句子以一种递进的方式排列，能够大大增加演讲的气势和感染力。排比句有节奏感，读起来朗朗上口，所以在演讲中可以多多加以利用，来增强演讲的现场效果。

俚语的使用可以让演讲生动活泼，也可以使演讲陈旧过时。如果不太熟悉最新的俚语，会让演讲者显得与时代脱节。如果使用形象生动又有时代感的俚语来表达你的思想，效果会好很多。但要注意千万不要使用有争议的俚语。

（五）幽默的运用

幽默是演讲者必须具备的情绪能力，它可以帮助你吸引听众的注意力，从而提高演讲的效果。演讲时，可以说一说与主题或观点有关的趣闻趣事，或者与自己有关的一些滑稽小故事，千万别仅仅为了逗乐听众而说一些离题千里的笑话。有时候，在演讲的过程中，你可能会因说错话而引起听众的哄笑，此时一定要保持镇静，巧用幽默弥补错误，将听众的注意力转移开，将自己的尴尬化解掉。

幽默不仅是生活的调味品,也是调节演讲气氛的好佐料。但幽默并不是在任何时候、任何场合都可以用的,如果用得不恰当,反而会起负面的作用。

(六)配合身体语言

身体语言包括人的面部表情、站立姿势、手臂动作等。这种无声的语言不仅会传递信息,而且会影响双方的交流。

演讲时,很多人为了传达准确的信息或完整的思想内容,往往把有声语言和各种表情默契配合,用"颜"上之意进行补充说明。一般情况下,最重要的表情就是微笑,微笑可以迅速提升演讲者的亲和力,从而拉近和听众的关系。

演讲时,应通过目光将自己与听众牢牢联系在一起,这不仅能保证更好地传递"语言的力量",也有助于打造真诚可信的公众形象。不过,在演讲中难免会有听众对演讲的内容不感兴趣或者对演讲观点持不同意见,相应地也会表现出漠视、鄙视甚至不耐烦的表情。这样的情况会在很大程度上影响演讲者的心情,打击演讲者的自信。克服压力的秘诀就是一面进行演讲,一面从听众中找寻对自己投以善意、会意目光的人,并且无视那些冷淡的目光。所以,演讲者应该多与那些肯定、赞赏、敬佩的目光交流来增强自己的信心。

在演讲时适当地加入一些手势,以强调你的讲话内容。演讲者的手势必须随演讲的内容、自己的情感和现场气氛自然地表现出来,应适宜、适量、简练,切不可生搬硬套、勉强凑数。无论在什么情况下,都不该把双手置于裤子口袋内,或是不自然地交叉手臂。

(七)语速、语调、音量和节奏的把握

演讲是靠有声语言来表达思想感情并与听众进行交流的。如果演讲者声音含混不清,就无法准确地传情达意。只有发音正确、声音清晰洪亮、语言表达流畅、语气语调有变化,才能在演讲时增强说服力和感染力。

语速也是演讲表现力的要素。放慢语速,声音就会更有力量、更显权威,听众会有更充足的时间接收演讲者的话并进行思考。如果语速较快,演讲者的音调就会升高,听起来会令人感到刺耳,而且显得不成熟,演讲的可信度以及演讲者的影响力都会下降。让在场的每一个人能清楚舒服地听到演讲者的声音就可以了，一些特别的句子或词语可以加重说以示强调。为了营造沉着的气氛，讲话时根据内容适当变化语速是很重要的。演讲时语调的起伏不仅能使演讲更生动，而且还能传达演讲者丰富的感情信息。从头至尾一直以相同的速度、一种平板的语调来进行演讲，不仅让演讲者本身显得无精打采，也会让听众很快产生疲倦厌烦的心理。

除了语速、语调和音量，演讲的节奏也是关系演讲成败的一个重要因素。演讲中也要有"标点符号"，适当的停顿不仅会显得张弛有度，同时能给听众提供一个理解回味的时间，集中他们的注意力。另外，掌握节奏的快慢有助于控制演讲的时长，同时也是传递感情的一种方式。

（八）设备和道具的使用

随着科技的发展，各种各样的现代化设备，如视听设备、各类道具等都能为听众带来直观的视听感受，善于利用这些仪器设备，能使你的演讲更加生动形象、深入人心。在演讲前要注意提前熟悉环境，测试有关设备和道具是否都能正常使用，免得演讲时发生意外事故而手忙脚乱。

资料必读 >>

演讲稿二则

做躬行实践厚积薄发的新时代青年
——袁隆平在湖南农业大学的演讲

同学们，站在人生新起点的你们，是一群有朝气、有热情的年轻人，面对活泼开朗、意气风发的你们，我希望不是以长辈身份，而是作为朋友来与你们交流。你们正值如花的年龄，也正是充满梦想的时候，但是停留于做梦是不够的，我希望你们要树立理想并努力为实现理想而奋斗。我讲我一直有两个梦：第一个梦是禾下乘凉梦，这是追求水稻的高产梦；第二个梦是杂交水稻覆盖全球梦，我始终都还在努力使梦想成真，也寄希望与你们共勉来共同实现这两个梦想。经常有人问我成功的"秘诀"是什么。其实谈不上什么秘诀，我的体会是"知识、汗水、灵感、机遇"这八个字。

第一，知识就是力量，是创新的基础，同学们不但要打好基础，还要开阔视野，掌握最新的发展动态。第二，汗水指的是要能吃苦，任何一个科研成果都来自深入细致的实干和苦干。第三，要有灵感，灵感就是思想火花，是知识、经验、思索和追求综合在一起升华的产物，同学们要做"有心人"，随时注意捕捉思想的火花。第四，是机遇，偶然的东西带给我们的可能是灵感和机遇，你们要学会用哲学的思维看问题，透过偶然性的表面现象，找出隐藏在其背后的必然性。我认为坚持做到这几点，才能突破障碍实现梦想。

同学们，中国进入了新时代，你们是新时代中国青年，肩负着中华民族伟大复兴的使命，未来赋予了你们强农兴农的责任，我相信你们必定会在追求真理的道路上躬行实践、厚积薄发，并将不会辜负时代的担当。

（根据袁隆平2019年在湖南农业大学开学典礼上的讲话录音整理）

后　浪

那些口口声声"一代不如一代"的人，
应该看看你们，
就像我一样，
我看着你们，满怀羡慕。
人类积攒了几千年的财富，
所有的知识、见识、智慧和艺术，
像是专门为你们准备的礼物。
科技繁荣，文化繁茂，城市繁华，
现代文明的成果被层层打开，
可以尽情享用。
自由学习一门语言，
学习一门手艺，
欣赏一部电影，去遥远的地方旅行。
很多人，
从小你们就在自由探索自己的兴趣。
很多人在童年就进入了不惑之年，
不惑于自己喜欢什么、不喜欢什么。
人与人之间的壁垒被打破，
你们只凭相同的爱好，

就能结交千万个值得干杯的朋友。
你们拥有了，
我们曾经梦寐以求的权利，
选择的权利。
你所热爱的，就是你的生活，
你们有幸遇见这样的时代。

但时代更有幸遇见这样的你们，
我看着你们，满怀敬意。
向你们的专业态度致敬，
你们正在把传统的变成现代的，
把经典的变成流行的，
把学术的变成大众的，
把民族的变成世界的。
你们把自己的热爱，
变成了一个和成千上万的人分享快乐的事业。
向你们的自信致敬！
弱小的人才习惯嘲讽和否定，
而内心强大的人从不吝啬赞美和鼓励。
向你们的大气致敬！
小人同而不和，
君子美美与共，和而不同。
更年轻的身体容得下更多元的文化、审美和价值观。
有一天我终于发现，
不只是我们在教你们如何生活，
你们也在启发我们怎样去更好地生活。
那些抱怨"一代不如一代的人"，
应该看看你们，
就像我一样，
我看着你们，满怀感激。
因为你们，
这个世界会更喜欢中国，
因为一个国家最好看的风景，
就是这个国家的年轻人。

因为你们,
这世上的小说、电影、音乐所表现的青春,
就不再是忧伤、迷茫,
而是善良、勇敢、无私、无所畏惧,
是心里有火,眼里有光。
不用活成我们想象中的样子,
我们这一代的想象力,
不足以想象你们的未来。
如果你们依然需要我们的祝福,
那么,
奔涌吧,后浪!
我们在同一条奔涌的河流!

(根据哔哩哔哩视频《后浪》整理)

拓展延伸

避免演讲中常犯的毛病

1. 急于求成,没有积累。
2. 死背演讲稿,演讲不生动。
3. 准备不足,演讲时不流畅,语意不明。
4. 登场时衣冠不整,无精打采。
5. 说泄气的话,如"我第一次演讲,讲不好,请大家原谅""我事先没有准备好"。
6. 演讲语调、语速没有变化。
7. 使用许多专业词语或生僻词语。
8. 紧张,演讲发音含混不清,断句没有条理。
9. 演讲冗长、乏味。
10. 对听众的呼声充耳不闻,对听众的反应视而不见,我行我素,自己讲自己的。
11. 用命令的口气,如"你们应该……""你们不应该……"。
12. 引用的事例陈旧,没有新鲜感、时代感。
13. 夸耀自己的荣誉、优点。
14. 滥用身体语言,动作夸张。

15. 流于俗套，空喊口号。

16. 以突然终止的方式结束演讲，令人惊愕。

主题演讲

以"青春"为主题，写一份演讲稿，然后进行演讲，演讲时间为三分钟。

1. 实践目的

锻炼演讲能力，增强自信心和自我认同感，升华对人生的认识，提高对生活的热情。

2. 实践要求

着装整洁、姿态自然；主题鲜明、贴近生活；语言流畅、音量适中；气氛活跃、互动性好。

3. 评价要求与评分细则

项目	分值分配	活动要求	评分细则	得分
演讲稿	50分	内容：完整、有逻辑（30分）	1. 内容切题，积极向上（15分） 2. 事例动人，贴近生活，富有鲜明的时代感（15分）	
		主题：鲜明（10分）	1. 突出"青春"主题（5分） 2. 使用多种论证手法表达自己对"青春"的看法（5分）	
		文字：表述准确简明（5分）	1. 无病句和错别字（2分） 2. 文字表述朴实、准确、简洁（3分）	
		PPT制作：简洁美观（5分）	1. PPT动态变化恰当，重点突出（2分） 2. 能根据演讲情境，配适合的图片（2分） 3. 文字、画面配合，构图有美感（1分）	
演讲	50分	演讲：清晰、普通话标准（30分）	1. 服饰得体大方，姿态得体大方（10分） 2. 吐字清晰，普通话标准，声音洪亮，正确把握演讲节奏（10分） 3. 善用肢体语言传递思想内容和情感（10分）	
		感情：富于感染力（10分）	感情饱满真挚，表达自然（10分）	
		表现形式多样化（10分）	1. 表现力、应变能力强，能活跃气氛（5分） 2. 能充分挖掘丰富的表现形式，如利用多媒体资源、背景音乐等进行演讲（5分）	

项目十四
应用文写作

应用文写作是写作中的一个重要分支,世界上很多国家和地区把应用文写作能力列为大学教育中必须考查的内容。在我国,应用文写作是公务员考试和很多行业公开招聘考试中不可缺少的一门科目。

你了解应用文写作与文学写作的差别吗?生活、工作、学习中有哪些常见的应用文?在不同场合中使用的不同应用文有哪些写作技巧?

学习目标
- 了解应用文和应用文写作的相关常识
- 理解应用文写作在职场中的重要性
- 完成"项目实践"中的"应用文写作综合能力训练"活动

应用文基础知识简介

一、应用文的含义

应用文是党政机关、社会团体、企事业单位和个人,在日常工作、学习和生活中,用来办理公私事务的、具有某种惯用体式和直接实用价值的文书。它是单位正常运转、人与人交往不可缺少的工具。

二、应用文写作与文学写作的区别

文学写作(又称文学创作)是写作的另一个重要分支。应用文写作与文学写作既具有写作的一般特点和共性,又有明显的不同之处。第一,思维方式不同。应用文写作以逻辑思维为主,而文学创作以形象思维为主。第二,主旨表达方式不同。应用文写作的主旨表达鲜明、开门见山,这更是应用文写作的基本原则。而文学写的主题常常表达含蓄、委婉,需要读者去感悟、领会。第三,语言风格不同。应用文写作的语言朴实无华、言简意赅;而文学写作的语言生动、形象,富有艺术感染力。第四,"真实性"的内涵不同。应用文写作讲求"生活真实",必须按照客观事物的本来面目进行写作;而文学写作讲求的是"艺术真实",允许以生活为基础进行虚构创作。第五,作品发挥的功用不同。应用文对社会生活起直接的干预作用,而文学作品主要发挥审美、娱乐、陶冶性情的功能。

三、应用文的特点

在各类文体中,每一类文体既有一般文体的共同属性,也有其各自的"个性"特征,应用文也有其突出的特点。

(一)目的的实用性

实用是应用文的最显著和最基本的特点,也是应用文写作应遵循的首要原则。其实用性可直接从它的写作效用上体现出来,如命令、决定、通知、通告等可用来发布党和国家的政策。

(二)对象的明确性

应用文往往有明确的受文对象或特定的读者、读者群,读者对象是十分明确和具体的。上行公文是写给上级部门的领导看的，如请示、报告；下行公文是写给下级部门人员看的，如通知、通报；平行公文是写给不相隶属单位人员看的，如函。

（三）信息的真实性

真实是应用文的生命。无论处理公务还是私务的应用文，都要讲求实事求是，绝不能弄虚作假、虚构编造，否则就会失真，价值就会丧失，甚至会给社会造成损害。

（四）内容的工具性

应用文是信息传递的一种重要载体、一种基本工具，在社会政治、经济、文化、科技乃至日常生活各方面发挥着工具性的作用，如医护工作文书，是记录医疗卫生实践活动的工具。

（五）应用的时效性

应用文一般都是针对某一具体事项或具体问题而写作的，时间规定得很严格，也很具体，即应用文只在一定时期内产生效用，超过时限便失去作用，原有文本将变成档案材料。如会议通知，超过会议召开的时间，通知就失去了效用。

（六）格式的规范性

应用文在长期的使用过程中，逐步形成了相对固定的文本格式和语言表达方式。写作应用文时，必须遵循规范的格式，遵循中共中央办公厅、国务院办公厅等有关部门的相关规定，做到规范化、制度化、标准化。

四、应用文的作用

应用文在不同的历史时期，起着不同的作用，其作用主要体现在以下四个方面。

（一）宣传和教育作用

应用文在生活和工作中能起到广泛的宣传和教育作用。应用文中有不少文件，如决定、通知、通报、规定，有的是用来宣传党和国家的方针政策以及表彰先进、推广成功经验的，有的是批评错误、揭露不良现象和丑恶行为的。

（二）管理和指导作用

在贯彻党和国家的方针政策，制发公文、规章制度等应用文是进行有效管理的手段，如上级机关对下级机关发布的"通知""批复"等公文。

（三）联系和交流作用

应用文有着沟通和交流的重要作用。集体或个人之间经常通过应用文进行交流、沟通，达到互相了解、理解、信任，实现相互合作、共同发展的目的。

（四）依据和凭证作用

应用文是管理国家、处理政务、交流信息的一种文字载体，是执行公务、安排工作、解决问题、办文办事的依据和凭证，如上级下达的文件、党和政府颁布的法规、有关方面的规章制度等，都可作为开展工作和检查工作的依据。

五、应用文的分类

（一）依据使用者和用途划分

依据使用者和用途来划分，可将应用文分为公务应用文和私人应用文。党政机关、社会团体、企事业单位用来处理公务的文书就是公务应用文，也就是公务文书，如通知、通报、请示。个人、家庭用来处理私事的文书就是私人应用文，也就是私人文书，如遗嘱、便条等。

（二）依据形成和使用的公务活动领域划分

依据形成和使用的公务活动领域划分，可将公务应用文分为通用公务文书和专用公务文书。通用公务文书是指各级各类党政机关、社会团体、企事业单位在公务活动中普遍使用的公务文书。专用公务文书是指一定行业的业务机关、专门的职能机关或组织在业务范围内，依据特殊需要专门使用的公务文书，又被称为专业文书。

（三）依据管理工作的性质和公务活动的内容划分

依据管理工作的性质和公务活动的内容，可将通用公务文书分为通用法定公文和通用事务文书。通用法定公文是指《党政机关公文处理工作条例》中规定的党政机关公文，共有15种。通用事务文书是指各行业管理和处理日常事务普遍使用的文书。例如：计划、总结、简报。

> 资料必读

常见的应用文写作知识及技巧

通 知

通知适用于发布、传达要求下级机关执行和有关单位周知或者执行的事项，批转、转发公文。通知是一种比较灵活且使用较多、用途较广泛的公文。它是下行文，也可用于平行文。

通知一般由标题、主送机关、正文、落款组成。

一、标题

通知的标题一般写法是"发文机关＋事由＋文种"，如《××大学关于本年度科研成果评奖的通知》。如果通知的内容紧急或重要，可在标题中"通知"两字前加上"紧急"或"重要"两字，如《××省关于抗震救灾的紧急通知》。

二、主送机关

主送机关即被通知的单位或个人，写在正文首行顶格。普发性通知，可用泛称。

三、正文

要交代清楚发文的原因、意图和目的，通知的什么事项，有哪些具体要求和意见，受文单位应如何办理。

正文的结构是灵活多样的，大体说来，可以有三种写法：一是总分条文式，引言之后将通知事项分为几点，用顺序号分条拟写。这样写的好处是条理清楚、一目了然。二是归纳式，按内容将正文分为几大部分，如原因、要求、具体措施，每一部分集中说明一方面的事情，使受文者易于掌握和遵照办理。三是篇段合一式，有些内容简单的通知，正文不再分条分部分，通篇就是一段话甚至一句话。

四、落款

发文机关和成文日期写在全文末尾右下方。

【参考例文】

国务院办公厅关于2023年部分节假日安排的通知

国办发明电〔2022〕16号

各省、自治区、直辖市人民政府，国务院各部委、各直属机构：

经国务院批准，现将2023年元旦、春节、清明节、劳动节、端午节、中秋节和国庆节放假调休日期的具体安排通知如下。

一、元旦：2022年12月31日至2023年1月2日放假调休，共3天。

二、春节：1月21日至27日放假调休，共7天。1月28日（星期六）、1月29日（星期日）上班。

三、清明节：4月5日放假，共1天。

四、劳动节：4月29日至5月3日放假调休，共5天。4月23日（星期日）、5月6日（星期六）上班。

五、端午节：6月22日至24日放假调休，共3天。6月25日（星期日）上班。

六、中秋节、国庆节：9月29日至10月6日放假调休，共8天。10月7日（星期六）、10月8日（星期日）上班。

节假日期间，各地区、各部门要妥善安排好值班和安全、保卫、疫情防控等工作，遇有重大突发事件，要按规定及时报告并妥善处置，确保人民群众祥和平安度过节日假期。

国务院办公厅

2022年12月8日

求职文书

求职文书是求职者向用人单位和评审人介绍自己的有关情况，表明求职意图，以谋求工作或职务的一种书信体文书。求职文书主要包括求职信、应聘信和求职简历。

通常情况下，求职信的格式主要包括标题、称谓、正文、结尾、署名、日期和附件几个方面的内容。

一、标题

可在第一行正中写"求职信""自荐书""应聘信"或者"致×××的自我推荐信",字体要略大些。

二、称谓

在标题下一行顶格写收信单位或领导人姓名。求职文书若是写给国有企事业单位,通常称谓写单位名称或单位的人事处;若是写给民营、私营或合资、外资企业,称谓则一般写公司领导或人事部负责人,称呼一般是姓名加职务,如××公司领导、××经理,也可以称××先生、××女士。为了郑重和尊重,可加上"尊敬的"等敬语。

三、正文

(一)开头

自荐信一般用"感谢您在百忙之中阅读这封求职信"这样的话为开头。当然也可以自己设计一些有创意的开头,这样可以使阅信人眼前一亮,留下良好的第一印象。应聘信一般是直接写明信息来源和本人应聘的岗位,如"我从×月×日《××报》上获知贵单位的招聘信息,我有意应聘××一职"。

(二)本人基本情况简介

包括姓名、性别、年龄、政治面貌、学历、职称等。

(三)陈述自荐的理由和求职目标

(1)说明为什么应聘。对此,要得体、中肯地列举用人单位的优点以及吸引人的地方,表达自己对加盟到该单位的渴望,以赢得单位的好感。

(2)要说明自己的条件、能力,表达对胜任工作的信心,可以列举自己的专长和曾经获得过的成绩、荣誉等,增强对方的信任感。

(3)要说清楚自己希望承担什么工作。应说明所应聘的专业与岗位,但无须过于具体,太具体了容易缩小求职范围,要有一定的回旋余地,以便扩大可胜任的职位范围。

四、结尾

结尾也就是结束语,包括自己的态度与决心以及祝颂语等。求职信的结尾可以用诚恳的态度表达自己希望被录用的愿望,如"希望领导给我一次面试的机会""盼望答复""静候佳音"。最后以简洁的祝颂语结尾。

五、署名和日期

直接写上自己的姓名和日期。同时,要认真写明自己的联系地址和联系方式等,方便用人单位联系。

六、附件

求职文书一般要和有效证件的复印件一同寄出,如学历证书、职称证书、获奖证书,并在正文左下方以附件说明的形式一一注明。特别要注意的是,附件不宜过多,应选择最有说服力的材料作为附件。

【参考例文】

求职信

尊敬的领导:

您好!

我叫张丽,是××大学××学院的一名学生,将于2023年6月毕业。

××大学是我国××人才培养基地,具有悠久的历史和优良的传统,并且素以治学严谨、育人有方而著称。在这样的环境下,无论是知识能力还是个人修养方面,我都受益匪浅。四年来,在老师的严格教育及个人的努力下,我掌握了扎实的专业基础知识,系统掌握了××××、×××等有关理论,熟悉涉外工作常用礼仪,具备较好的英语听说读写等能力,能熟练操作计算机办公软件。同时,我利用课余时间广泛地涉猎了多个领域,不但充实了自己,也培养了自己多方面的技能。更重要的是,严谨的学风和端正的学习态度塑造了我朴实、稳重、创新的性格特点。

此外,我还积极参加各种社会活动,抓住每一个机会锻炼自己。大学四年,我深深地感受到,与优秀学生共同学习使我在竞争中获益；向实际困难挑战，让我在挫折中成长。家庭培养了我勤奋、尽责、善良、正直的品德，大学培养了我实事求是、开拓进取的精神。我热爱贵单位所从事的事业，殷切希望能够在您的领导下，为这一光荣的事业添砖加瓦，并在实践中不断学习、进步。

最后，请接受我最诚恳的谢意。

祝贵单位事业蒸蒸日上！

张丽

2023年5月10日

附件：1. ×××毕业证

2. ×××获奖证书

3. ××××执业资格证

4. 发表的论文

联系电话：××××××××××

策划书

策划书就是对未来某个活动或事件进行具体规划设计的文书。策划书是计划的一种，在实际工作中使用频率较高。

策划书没有固定的格式，不同种类的策划书，其策划过程与写作要求差异很大。但策划书由于具备"计划"属性，因此必须具备以下结构要素。

一、标题

可直接由"事由+文种"构成，如《药学院捐书活动策划书》。也可以采用双行标题，主标题可以务虚，可用带有修辞色彩的、形象化的语言形式来吸引受众注意力，凸显策划书的创意；副标题则应务实，点明策划事由与文种，如《极简主义的魅力——大学纸装设计展示及T台走秀活动策划书》。

二、正文

正文包括引言、主体、结尾等部分。

（1）引言简要写明策划缘由、目的、预期效果，包括该策划的亮点及其意义。

（2）主体包括目标（"做什么"）、措施（"谁来做""怎么做"）、步骤（"何时做完"）三要素。

（3）结尾

对策划案进行总结，还可根据需要做相应的风险预测评估，提出预案与建议。

三、附录

附录是对正文内容进行必要地补充和说明的文件与资料，如前期进行的调研报告。

【参考例文】

××学校创新创业学院养老服务分会
"智慧养老·展望未来"主题沙龙活动策划书

一、活动背景

随着老年人口不断增多，我国已经逐步进入老龄化社会，各地开始对养老模式进行积极探索，智慧养老服务应运而生。科技和社会的进步，使得传统的养老模式不能满足持续变化形势的要求，整个社会应改变现行的养老模式，探索多样化的智慧养老方式，使老年人的生活获得全面的保障与服务，减少老年人的孤寂感，促进社会的和谐发展。为了向广大同学普及什么是智慧养老，了解养老趋势，养老服务分会特举办此次主题沙龙活动。

二、活动目的

让更多同学进一步了解养老行业发展动态及趋势，鼓励同学们积极参与其中；活跃校园文化氛围，建设学院优良学风，展现当代大学生的风采。

三、活动时间

2023年12月17日 16:00—17:20

四、活动地点

××学校北区1-1-02教室

五、活动主题

"智慧养老·展望未来"

六、参与人员

××学校学生

七、活动流程

（一）活动前期

……

（二）活动中期

……

（三）活动后期

……

八、经费预算

见附表三。

九、注意事项

……

十、应急措施

……

××学校创新创业学院养老服务分会

2023年12月9日

附表　略

总　结

总结是单位或个人对前一阶段的实践活动进行回顾、检查、分析和研究，找出经验教训和规律性的认识，以指导今后实践的一种事务文书。总结具有实践性、理论性、指导性、群体性（个人总结除外）。

总结的结构由标题、正文、落款三部分组成。

一、标题

标题必须准确、简洁，一般有以下几种写法。

（1）公文式标题。即"单位+时限+事项（事由）+文种"，如《×××医院2022年度工作总结》，也可以省略单位或时限，成为三项式或两项式标题，如《2022年创卫工作总结》《××县民政局扶贫助残工作总结》《"扫黄""打非"专项斗争工作总结》。不能将标题写为《××公司总结》《2022年总结》《总结》之类。

（2）新闻式标题。常用于专题总结。可以是单标题，如《放手发展多种经营，努力增加农民收入》。但更多的是双标题，正题突出中心，副题说明单位、时限、事由、文种，如《振兴蚕业，以蚕富农——××县蚕丝公司科技扶贫工作工作总结》。

二、正文

正文由开头、主体、结尾三个部分组成。

（1）开头。总结的开头要简明扼要，紧扣中心，有吸引力。常采用概述式、结论式、提示式、对比式、提问式等方式进行，也可综合运用几种方式写开头，以增强表达效果。

（2）主体。这部分主要包括下列内容。

一是做法、成绩与经验。这部分内容一般比较丰富，写作中要处理好主次详略的关系。那些关键性的、有创造性的做法要介绍得具体清楚，突出经验体会要重点阐明。

二是问题与教训。要写出工作中存在的问题与不足以及给工作带来的影响、造成的损失；分析出现问题、失误的主要原因及由此得出的教训。

（3）结尾。这部分包括今后的工作设想和努力方向。这是在总结经验教训的基础上，针对工作中的实际问题，提出改进措施、今后打算、努力方向。

三、落款

落款写明总结单位和成文时间。

【参考例文】
我是如何完成毕业实习的

毕业实习是临床教学中的一个很重要的阶段，作为一个护校学生如何较好地完成毕业实习呢？经过六个月的实习，我总结出"三熟悉"及"三勤"两点经验。

一、"三熟悉"

（1）熟悉环境。这是我到科室后的首要任务。每轮转到一个科室，除了听取带教老师介绍情况外，自己还要多听多看，勤走勤问，有重点地了解所在科的治疗范围、各班次的工作程序及护理常规，还要熟悉各类药品、器械、急救用品和被服等用物的放置地点，有些物品还应细致了解。例如，在看药柜时，不仅要注意口服药、外用药及注射用药的配备和放置的地点，还要记住哪些是专科用药，哪些是普通常用药。这样就能为以后的工作，尤其是为抢救工作做好准备。

（2）熟悉带教老师。目的是充分发挥自己的主动性，学习更多的新知识。临床带教老师一般来说对同学都是认真负责的，但也有因怕出事故而不愿意带学生的老师。这样的老师对实习学生往往不放心，示教多，放手让学生自己操作少。遇到这种情况，我首先特别注意虚心学习，对不懂的问题决不装懂，对似懂非懂的问题也不凭想象办事，而是诚恳地向老师请教，自觉地接受老师的监督。其次，在执行操作时，我都认真做到"三查""七对"，尽量把工作做好，使老师放心，争取尽快独立操作。有的老师愿意找学生"跑腿"，我就利用这种机会，开阔眼界，增长知识。例如，我到检验科去取特殊试管时，就注意了解这项检查的目的，为什么要用特殊试管，以及检查的正常值和意义等，这样既完成了"跑腿"的任务，又增长了新的知识。熟悉带教老师的特点及教学方法，适应不同的带教方法，这对于完成好自己的实习任务是很重要的。

（3）熟悉患者病情。这是责任心问题，也是做好护士工作的先决条件。在实习中，我经常阅读病历，了解治疗和手术方案，并细致观察病情，掌握第一手资料，以便在护理及治疗时，心中有数。有一次，我护理一位持续高热的患者，在为他擦背更换衣服时，听他说两耳后有些不适。我便根据几天来所了解到的有关他的病情、用药及化验等情况进行分析，怀疑他是并发腮腺炎，随即报告给带教老师。经进一步检查，证实他确实患了腮腺炎，这就找到了高热的原因，从而能够及时地给予处理。我觉得只有深入了解病情，才能切实做好护理工作。

二、"三勤"

（1）勤练习。练是提高技术的关键，由于实习时间短，所以自己要善于寻找更多的操作机会。每次值晚班后，我就在科里休息，以便在第二天早上可以参加一些早晨的护理操作。在多练的同时，我还注意总结经验。例如静脉穿刺技术，我要求自己能每扎一针有一针的体会，把课堂上讲的、老师的示范和自己的操作结合起来。我的几个老师，有的喜欢从血管侧面进针，有的喜欢从血管上进针，也有的喜欢用持针器。出于责任心，她们都热心地为我纠正动作，一开始哪种方法我都掌握不好。后来，我选定了自己比较熟悉的一种方法，进行了重点练习。有了一定的经验后，再学习其他方法，就能提高自己的技术。

（2）勤复习。从外科转到妇产科实习，虽然基本操作相同，但我对专科护理技术很生疏。我就迅速地把《妇产科学及护理》复习了一遍，重点熟悉产科护理，使自己能理论联系实际，尽快掌握实习内容。从此以后，每轮转到一个新科室之前，我都有针对性地复习所学的理论，为实习做好准备。

（3）勤总结。我们实习时，每个月轮转一个科室，时间很短。我不仅努力学习，使自己尽快熟悉新科室的工作，还注意及时总结实习经验。在外科，我根据自己的体会、老师的教导及学过的理论知识，写出了食管癌及肺叶切除的术后护理体会。在内科写了尿毒症、肺心病等重症护理的体会。这样，进一步提高了自己的理论水平及实际操作能力。

护理工作是一门科学，表面上看来似乎不难掌握，但要做好却远远不是半年或十个月的实习就能达到的。我感到任重而道远，在实习时必须加强自己的责任心和事业心，不但要虚心学习老师的长处，还应注意纠正一些不正规的操作方法，使自己毕业后能为护理工作的发展贡献力量。

简　报

简报是政府机关、企事业单位、社会团体等组织用来汇报、反映、沟通情况和交流经验的一种内部刊物。它是对有关情况的简要报道，一份简报可以是一篇文章，也可以是几篇文章。

简报名称很多，常见的有"动态""信息通报""内部通讯""工作通讯""简讯""简况""快讯""情况反映""内部参考资料"等。

简报结构由报头、报核、报尾三部分构成。

一、报头

报头位于首页上方，约占全页三分之一版面，通常用红线将报头与报核隔开，一般包括简报名称、期数、编印单位、印发时间和密级五部分内容。

（一）简报名称

位于报头中央，一般用红色大号黑体字，如"××简报""××动态"。

（二）期数

位于简报名称的正下方，可以只有年度期数，也可由年度期数加总期数组成，如"第12期"或"第10期（总第128期）"。

（三）编印单位

顶格写在期数之下，间隔线之上的左侧。编发单位须写全称，如"××会议秘书处编""中共××市××局党组庆祝中国共产党成立100周年活动暨党史学习教育领导小组办公室"。

（四）印发时间

编印单位同一行的右侧，须写明编发的年、月、日。

（五）密级

简报如有保密等级，须在报头的左上角标明密级，如"绝密""机密""秘密"。

二、报核

报核，又叫报身，在横隔线以下，通常由按语、标题、正文、结尾四部分构成。

（一）按语

按语是编发机关指定人员对简报内容所写的说明性或评论性文字。内容可以强调该期简报的意义，提出该注意的问题，也可以在肯定工作成绩的基础上提出希望和意见。按语位置在标题之前，用"编者按"或"按"等领叙词引导。按语不是简报必备要素。

（二）标题

简报标题类似于新闻标题，简短醒目，揭示主题。如《××团委开展青春绿色行动见成效》。

（三）正文

正文是简报的中心部分，一般由开头、主体和结尾三部分构成。

简报的开头有三种写法。一是叙述法，直接把事件的时间、地点、人物、原因、结果写出来，使读者一目了然；二是结论式，先写出事件的结果或因此而得出的结论，然后再做具体说明，或得出结论的理由；三是疑问式，即提出几个重要问题，引起读者的注意，然后再在主体部分做出具体回答。

主体应写得翔实、充分、有力。通常采用以下几种写法。一是按时间顺序写，即按照事情发生、发展、结束的顺序来写，这种写法比较适合报道一个完整的事件，称为新闻式写法；二是按空间变换的顺序写，这种写法适合报道一个事情几个方面的情况；三是按逻辑方法分类、归纳，即把所有材料归纳为几个部分，按序号或小标题归纳为几个部分、几个方面，分别叙述；四是夹叙夹议法，即边叙述、边评述，这种方法适合反映某种带有倾向性问题的简报；五是对比法，即在对比中展开论述。

（四）结尾

结尾常以议论深化主题；或呼应开头，归结全文；或表达愿望，制定目标。结尾处可具名。也可无专门结尾。

三、报尾

位于简报末页下端，用横线与正文部分分开，包括两个项目。

（1）发送对象、范围：位于报尾的左边，按受文单位的级别，顶格由上往下依次写明"报××，××""送××，××""发××，××"。"报"的单位是上级单位，"送"的单位是同级单位或不相隶属的单位，"发"的单位是下级单位。

（2）印发份数：位于报尾右侧，注明本期的总印数。

```
密级                                           编号
                    简报名称
                第××期（总第××期）
编印单位                                     印发日期

    按语：
                      标题
                         导语
                  正文   主体
                         结尾


报：××××
送：××××
发：××××

                                      共印××份
```

【参考例文】

党史学习教育简报

第 20 期

中共××市卫健委党组庆祝中国共产党成立
100周年活动暨党史学习教育领导小组办公室　2021年×月×日

　　编者按：党史学习教育开展以来，各地、各单位认真落实中央和省市决策部署，务实举措、创新特色、上下联动，开展了特色鲜明、形式多样的学习教育活动，不断增强学习吸引力、感染力和凝聚力。为进一步推动专题学习走心走深走实，持续用力把党史学习教育引向深入，引导广大党员干部学有所思、学有所悟、学有所得，现将部分县（市、区）的好做法、好经验、好成效专题刊发，供参考。

全市卫健系统党史学习教育县（市、区）经验交流专刊
……

　　××区立足"两个重点"抓实党史学习教育。红色园区叙党史。各单位通过电子显示屏、文化宣传栏等窗口宣传党史学习教育，打造党史学习教育文化墙，搭建党史文化长廊，雕刻红色主题文化雕塑，修建党员教育活动室，引导广大职工了解党的光辉历史。红色活动忆党史。紧扣党史学习教育主线，丰富党史学习教育活动，举行"红色故事我来讲"系列活动，举办红色故事征文比赛、"好书推荐"比赛、"红色经典诵读"活动、红色教育基地研学活动等，让党史学习教育走"新"更走心。

　　××县聚焦"三个维度"激励职工知史爱党。深刻领会，着力提升党史学习教育的"高度"。组织广大党员干部认真学习习近平《论中国共产党历史》等4本指定学习书目，征集学习心得体会百余篇，邀请专家教授聚焦中国共产党的发展历程和历史启示等党史学习教育重点进行解读，教育引导广大教师深入了解中华民族从站起来、富起来到强起来的历史逻辑、理论逻辑和实践逻辑。准确把握，着力提升党史学习教育的"深度"。开设"党史天天读"学习教育专栏，实现全县近万名党员职工党史学习教育"全覆盖"。举行"党史我来讲"主题演讲，共同追忆党的光荣历史。注重成效，着力提升党史学习教育的"广度"。各基层单位党组织依托当地革命旧址、历史人物等红色资源深入开展社会实践活动，常态化推动党史学习教育与社会主义核心价值观教育有机结合。

……

报：市委庆祝中国共产党成立100周年活动暨党史学习教育领导小组办公室。

发：各县（市、区）卫健局，园区社发局，委直属单位党委（总支、支部），局机关各科室、各党支部。

（共印50份）

拓展延伸

党政机关公文格式

为提高党政机关公文的规范化、标准化水平，2012年6月29日，《党政机关公文格式》国家标准（GB/T 9704—2012）正式发布，该标准自2012年7月1日起正式实施。根据这一国家标准，公文格式应包括如下几个方面的内容。

一、公文的一般格式

（一）用纸格式

公文用纸采用 GB/T 148 中规定的 A4 型纸（210 mm×297 mm）。张贴的公文用纸大小，根据实际需要确定。公文用纸天头（上白边）为 37 mm±1 mm，公文用纸订口（左白边）为 28 mm±1 mm，版心尺寸为 156 mm×225 mm。

（二）印装格式

文字符号一律从左到右横写、横排。在少数民族自治地方，可以并用汉字和通用的少数民族文字。公文要双面印刷，左侧装订。

（三）字体和字号

如无特殊说明，公文格式各要素一般用 3 号仿宋体字。特定情况可以作适当调整。如无特殊说明，公文中文字的颜色均为黑色。

（四）行数和字数

一般每面排 22 行，每行排 28 个字，并撑满版心。特定情况可以作适当调整。

二、公文格式的要素

为了阅读和使用的方便，2012 版公文格式国家标准中将一篇篇完整的公文分为版头、主体、版记三大部分。

（一）版头部分

版头部分是指公文首页红色分隔线以上的部分，包括份号、密级和保密期限、紧急程度、发文机关标志、发文字号、签发人以及红色分隔线等要素。

（二）主体部分

主体部分是指公文首页红色分隔线（不含）以下，公文末页首条分隔线（不含）以上部分。主要由公文标题、主送机关、正文、附件说明、发文机关署名、成文日期、印章、附注、附件组成。

（三）版记部分

版记部分是指公文末页首条分隔线以下、末条分隔线以上部分。由抄送机关、印发机关和印发日期、页码组成。

三、公文的特定格式

（一）信函格式

发文机关标志使用发文机关全称或者规范化简称，居中排布，上边缘至上页边为 30 mm，推荐使用红色小标宋体字。联合行文时，使用主办机关标志。

（二）命令格式

发文机关标志由发文机关全称加"命令"或"令"字组成，居中排布，上边缘至版心上边缘为 20 mm，推荐使用红色小标宋体字，发文机关标志下空二行居中编排令号，令号下空二行编排正文。加签发人职务、签名章和成文日期。

（三）纪要格式

纪要标志由"×××××纪要"组成，居中排布，上边缘至版心上边缘为 35 mm，推荐使用红色小标宋体字。标注人员名单，在正文或附件说明下空一行左空二字编排"出席""列席""请假"人员，用 3 号黑体字，后标全角冒号，冒号后用 3 号仿宋体字标注出席人单位、姓名，回行时与冒号后的首字对齐。纪要格式可以根据实际制定。

项目实践

应用文写作综合能力训练

××学校在校园举办大型招聘会，邀请众多医疗行业的单位参加。招聘会结束后，学校对前来参加招聘会的单位表示感谢，并对招聘会进行了报道。请各小组讨论此次招聘会涉及使用哪些应用文文种，再由每个小组抽取其中一种文种作为本组的写作任务。领取任务后，各小组从不同的渠道学习该文种的写作方法和技巧，共同讨论并完成该文种的写作。最后在班级中进行应用文写作的展示和评价。

1. 实践目的

了解应用文写作的基本常识，辨识不同文种的使用场合，掌握通知等常用文种的写作技巧，为今后的工作打下基础。

2. 实践要求

（1）小组成员应积极讨论，分工明确，团结协作。

（2）认真研学相关文种的写作技巧，阅读优秀范文，写出符合情境要求的应用文。

3. 评价要求与评分细则

项目	分值分配	活动要求	评分细则	得分
文种种类讨论	20分	数量：找出场景中需要的所有文种（20分）	1. 每找出一种文种加2分（18分） 2. 每组至少找出9个文种，如能找出更多，则再加2分（2分）	
应用文写作	50分	内容：包含文书的较完整的内容（30分）	1. 开头部分（8分） 2. 主体部分（20分） 3. 结尾部分（2分）	
		主题：明确突出（10分）	主次分明（10分）	
		文字：文字表述准确简明（10分）	1. 无病句和错别字（5分） 2. 文字表述朴实、准确、简洁（5分）	
展示汇报	30分	组织：成员间有明确的分工（10分）	1. 组员间能体现良好的团结协作（5分） 2. 展示完整有序的活动程序（5分）	
		口头语言表达：表述清晰（20分）	1. 表达内容重点突出、思路清晰（15分） 2. 声音洪亮（5分）	

主要参考文献

[1] 李平.中国现当代文学基础[M].2版.北京:北京大学出版社,2014.

[2] 朱栋霖,吴义勤,朱晓进.中国现代文学史1915—2016[M].3版.北京:北京大学出版社,2018.

[3] 曹万生.中国现当代文学史:1898—2015[M].3版.北京:中国人民大学出版社,2016.

[4] 刘勇.中国现当代文学[M].3版.北京:中国人民大学出版社,2015.

[5] 许子东.许子东现代文学课[M].上海:上海三联书店,2018.

[6] 苏叶.诗歌朗诵探究[J].江苏教育学院学报(社会科学),2012(05):15—17.

[7] 赵国运.实用演讲与口才教程[M].成都:电子科技大学出版社,2011.

[8] 李正堂,蒋心海.语言的魅力[M].北京:海潮出版社,2002.

郑重声明

高等教育出版社依法对本书享有专有出版权。任何未经许可的复制、销售行为均违反《中华人民共和国著作权法》，其行为人将承担相应的民事责任和行政责任；构成犯罪的，将被依法追究刑事责任。为了维护市场秩序，保护读者的合法权益，避免读者误用盗版书造成不良后果，我社将配合行政执法部门和司法机关对违法犯罪的单位和个人进行严厉打击。社会各界人士如发现上述侵权行为，希望及时举报，我社将奖励举报有功人员。

反盗版举报电话 （010）58581999　58582371
反盗版举报邮箱 dd@hep.com.cn
通信地址 北京市西城区德外大街4号　高等教育出版社知识产权与法律事务部
邮政编码 100120

教学资源服务指南

感谢您使用本书。为方便教学，我社为教师提供资源下载、样书申请等服务，如贵校已选用本书，您只要关注微信公众号"高职素质教育教学研究"，或加入下列教师交流QQ群即可免费获得相关服务。

"高职素质教育教学研究"公众号

最新目录
样书申请
资源下载
写作试卷
线上购书

师资培训　教学服务　教材样章

资源下载：点击"**教学服务**"—"**资源下载**"，或直接在浏览器中输入网址（http://101.35.126.6/），注册登录后可搜索下载相关资源。（建议用电脑浏览器操作）
样书申请：点击"**教学服务**"—"**样书申请**"，填写相关信息即可申请样书。
样章下载：点击"**教材样章**"，可下载在供教材的前言、目录和样章。
师资培训：点击"**师资培训**"，获取最新直播信息、直播回放和往期师资培训视频。

 联系方式

高职人文素质教师交流QQ群：167361230
联系电话：（021）56961310　电子邮箱：3076198581@qq.com